OTROS TÍTULOS DE ESTA COLECCIÓN:

Menchu Gómez y Rubén Turienzo
Aventuras de una gallina emprendedora

Stephen Viscusi
Cómo blindar tu empleo

Dan Miller
¡Vivan los lunes!

Si lo quieres, ¡pídelo!

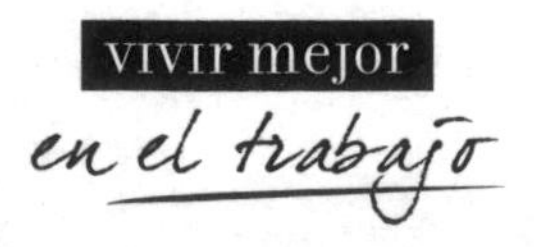

LINDA BABCOCK Y SARA LASCHEVER

Si lo quieres, ¡pídelo!

Traducción de Laura Paredes

Barcelona • Bogotá • Buenos Aires • Caracas • Madrid • México D.F. • Montevideo • Quito • Santiago de Chile

Título original: *Ask For It. How Women Can Use the Power of Negotiation to Get What They Really Want*

Traducción: Laura Paredes

1.ª edición: abril 2009

para el sello Vergara
Bailén, 84 - 08009 Barcelona (España)
www.edicionesb.com

Publicado por acuerdo con Dell Bantam Dell Publishing Group, un sello de Random House, Inc.

Printed in Spain
ISBN: 978-84-666-3954-5
Depósito legal: B. 10.176-2009

Impreso por A & M GRÀFIC, S.L.

Linda dedica este libro a su madre,
por su apoyo, consejo y ánimo.

Sara lo dedica a su marido Tim: fuente inagotable
de inspiración, debate animado y apoyo cariñoso.

SUMARIO

TERCERA FASE
Prepárate

CUARTA FASE
Recapitula todo lo que has aprendido

1

POR QUÉ TIENES QUE PEDIR

Si eres mujer, es probable que oigas una voz interior que te susurra: «¿Estás segura de que eres tan buena como crees?»

O puede que te diga: «¿Por qué no puedes ser feliz con lo que tienes? ¿No tienes ya bastante?»

O, tal vez, aunque tengas mucho éxito, te advierta: «Cuidado. No seas agresiva...»

Es probable que esa voz te hable más fuerte cuando te estés planteando pedir algo que quieres: un aumento de sueldo, un cargo mejor, más poder o responsabilidades, o incluso más colaboración en casa. Y lo más seguro es que le hagas caso. Puede que creas que es la voz de la experiencia, o tal vez tu sentido común que te impide cometer una imprudencia. O a lo mejor crees que deberías estar agradecida por lo que tienes (deberías sentirte afortunada) y no estropearlo todo intentado conseguir más.

Hemos escrito este libro para intentar ayudarte a replicar a esa voz. Porque esa voz no es la voz de la experiencia ni tampoco tu sentido común. Ni siquiera es tuya. Es la voz de una sociedad que no ha evolucionado tanto como nos gusta creer, una sociedad que todavía intenta decir a las mujeres cómo deben comportarse y cómo no. Es una voz cuyo mensaje nos transmiten, a veces sin darse cuenta, nuestros padres, profesores, colegas y amigos, y que los medios de comunicación y la cultura popular repiten y amplifican.

Si oyes esa voz interior, esa voz, sea de quien sea, te está frenando. Te está limitando, dañando tu autoestima y costando dinero. Al decirte que no pidas lo que quieres, esa voz te está haciendo perder muchas, tal vez muchísimas, oportunidades para mejorar tu vida y aumentar tu felicidad. También te impide aprender a negociar con habilidad y seguridad para obtener lo que necesitas. Te está impidiendo descubrir que una negociación eficaz es un instrumento extraordinario para transformar tu vida.

Las mujeres no piden

Sabemos que es cierto que las mujeres no piden lo que quieren y necesitan, y como consecuencia de ello, sufren consecuencias graves, porque hemos pasado años estudiando este fenómeno. A mediados de la década de 1990, Linda trabajaba como directora del programa de doctorado de la Heinz School, la facultad de política y gestión pública de la Carnegie Mellon University, donde da clases. Un día, un grupo de alumnas de posgrado entró en su despacho y le preguntó por qué la mayoría de estudiantes varones del programa tendría su propio curso en otoño mientras que se había asignado a todas las mujeres la función de ayudante de cátedra. Como no sabía la respuesta, Linda trasladó la pregunta de las alumnas al decano adjunto que se encargaba de las asignaciones, que resultaba ser su marido. Su respuesta fue clara: «Intentaré encontrar oportunidades para enseñar a cualquier estudiante que venga a verme con una buena idea para un curso, la capacidad docente necesaria y una oferta razonable sobre lo que costaría. Hay más solicitudes de hombres. Las mujeres no lo piden.»

¿Podría tener razón? Linda recordó otras situaciones en las que alguna alumna protestó porque un compañero varón disfrutaba de alguna forma de tratamiento especial. Una mujer que suponía que no podía participar en la ceremonia de graduación de junio porque no iba a terminar el posgrado hasta agosto preguntó a Linda por qué había permitido que dos estudiantes varones que tampoco terminaban hasta finales de verano participaran en ella. Otra preguntó a Linda por qué había conseguido fondos para que un estudiante varón asistiera a una importante conferencia sobre política pública y no le había ofrecido a ella la misma oportunidad. Una tercera observó que un estudiante varón utilizaba las instalaciones del departamento para imprimirse papel y sobres de carta personales y le comentó que le parecía injusto que no se permitiera hacer lo mismo a los demás estudiantes. En todos los casos, los hombres lo habían pedido, y Linda, que consideraba que ayudar a los estudiantes en todo lo que pudiera era una parte fundamental de su trabajo, había aceptado encantada.

En aquel momento, Linda comprendió con disgusto que, al no darse cuenta de que los hombres pedían mucho más a menudo cosas que les servían para prosperar, había estado perpetuando una discriminación que podía tener consecuencias de gran alcance. Cuando accedieran al mercado laboral, los hombres con experiencia docente en su currículum parecerían estar mejor cualificados que las mujeres sin ella. El hombre que asistió a la conferencia en política pública hizo contactos valiosos que podrían serle útiles a lo largo de su carrera profesional, y la mujer que no pudo permitírselo carecería de ellos. El hombre que se imprimió papel y sobres de carta personales daría una impresión más cuidada y profesional al solicitar un empleo que las mujeres que no lo habían hecho.

Eso despertó a la científica social que hay en Linda. Se había pasado diez años enseñando negociación a estudiantes, comerciales, ejecutivos de empresas, científicos, médicos, abogados y grupos de liderazgo femenino. ¿Significaba esta variación en el porcentaje de las alumnas y de los alumnos varones que pedían cosas que las mujeres no utilizaban todo lo posible la negociación para impulsar sus carreras profesionales? ¿Era éste un problema que contribuía al trato desigual que recibían las mujeres a lo largo de su vida adulta?

Linda recurrió a los estudios existentes sobre las diferencias de género en la negociación para averiguarlo. Lo que descubrió la sorprendió: todos ellos parecían centrarse casi exclusivamente en cómo actuaban los hombres y las mujeres cuando están negociando. Ninguno, en cambio, quería detectar qué incita a las personas a negociar, y lo que era más importante, si los hombres y las mujeres usan por igual la negociación para lograr sus objetivos.

Linda y varias colegas decidieron entonces estudiar estas cuestiones. Para ello, pidieron a hombres y mujeres que participaran en juegos cuidadosamente diseñados y observaron si utilizaban la negociación para mejorar sus situaciones. Enviaron estudiantes de posgrado provistos de cuestionarios a varios aeropuertos y centros comerciales. Diseñaron experimentos para explorar las emociones asociadas a la negociación. Elaboraron una encuesta por Internet dirigida a personas de todas las edades y condiciones económicas, desde los profesionales menos cualificados hasta los mejor remunerados, en la que se preguntaba a los participantes cómo y cuándo utilizaban la negociación y en qué clases de situaciones creían que podían negociar. Básicamente, en todos los estudios, el equipo de Linda encontró indicios claros y consistentes de que los hombres entablan negociaciones para lograr sus intereses unas cuatro veces más que las mujeres.

Los costes de no pedir

¿Importa esta diferencia? ¿Cuesta algo a las mujeres la poca frecuencia con que reivindican lo que quieren, y en caso afirmativo, cuánto? Como sigue existiendo diferencia salarial entre hombres y mujeres (en Estados Unidos, por ejemplo, es de alrededor del 77%, lo que significa que, de media, las mujeres ganan sólo 77 centavos por cada dólar que gana un hombre), Linda decidió analizar primero los sueldos, y lo que descubrió la impresionó: a las mujeres, no negociar su sueldo les sale carísimo. Veamos a continuación algunos ejemplos:

- Al acabar la universidad con veintidós años, tú y un compañero varón con tus mismas cualificaciones, recibís una oferta por el mismo trabajo y el mismo sueldo: 25.000 dólares. Tú la aceptas mientras que él negocia y eleva el salario inicial a 30.000 dólares. Durante vuestra vida laboral, ambos tenéis un aumento salarial del 3% de media anual, pero el tuyo, por supuesto, no lo hace al mismo ritmo que el suyo porque empezó siendo más bajo. Desde el primer día, el hombre ingresa cada año la diferencia entre lo que gana y lo que habría ganado si hubiera aceptado los 25.000 dólares iniciales (es decir, lo que tú ganas) en una cuenta que devenga un 3% de interés anual. Al jubilarse, a los sesenta y cinco años, esa cuenta contiene 784.192 dólares correspondientes al dinero acumulado simplemente porque negoció su salario inicial; un dinero que tú no tienes porque no negociaste.
- A los treinta años, después de terminar un MBA, tú y tu compañero varón recibís la misma oferta de trabajo por 100.000 dólares. Tú la aceptas (después de todo, es mucho dinero), pero él negocia y consigue que le eleven la oferta a 115.000 dólares. Ambos tenéis un aumento salarial del 3% de media anual; él invierte el dinero adicional en una cuenta a un interés del 3%, y cuando ambos cumplís los sesenta y cinco, él ha ahorrado 1.519.486 dólares más que tú.
- Tienes cuarenta años, tu empleo no es demasiado prometedor y ya has llegado a la mitad de tu carrera profesional. Sabes que te han pagado siempre por debajo del mercado, pero supones que es demasiado tarde para remediarlo. Tú y tu compañero varón, en tu misma situación, buscáis otro trabajo. Ambos recibís una oferta por 70.000 dólares al año, lo que se sitúa en la banda baja para alguien de vuestra formación y experiencia. Aún así, tú aceptas ese sueldo, mientras que tu compañero varón negocia para corregir este desequilibrio y consigue que le eleven la oferta a 77.000 dólares. Cada año, hasta su jubilación, invierte el dinero

adicional en una cuenta con un tipo de interés bajo, y obtiene 381.067 dólares más que tú al llegar a los sesenta y cinco años.

Estas cantidades son bastante altas de por sí. Y si les añadimos los complementos que pueden acompañar al sueldo y que las mujeres tampoco suelen negociar, como gratificaciones, opciones de compra de acciones o beneficios sociales, las pérdidas económicas de una mujer debido a la falta de negociación son realmente asombrosas.

Y aunque, como muchas de nosotras, no midas tu felicidad por la cantidad de dinero que ganas al mes, unos costes económicos tan enormes te harán más difícil lograr lo que verdaderamente te importa, como tener un hogar seguro y confortable, educar a tus hijos, cuidar de tu familia y hacer algo por tu comunidad. Pero es que, además, el problema no es sólo económico. El estudio de Linda reveló asimismo que las mujeres tampoco suelen pedir ascensos antes de que se los ofrezcan, ni participar en proyectos que se adaptan a sus capacidades e intereses, ni asumir más responsabilidades en cuanto se sienten preparadas para ello. Las mujeres no piden trabajar con personas de las que puedan aprender, ni recibir formación adicional que les permita progresar más deprisa. Las mujeres no piden que se les reconozca su trabajo, sus ideas ni sus aportaciones, y esto, como ocurre en el caso de los ingresos, también les supone un elevado coste a largo plazo. El resultado no es sorprendente: las mujeres ganan menos dinero, progresan más despacio en su vida profesional y no llegan tan alto como los hombres que poseen su mismo talento.

Divulgación de la información

Linda estaba convencida de que estos hallazgos eran demasiado importantes para quedar relegados al ámbito académico, así que decidió escribir un libro para que las mujeres pudieran comprender y combatir esta fuerza que las constriñe. Pero sabía que, para ello, necesitaba a alguien que compartiera su pasión por ayudar a las mujeres a realizarse más en su vida. Y, después de buscar un poco, dio con Sara.

Sara había dedicado gran parte de su carrera a estudiar los obstáculos con los que se enfrentan las mujeres que siguen vidas personales y laborales muy distintas a las de sus madres, especialmente en profesiones dominadas por los hombres. Había escrito ampliamente sobre las luchas, y también sobre los destacables logros, de las mujeres en la literatura y el arte, en el mundo académico y en el ámbito empresarial.

Cuando las dos unimos fuerzas, Sara se dedicó a viajar por Estados Unidos para preguntar a distintas mujeres sobre sus experiencias negociadoras. Habló con mujeres de todas las profesiones, condiciones sociales, edades, razas, religiones, opiniones políticas y formaciones académicas. Habló con mujeres que trabajaban a jornada completa y a tiempo parcial, y con mujeres que dedicaban todo su tiempo a cuidar de sus hijos o de familiares mayores. Oyó una y otra vez cómo las mujeres vacilaban a la hora de negociar algo para ellas y cómo sufrían las consecuencias de ello.

Utilizamos los relatos de estas mujeres para explicar e ilustrar los datos de Linda en el primer libro que escribimos: *Las mujeres no se atreven a pedir*, Amat Editorial (2005). En él, analizábamos atentamente las causas de esta diferencia en la actitud negociadora de hombres y mujeres, y mostrábamos el efecto trascendental de este fenómeno sobre las mujeres, sus familias, sus empleadores o sus empleados, y la sociedad en conjunto. También establecíamos que no son sólo las mujeres mayores las que dudan a la hora de negociar cosas para ellas. Muchas de las mujeres más jóvenes con las que Sara habló, especialmente las que habían triunfado más, negaban tener ningún reparo en pedir lo que querían. Afirmaban que negociaban tanto como sus compañeros varones. Pero, por desgracia, los datos de Linda revelaban que esto no era cierto. A pesar de lo que las mujeres han avanzado en las últimas décadas, la diferencia entre las veces que negocian los hombres y las que lo hacen las mujeres es, más o menos, la misma tanto si son jóvenes como si son mayores. Que las mujeres jóvenes no lo sepan, las sitúa en una desventaja todavía mayor.

Averiguamos que el problema también afecta profundamente a las mujeres fuera del ámbito laboral. Las mujeres casadas que trabajan a jornada completa siguen asumiendo las dos terceras partes de las labores domésticas y del cuidado de los hijos. Disfrutan de mucho menos tiempo libre que sus compañeros varones y, a diferencia de los hombres que tienen familia, experimentan un aumento espectacular de sus niveles de estrés al terminar la jornada laboral y acercarse la hora de su «segundo turno». Un estrés constante de este tipo supone un importante factor de riesgo de cardiopatía, diabetes, cáncer, osteoporosis y depresión, algunas de las enfermedades graves que afligen a las mujeres.

Un cambio en la vida de las mujeres

Las mujeres no se atreven a pedir causó sensación, y aparecieron críticas del libro y comentarios sobre nuestras ideas en el *New York Times*, el *Wall Street Journal*, *Time*, *Fortune*, el *Economist*, *Business Week* y el *Harvard Business Review*, así como *USA Today*, *Glamour*, *Self*, *Cosmopolitan*, el *Times* de Londres, el *Internacional Herald Tribune* y *French Cosmo*. Nos entrevistaron a ambas para comentar el libro en programas de radio y televisión locales, nacionales e internacionales, y los diputados estadounidenses John Dingell y Carolyn Maloney nos invitaron a ofrecer una sesión informativa en el Congreso para hablar sobre nuestros hallazgos y su impacto en las barreras invisibles con las que se enfrentan las mujeres en sus profesiones.

Si bien esta reacción nos produjo una enorme satisfacción, todavía nos gustaron más los centenares de cartas y mensajes electrónicos que recibimos de mujeres que nos hablaban de la influencia positiva que el libro había tenido en sus vidas. Éstas son algunas de sus historias:

- Una mujer joven que leyó el libro justo antes de ir a una entrevista de trabajo escribió para decir que cuando pidió más dinero, la encargada de recursos humanos le dijo que le había impresionado que lo hiciera porque eso sólo solían hacerlo los hombres.
- Una mujer que nos oyó hablar nos escribió: «Lo que dijisteis me impresionó tanto que, al volver a casa, decidí que quería un aumento de sueldo y un ascenso. El día siguiente los pedí y mi jefe aceptó al instante.»
- Una mujer que leyó el libro nos escribió: «Hace casi trece años que soy abogada y creo que soy muy buena negociadora, pero no se me había ocurrido nunca negociar lo que ganaba. Este año lo hice ¡e incluso me duplicaron el bonus!»
- Un hombre que asistió a una de nuestras charlas con su esposa escribió para decir que nuestro primer libro había influido mucho en su vida porque había impulsado a su mujer a pedir, y obtener, un aumento considerable de sueldo.
- La madre de una estudiante universitaria nos escribió después de que nos entrevistaran por la radio: «Tras oírlas hablar, mi hija preguntó a su empresa si había algún plus por las responsabilidades de dirección que le pedían que asumiera. Y se lo dieron.»
- Una mujer recién casada nos escribió para contarnos que, al preparar su boda, no podía permitirse el banquete que más le gustaba. Como acababa de leer nuestro libro, en lugar de elegir otro, llamó y los convenció para que le redujeran el coste total, de modo que pudo contratarlo.
- Una profesora universitaria nos escribió para explicarnos que, durante una de nuestras charlas, vio la inscripción «Jennifer es una puta» grabada en un pupitre y, al marcharse, llamó al director de mantenimiento para pedirle que la borraran. Aseguraba que, aunque los insultos a las mujeres eran igual de inaceptables que los graffitis racistas, no se le había ocurrido que podía pedir que los eliminaran hasta que nos oyó hablar sobre ello.

Además de contarnos sus éxitos, muchas mujeres nos pedían consejo: «Sé que tengo que negociar más, pero no sé muy bien cómo empezar», decía una. «No soporto pensar en la cantidad de dinero que he dejado escapar en mi carrera profesional, pero me sigue costando pedir lo que sé que merezco. ¡Decidme qué debo hacer!», pedía otra. Una tercera escribió: «He intentado negociar varias veces para conseguir más de lo que me ofrecían, pero en todas ellas me ha entrado pánico y he cedido.» Después de cada charla que dimos, se nos acercaban algunas mujeres que nos decían lo mismo: «Explicadnos cómo hacerlo. Tenemos que saber más.»

Hemos escrito *Si lo quieres, ¡pídelo!* para responder a sus peticiones de ayuda. Nuestro objetivo es ayudaros a replicar a esa insistente voz interior. Queremos ayudaros a sentiros seguras al decir: «No estoy siendo agresiva, simplemente estoy pidiendo lo que merezco», «Soy realmente buena en mi trabajo. Me lo he ganado» y «No se trata de cuánto necesito, sino de cuánto valgo».

Empezaremos por este primer paso fundamental: mostrarte que puedes pedir más de lo que recibes, más de lo que te ofrecen, y puede que incluso mucho más de lo que crees posible conseguir. Te describiremos los puntos básicos de la negociación, te comentaremos formas para que te diviertas durante el proceso y te detallaremos estrategias que han dado un especial buen resultado a las mujeres. Al final del libro, podrás utilizar tu poder de negociación de formas sofisticadas, flexibles y creativas para conseguir cosas que mejoren tu vida más allá de obtener un aumento de sueldo o un ascenso.

Un programa con cuatro fases

Aunque la idea principal que motivó el libro (puedes pedir más cosas de lo que crees) es sencilla, aprender a pedir bien exige nuevas técnicas. Nuestro programa, que consta de cuatro fases, te preparará para cualquier clase de negociación, desde las que te cambian la vida hasta las que implican cosas que sería agradable, pero no imprescindible, lograr. En cada fase introducimos una serie de estrategias y ejercicios que puedes aprender para obtener grandes resultados. Describimos cada una de las técnicas, exploramos por qué funcionan y sugerimos formas para adaptarlas a tus necesidades o a tu situación particular. También te indicamos las mejores fuentes para consultar la información que necesitarás para estar totalmente preparada.

A lo largo del libro, usamos también historias de mujeres reales para ilustrar las estrategias que describimos y las técnicas que recomendamos. Muchas de estas historias proceden de las entrevistas de Sara o de los mensajes que recibimos tras la publicación de *Las mujeres no se atreven a pedir*. Otras son de amigas, de familiares e incluso de conocidas, desde nuestras peluqueras hasta mujeres que iban sentadas a nuestro lado en un avión. Este tema toca tanto la fibra sensible que la mera mención de nuestro trabajo llevaba a la gente a compartir sus experiencias con nosotras. (En todos los casos, hemos protegido la privacidad de estas mujeres cambiando sus nombres y los detalles que permitieran identificarlas.) Creemos que te sentirás identificada con muchas de ellas. Esperamos que sus experiencias te permitan decidir la mejor forma de llevar a la práctica este programa en tu vida. Esperamos que te motiven a apuntar alto y a sentirte con el derecho a conseguir más de lo que jamás creíste que podrías lograr.

Una lectora inicial del libro dijo que, en su opinión, las historias contenían demasiados «finales de película», y es evidente que no todas tus negociaciones darán fruto. Pero si sigues nuestro programa, y planeas y preparas minuciosamente las cosas, los resultados pueden sorprenderte. También aprenderás a extraer lecciones de esas negociaciones que no salen tan bien como habías esperado.

La primera fase de nuestro programa, «Todo es negociable», te enseña a distanciarte un poco para tener una visión más amplia de las posibilidades que te ofrece la vida. Otros libros se centran en la negociación y ofrecen consejos generales sobre qué hacer, qué esperar y cómo comportarse durante el proceso. *Si lo quieres, ¡pídelo!* empieza antes, de modo que te permite identificar qué cambios te gustaría introducir en tu vida y te muestra después cómo conseguir que esos cambios se produzcan. Recuerda que puedes mejorar muchos más aspectos de tu vida de lo que crees, pero sólo si pides las cosas. Si no te sientas nunca a negociar, sea donde sea (desde el despacho de tu jefe hasta una pista de tenis), no te servirán de nada todos los libros del mundo. Y aunque ya tengas un objetivo concreto en mente y sólo quieras algunos consejos sobre cómo conseguirlo, la primera fase contiene muchas sugerencias sobre cómo apuntar un poco más alto, llegar un poco más allá y enriquecer tu vida de formas que tal vez no hayas imaginado.

La segunda fase, «Sienta las bases», te muestra cómo debes prepararte para negociar utilizando unas cuantas técnicas clave y reuniendo la información que necesitas para presentar un argumento convincente. Empezamos explicándote los conceptos básicos de la estrategia de negociación: lo que saben los profesionales. Después, te enseñamos a identificar la información que necesitas y te mostramos cómo y dónde puedes conseguirla fácilmente. Y, por último, te ayudamos a valorar el poder de tu posición en la negociación y a adoptar medidas para mejorar esa posición.

En la tercera fase, «Prepárate», nos concentramos en los aspectos fundamentales: cómo establecer el objetivo adecuado, decidir qué pedir, hacer la primera oferta (o evitar hacerla si es posible), e identificar el mejor momento para hacer la petición. Describimos las ventajas de adoptar una actitud cooperativa (trabajar juntos para encontrar soluciones que beneficien a ambas partes) en lugar de reunir fuerzas para iniciar la negociación decidida a «ganar». Sugerimos formas de dirigir el ritmo de la conversación para que no te sientas apurada ni interrumpida demasiado pronto. Explicamos los pros y los contras de utilizar un farol, cuánto hay que ceder en cada «ronda» de negociación y las formas de reconducir el proceso si da la impresión de ir por mal camino. Esta fase termina con lo que nosotras llamamos «entrenamiento» negociador: unos ejercicios que te permitirán practicar tus nuevas aptitudes en diversas situaciones para que depures tu técnica de modo que, al final, puedas utilizar la negociación de forma rutinaria en tu vida diaria.

La fase final, «Recapitula todo lo que has aprendido», te permite concretar tu estrategia y te describe las ventajas de ensayar antes. Te damos consejos para aliviar la ansiedad que la negociación provoca a muchas mujeres, te proporcionamos instrumentos para que te resistas a ceder demasiado pronto y te mostramos cómo impedir que las reacciones inesperadas minen tu confianza. También te indicamos cómo causar una buena impresión y evitar que te cataloguen con esos tradicionales epítetos («difícil», «dominante», «egocéntrica», «agresiva», «individualista») que se utilizan para aplastar a las mujeres que «son demasiado enérgicas». En el último capítulo, describimos tácticas efectivas para finalizar la negociación: cómo evitar *impasses*, lograr que tu solución parezca atractiva a la otra parte y cerrar el trato en el momento adecuado.

¿Funciona nuestro programa?

Sabemos que funciona porque Linda lo usó con éxito para provocar grandes cambios donde todo empezó, en la Heinz School. Como parte de su estudio, pidió al Servicio de Orientación Profesional de esta facultad que añadiera la siguiente pregunta a la encuesta que se distribuía entre todos los estudiantes que finalizaban un máster: «¿Negociaste tu oferta de empleo?» En 2002, sólo el 12,5% de las mujeres frente al 51,5% de hombres lo había hecho. Linda hizo enseguida un cálculo aproximado teniendo en cuenta la media del sueldo inicial de los estudiantes, sus recorridos profesionales y el incremento salarial que habían conseguido los estudiantes que habían negociado, y concluyó que los estudiantes que no habían negociado su sueldo inicial dejarían de ingresar alrededor de un millón de dólares a lo largo de su vida.

Estos datos la desanimaron mucho; después de todo, da clases de negociación en la Heinz School. Decidida a intentar eliminar la diferencia de género que reflejaba esta encuesta, ofreció talleres destinados específicamente a mujeres (aunque estaban abiertos a los hombres, y algunos asistieron a ellos) para abordar los factores que frenaban a las mujeres a la hora de negociar. A petición de Linda, la Heinz School empezó también a ofrecer una nueva asignatura, «Mujeres y Política Pública», en que *Las mujeres no se atreven a pedir* era lectura obligada. Como sabían lo implicada que estaba Linda en este tema, las alumnas empezaron a pedirle consejo antes de negociar.

En julio de 2005, tres años después de que Linda iniciara esta campaña, el resultado de la encuesta que el Servicio de Orientación Profesional efectuó a los estudiantes que se habían graduado el mes de mayo anterior reveló que el 68% de mujeres y el 65% de hombres (una diferencia que no es estadísticamente significativa) habían negociado sus ofertas de trabajo. Y no sólo eso, sino que lo habían hecho con mucho éxito: Las mujeres habían podido aumentar un 14% su sueldo inicial; los hombres, un 16% (lo que, de nuevo, no es ninguna diferencia estadística).

Linda sigue divulgando el programa expuesto en este libro entre los estudiantes de la Heinz School, con la esperanza de que, con el tiempo, todos los que se gradúen en esta facultad lo conozcan. Además, en 2006, fundó un centro llamado PROGRESS (siglas en inglés del Programa para la Investigación y la Divulgación de la Igualdad de Género en la Sociedad, www.heinz.cmu.edu/progress) en la Carnegie Mellon University, cuya misión es enseñar a las mujeres a negociar.

¿Necesitas este libro?

Tal vez te encuentres entre las afortunadas a quienes se les han abierto todas las puertas: te gusta tu trabajo, estás bien remunerada y tu vida familiar va de maravilla. Te sientes cómoda pidiendo lo que quieres y crees que se te da bastante bien hacerlo. Aún así, puede que no te hayan tratado tan bien como crees o que uno o dos cambios te facilitaran la vida e hicieran que tu trabajo te resultase mucho más gratificante. Aunque ya seas una buena negociadora, en estas páginas encontrarás muchas cosas que te permitirán pulir tus técnicas. Quizá descubras oportunidades ocultas para progresar todavía más deprisa o para llegar más lejos de lo que habías creído posible.

Si no estás demasiado segura de ti misma, convertirte en una negociadora hábil te permitirá valorarte más a ti misma, aumentar tu capacidad de arriesgarte, animarte a probar cosas nuevas y fortalecer tus relaciones en el trabajo y en casa. Puede servirte para reconciliar tus diversos objetivos personales y profesionales: tener un trabajo que te haga sentir realizada y una vida personal gratificante, avanzarte a los intereses de tus clientes y aportar cosas a tu comunidad, ser una profesional de éxito y una buena esposa, compañera, madre y amiga.

Durante siglos, pedir ha tenido connotaciones negativas para las mujeres. Nuestro objetivo es ayudar a las mujeres a hacerlo y a obtener las cosas que realmente quieren, a interiorizar el verbo *pedir* y a transformarlo en un instrumento dinámico para aumentar su felicidad y para intentar hacer realidad sus sueños.

PRIMERA FASE

Todo es negociable

2

¿QUÉ QUIERES REALMENTE?

Vanessa, de treinta y pocos años, propietaria de una empresa de arquitectura paisajista, nos dijo: «Cuando la gente me preguntaba qué quería ser de mayor, no sabía qué decir. Como mi madre era maestra y mi hermana también quería serlo, yo creía que debería seguir sus pasos. De modo que obtuve el título de docente y di clases durante cinco años. Un día, una amiga me sugirió que cerrara los ojos y me imaginara haciendo algo que me gustara; me preguntó qué quería hacer en lugar de preguntarme qué quería ser. Y, entonces, me di cuenta de que lo que quería era trabajar al aire libre con plantas. Es curioso, porque a mi madre también le encantaba la jardinería, pero no se dedicaba profesionalmente a ella. Mi trabajo docente me dejaba los veranos libres, así que pedí a una empresa local de arquitectura paisajista que me aceptara como aprendiza. Y eso me llevó donde estoy ahora. O a ser lo que soy: jardinera. Pero jamás le habría dicho a nadie que quería serlo. La pregunta me dejaba perpleja.»

Uno de los grandes retos de crecer siendo mujer en nuestra sociedad consiste en distinguir nuestros deseos y ambiciones de lo que nos han dicho que deberíamos querer. Si estás atrapada en las exigencias diarias de tu vida, intentando hacer siempre lo siguiente de una lista inacabable de tareas, puede ser difícil distanciarte un poco para pensar cómo te gustaría que fueran las cosas.

O quizá estés tan ocupada y tengas tanto éxito que creas que ya tienes mucho y deberías estar satisfecha.

El propósito de este libro es ayudarte a conseguir lo que quieres, y el primer paso consiste en averiguar eso: qué quieres realmente. No lo que los demás quieren ni lo que tú crees que deberías querer. No lo que estás dispuesta a aceptar para evitar conflictos ni lo que sabes que es probable conseguir sin pedir nada. Este capítulo te proporcionará pautas para que puedas revisar tu situación actual, recuperar viejos objetivos y formular otros nuevos, y tener una idea detallada de cómo te gustaría que fuera tu futuro. Puede que quieras cambiar de rumbo, que quieras dar unos cuantos pasos gigantescos hacia delante o que sólo quieras desplazarte lateralmente. Quizá lo que te falta no es nada espectacular, pero sí importante.

Empezaremos con una serie de preguntas para ayudarte a pensar sobre tu futuro de modo sistemático. Sabemos que tu vida puede ser complicada y que determinados cambios podrían resultarte difíciles. Para aumentar tu optimismo, te contaremos los casos de varias mujeres que averiguaron lo que faltaba en su vida y encontraron formas sorprendentes de eliminar los obstáculos que las separaban de sus objetivos recién concebidos. Puede que te identifiques mucho más con algunas de estas mujeres que con otras, pero en todos los casos, el principio director es siempre el mismo: analiza tu situación y asegúrate de que estás eligiendo el futuro que quieres y no dejando que las circunstancias decidan por ti. Cuando sepas lo que realmente quieres, habrás dado un gran paso para hacerlo realidad.

Identifica qué te falta

Para empezar a medir la distancia que te separa de la situación en que te gustaría estar, responde las cuatro series de preguntas que encontrarás a continuación.

¿Qué te gusta?

Empieza identificando las actividades y las situaciones que te han hecho feliz en el pasado y elige las que crees que te harían feliz en el futuro (a veces son las mismas).

- **¿Cuál es, para ti, el trabajo ideal, aquél con el que sueñas?** ¿Qué es lo que más te atrae de este trabajo? ¿De qué aspectos de tu trabajo soñado carece tu empleo actual?
- **¿Cuándo fuiste más feliz en el trabajo?** ¿Dónde trabajabas, qué hacías y cuáles eran tus expectativas de futuro entonces? ¿En qué se diferencian las circunstancias de tu empleo actual de las de tu trabajo cuando éste te resultaba gratificante?
- **¿Dejaste de hacer algo que te gustaba?** ¿Abandonaste un *hobby*, una costumbre, un pasatiempo o una tradición personal que echas de menos? ¿Tocabas la guitarra, hacías esquí acuático, leías biografías o ibas a ver partidos de tu deporte favorito los domingos por la tarde, por ejemplo?
- **¿Se te da bien algo que no haces nunca?** ¿Tienes facilidad para los idiomas pero no has salido nunca de tu ciudad? ¿Tienes un gran don de gentes pero poco contacto con otras personas en tu profesión? ¿Se te da muy bien encontrar soluciones creativas pero estás metida en un entorno en el que nunca pasa nada?
- **¿Cuándo iba tu vida privada de maravilla?** ¿Qué ha cambiado desde entonces?

Michele – Recupera una vieja pasión

Michele era directora de un gran instituto de secundaria. Gracias a una revisión del plan de estudios que ella encabezó, el éxito escolar de sus alumnos había aumentado considerablemente durante su dirección. En su vida privada, gozaba de seguridad económica, estaba casada con un hombre al que amaba y admiraba, y era madre de dos hijas sanas y felices. A decir de todos, su vida era perfecta, pero ella notaba que le faltaba algo, aunque no sabía qué, y le dolía sentirse así con lo afortunada que era.

Un sábado por la tarde, mientras ordenaba el sótano de su casa, encontró una caja con dibujos que había hecho cuando era adolescente. Al verlos, se dio cuenta de lo mucho que extrañaba esta afición, que había abandonado por falta de tiempo. Decidida a volver a expresar sus grandes dotes artísticas, buscó una buena clase de dibujo en el centro de formación continua de su ciudad. Por desgracia, la clase empezaba los jueves a las dos de la tarde y su jornada en el instituto no terminaba hasta las dos y media, aunque solía quedarse hasta mucho más tarde. Pero negoció con su jefe la posibilidad de salir antes del instituto ese día de la semana siempre que no hubiera nada que requiriera su atención.

Asistir a esa clase de dibujo no sólo la hizo más feliz sino que le proporcionó lo que denominó «un espacio creativo protegido», independiente de su trabajo y de su familia. Michele nos aseguró: «Parece una tontería, pero hacer algo totalmente distinto a lo demás me permite mantenerme cuerda.»

¿Qué puedes hacer?

El siguiente paso consiste en analizar tus puntos fuertes y tus puntos débiles. Elabora una lista en la que indiques qué puntos fuertes te gusta más aplicar y qué puntos débiles consideras irremediables, es decir, no puedes cambiar o mejorar. A continuación, separa los puntos fuertes y los puntos débiles que consideras más importantes de los que no te lo parecen tanto.

No dudes en pedir a otras personas que te ayuden a hacerlo. ¿Cuál consideran tus colegas o tu supervisor que es tu mejor virtud? ¿Creen tus amigos que tienes algún talento desperdiciado? ¿Consideran los miembros de tu familia que haces lo que más te gustaría o no lo creen así? Habla con tus antiguos profesores, diles lo que has hecho y lo que has aprendido, y pregúntales si pueden darte algún consejo. Puede que te hayas acostumbrado a desempeñar un papel en tu vida o a verte de cierto modo. La opinión de los demás puede cuestionar tu situación o mostrarte un potencial que desconoces tener.

Alison – Encuentra la profesión adecuada

Alison se doctoró en biología y empezó a trabajar investigando el envejecimiento de la piel para una empresa de cosméticos. Estaba bien remunerada y su trabajo era interesante, pero después de casi una década en ese puesto, se percató de que ya no le apetecía seguir en él.

Su excompañera de habitación en la universidad le dijo que nunca le había parecido que ser bióloga la hiciera feliz. Su novio ni siquiera creía que le gustara demasiado la ciencia. Su tutor universitario se mostró comprensivo y le comentó que el Servicio de Orientación Profesional de la universidad disponía de varias pruebas para averiguar las aptitudes de cada persona y que, como exalumna, podría solicitar hacerlas.

Alison siguió su consejo, y los resultados de las pruebas revelaron que tenía mucha facilidad para las matemáticas aplicadas y que procesaba la información de forma muy analítica. La conclusión era que tal vez debería dedicarse a la administración de empresas.

Alison no se lo había planteado nunca, pero la idea le pareció atractiva. Habló con su supervisor y consiguió que la trasladaran a las oficinas administrativas con la condición de que cursara un MBA nocturno. Seis años después, cuando coincidimos con ella, era la vicepresidenta más joven que había tenido la empresa en su historia. Según nos comentó: «Ahora trabajo en algo que no sólo se me da bien, sino que, además, me encanta.»

¿Qué necesitas?

Examina tu vida actual. ¿Cuáles de las cualidades de la siguiente lista deben darse para que te sientas feliz con tus circunstancias?

- Un trabajo estimulante que suponga un reto
- Compañeros de trabajo agradables
- Sensación de que formas parte de un equipo, de que no estás aislada
- Poder y responsabilidad
- Autonomía
- Flexibilidad
- Pruebas claras de que tu trabajo es respetado
- Libertad para ser creativa
- Sensación de que aportas algo / haces algo que vale la pena
- Posibilidades de obtener un reconocimiento más amplio (en tu sector o quizá del público en general)
- Oportunidades de aprender cosas nuevas
- Amistades gratificantes
- Una vida privada estable y feliz

¿Contiene tu situación actual una cantidad suficiente de las cualidades que necesitas o hay margen de mejora? ¿Te falta alguno de estos elementos por completo?

¿Cuáles son tus objetivos?

Sinceramente, ¿se parece mucho tu vida actual a la vida que te gustaría tener? ¿Cuáles de tus objetivos iniciales has logrado o superado? ¿Cuáles sigues intentando conseguir? ¿Hay algún objetivo que se te haya quedado pequeño o que ya no desees obtener? Y, lo más importante de todo, ¿qué quieres ahora, en el futuro inmediato? ¿Qué quieres a largo plazo? Para identificar de forma más concreta los cambios que te gustaría introducir en tu vida, intenta determinar tus objetivos en las categorías que más te importen. A continuación te presentamos algunas:

- **Objetivos personales.** ¿Quieres mantenerte unida a un grupo de amigas de la infancia, seguir en contacto con las tradiciones culturales de la generación de tus padres, casarte y ser madre?

- **Objetivos económicos.** ¿Estás decidida a no excederte con las tarjetas de crédito, a ahorrar para pagar los estudios universitarios de tus hijos, a contratar pronto un plan de pensiones para cuando te jubiles, a conseguir tu primer millón para cuando cumplas los veinticinco?
- **Objetivos deportivos.** ¿Te gustaría correr una maratón, superar tu miedo a bucear, aprender esquí acuático, mejorar en la práctica del tenis?
- **Objetivos relativos a tus *hobbies* y a cómo pasas tu tiempo libre.** ¿Quieres bailar el tango, aprender cocina india, hacer tus propias joyas o ser radioaficionada?
- **Objetivos de autosuperación.** ¿Estás preparada para desarrollar tus aptitudes de liderazgo, aprender algún idioma, organizarte mejor, ser mejor negociadora?
- **Objetivos materiales.** ¿Sueñas con tener tu propia casa, un piano de cola, pendientes de diamantes, una segunda residencia?
- **Objetivos filantrópicos.** ¿Trabajas como voluntaria para ayudar a niños desfavorecidos, dedicas tiempo a alguna organización artística local, donas a obras de caridad el 5% de tus ingresos anuales?
- **Objetivos políticos.** ¿Quieres presidir alguna asociación comunitaria, participar como voluntaria en alguna campaña política, afiliarte a una organización que promueve alguna de tus ideas políticas?

No olvides incluir objetivos que puedan parecer frívolos. De niña, Linda quería tener un Porsche negro (según ella, ésos son los riesgos de crecer en el sur de California). Cuando tenía treinta y cinco años, se compró uno. Sara quiere ver en directo al cómico inglés Eddie Izzard, y ha pactado con su marido que la próxima vez que actúe en Estados Unidos, irán a verlo, sea donde sea. Y tú, ¿te gustaría ver qué aspecto tendrías si te tiñeras de rubio? ¿Asistir a una convención *trekkie* o a tu programa de televisión favorito?

Por supuesto, muchos de tus objetivos no requerirán negociación sino compromiso y constancia de tu parte. Pero aprender a negociar con eficacia hará que te resulte mucho más fácil lograr muchos de ellos.

¿Se trata realmente de querer más?

Ten presente que lo que realmente quieres no tiene por qué ser más (más responsabilidades, más dinero, más estatus). Mejorar tu vida no siempre consiste en progresar más deprisa o ascender socialmente. A veces, consiste en descender o desplazarse lateralmente. Olvida, pues, las típicas vías para lograr prosperar en tu profesión. Analiza todos los aspectos de tu vida y averigua qué te conviene. Plantéate contratar a un *coach* (entrenador personal) para que te ayude a determinar qué te haría más feliz o a encontrar el equilibrio adecuado entre tus muchos intereses, objetivos y compromisos.

Evelyn – Vida profesional espléndida, vida privada inexistente

Evelyn trabajaba como vendedora para una inmobiliaria de Los Ángeles. En un ámbito dominado por los hombres, tenía muchísimo éxito y gozaba del respeto de sus colegas. Ganaba más de 800.000 dólares al año en comisiones, tenía una casa preciosa en las colinas de Hollywood y era vicepresidenta de su empresa. Viajaba por todo el mundo en primera clase y se alojaba en los mejores hoteles.

Al empezar a trabajar, tenía un único objetivo: quería triunfar en su profesión y demostrar que las mujeres pueden hacerlo y ser mejores que los hombres. Y lo había logrado con creces. Aún así, llevaba un par de años intranquila. Su trabajo ya no le entusiasmaba como antes y estaba harta de viajar tanto: apenas tenía unas pocas amigas íntimas y sus relaciones con los hombres no solían llegar lejos porque nunca estaba en casa. Se dio cuenta de que sus objetivos habían cambiado y lo que quería entonces era conseguir un mejor equilibrio entre su vida profesional y su vida privada.

Después de valorar las distintas posibilidades para lograr sus nuevos objetivos, pidió el traslado a la división de viviendas, mucho más pequeña y menos lucrativa, de la inmobiliaria. Al principio, su jefe se negó. El cambio era una especie de paso atrás. Además, la división de locales comerciales tenía muy pocas vicepresidentas, y él no quería perder a una de las pocas mujeres que habían ascendido tanto en la organización. Pero Evelyn insistió y al final lo convenció para que le permitiera pasar seis meses en la división de viviendas. Si, pasado ese tiempo, seguía deseando el traslado, su jefe no se opondría.

Según Evelyn, esos seis meses fueron «una revelación». Por fin pudo decorar su casa, casi vacía. Invitaba a sus amigos, organizaba cenas e iba a esquiar los fines de semana. Empezó a salir con un hombre que le gustaba de verdad y, más adelante, se casó con él. Al final de los seis meses, dijo a su jefe quería que el cambio fuera permanente. Éste aceptó a regañadientes, y ella jamás se arrepintió.

Actualiza tus modelos de conducta

Cuando eras pequeña, tal vez quisieras ser bailarina, princesa, actriz de cine, miembro de un grupo de rock, jugadora de un equipo profesional de baloncesto femenino o una Bill Gates femenina. Pero es probable que, cuando empezaste a trabajar, eligieras unos modelos de conducta más próximos: tu madre, que inició su propio negocio cuando eso no era habitual para una mujer; tu primera jefa, que siempre encontraba tiempo para formar a mujeres más jóvenes, o la mujer más destacada de tu ámbito, cuyo cargo esperabas ocupar algún día. Tenías una idea de lo que querías hacer y de la forma que deseabas que adoptara tu carrera profesional, y buscabas personas que representaran la consecución de esos objetivos. En muchos casos, esos modelos de conducta cumplían dos propósitos: los que eran más próximos te servían de mentores, apoyando activamente tu carrera y aconsejándote para que progresaras, mientras que los que no conocías personalmente te inspiraban con su ejemplo.

Ahora bien, si hace varios años que trabajas, es posible que hayan cambiado muchas cosas. Has aprendido mucho, adquirido experiencia y hecho una serie de elecciones que te han llevado a tu situación actual. ¿Siguen proporcionándote ideas útiles sobre qué hacer a continuación tus modelos de conducta? ¿Se ha alejado tu carrera profesional del camino que te habías fijado? ¿Has descubierto que quieres hacer algo totalmente distinto a lo que te habías propuesto en un principio, y necesitas nuevos modelos de conducta que te indiquen cómo seguir adelante y avanzar? ¿Te parecen ahora los logros de tus viejos modelos de conducta demasiado modestos y quieres apuntar más alto? ¿O eran demasiado lejanos tus modelos de conducta iniciales, de modo que sus ejemplos no te sirven de guía para conseguir tus objetivos?

Distánciate un poco y piensa en quién admiras hoy en día, o en la vida de quién te gustaría tener. Si los modelos de conducta femeninos escasean en tu ámbito, amplia el radio de búsqueda. Las vidas de muchos hombres triunfadores pueden enseñarnos también muchas cosas.

Samantha – Más ambiciosa de lo que creía

Samantha siempre había querido ser abogada. Su padre era abogado, sus dos hermanos eran abogados, y no tuvo nunca la menor duda de que ella también quería serlo. Empezó a trabajar en un bufete de tamaño mediano de Nueva York en cuanto terminó derecho, y a los treinta años, ya era socia. Le gustaba su trabajo pero, aunque estaba haciendo lo que siempre deseó, no le parecía suficiente.

Al comentarlo con sus colegas, comprendió que quería tener más poder y prestigio. Quería asesorar a una empresa importante y tal vez llegar a hacerlo como miembro de su consejo de administración. Pero no sería fácil, y no tenía demasiados modelos de conducta femeninos donde elegir. Entonces recordó que una de las primeras litigantes que adquirió notoriedad en Estados Unidos era miembro del consejo de su facultad de derecho y averiguó también que uno de los compañeros de clase de su padre trabajaba como asesor principal de una de las empresas más antiguas y famosas del país. Se puso en contacto con los dos, y ambos estuvieron encantados de ayudarla. Le llevó varios años, pero gracias a ellos, cambió el enfoque de su carrera profesional y logró sus nuevos objetivos. En la actualidad, está encantada con el ambiente que le rodea y sigue en contacto regular con esos dos primeros mentores que le facilitaron llegar donde quería.

Renée – Cambio de rumbo

Renée compaginaba sus estudios universitarios con un trabajo de verano en la tienda de una pequeña empresa que fabricaba muebles a medida. Cuando terminó la carrera, decidió seguir trabajando para el fabricante de muebles uno o dos años antes de cursar un máster. Pasaron cuatro, se había convertido en una acabadora experta y todavía no había solicitado ninguna información sobre cursos de posgrado.

El día de su vigésimo sexto cumpleaños, su padre la llamó por teléfono y le preguntó qué pensaba hacer en el futuro. Renée no supo qué responderle, y cuando más tarde reflexionó sobre ello, se dio cuenta de que lo que realmente quería hacer era diseñar muebles. La empresa donde trabajaba era pequeña y sólo tenía contratado a un diseñador, un hombre con treinta años de experiencia y una buena reputación a nivel nacional. Y Renée decidió pedirle consejo.

El diseñador se sintió halagado y la invitó a ser su aprendiza. A Renée le encantó la idea, pero la desestimó alegando que no podía permitirse ganar menos dinero. Pero su nuevo mentor la convenció de que hablara con el propietario.

Y su respuesta sorprendió a Renée: creía que sería una diseñadora estupenda y, como la empresa estaba creciendo y esperaba tener pronto más pedidos de los que un solo diseñador podría absorber, formarla era la solución perfecta. Aceptó pagarle el mismo sueldo mientras aprendía el trabajo y se ofreció, además, a costearle las clases para que pudiera sacarse un certificado de diseño estudiando de noche. Renée no había esperado tanto, y no se le habría ocurrido nunca pedirlo si no hubiera identificado a la persona cuya vida quería emular. Pasado un año, se convirtió en la ayudante a jornada completa del diseñador jefe, y a los cinco años, diseñaba su propia línea.

Sé ambiciosa

Es más probable que adopten conductas arriesgadas los hombres que las mujeres, tanto cuando se trata de riesgos físicos (como el paracaidismo acrobático) como cuando se trata de riesgos económicos (como invertir en valores arriesgados). También tienen tendencia a considerar menos arriesgadas las situaciones. Esta mayor precaución de las mujeres tiene muchas ventajas, como su protección y la de sus hijos, o la estabilidad social de sus comunidades. Incluso garantiza que las mujeres que juegan a bolsa obtengan mejores resultados que los hombres porque éstos corren demasiados riesgos.

Las mujeres también suelen abstenerse de hacer cosas que pongan en peligro sus relaciones. Y aunque eso sea espléndido en muchas situaciones, puede ser una desventaja a la hora de negociar. Como temen que pedir demasiado pueda enojar a la otra persona y deteriorar su relación con ella, muchas veces las mujeres deciden que lo mejor es actuar con cautela al negociar, o evitar hacerlo. Lo que esto suele significar, en realidad, es que piden menos de lo que pueden obtener. Así que sé ambiciosa. Un aumento de sueldo, un cargo mejor, un ascenso, son pasos adelante evidentes para muchas de nosotras. Pero tal vez no quieras sólo dar un paso más en la misma dirección. Deja volar tu imaginación. ¿Tienes algún deseo secreto o alguna esperanza pospuesta? ¿Algo que quieres pero que supones que no puedes tener? ¿Qué te haría sentir maravillosamente bien? ¿Con qué sueñas? Añade tus deseos más exagerados a tu lista de objetivos.

Angie – La mejor persona para el puesto

Angie trabajaba en una fábrica donde menos del diez por ciento de las personas con sus aptitudes y experiencia eran mujeres. Se había acostumbrado a oír las expresiones de sorpresa de cada nuevo supervisor (había tenido seis en cinco años) al descubrir que podía trabajar igual que cualquier hombre. Lo que la frustraba era que estaba segura de que su grupo podía ser más productivo con una ligera reestructuración, pero ningún supervisor permanecía el tiempo suficiente en el cargo para darse cuenta de ello.

Al parecer, todos los que nombraba la empresa utilizaban ese puesto como plataforma para acceder a otro.

Tras dos años de oír sus quejas, su marido, exasperado, le preguntó qué quería hacer al respecto. Al principio, la pregunta la asombró, pero cuanto más pensaba en ello, más claro lo tenía: quería ser ella la supervisora. Pero como carecía de estudios y no tenía experiencia en dirección, suponía que la empresa jamás la ascendería a ese cargo. Aún así, estaba segura de que podría dirigir el grupo mejor que cualquiera de los hombres que lo habían hecho desde que ella trabajaba allí.

Durante varias semanas, Angie fue anotando las ideas que tenía para reestructurar el grupo y para procesar las materias primas de modo más eficiente. Guardó su plan en un cajón, y en cuanto empezaron a circular rumores de que iban a trasladar a su supervisor, lo llevó al jefe del departamento y solicitó el puesto. El hombre se sorprendió, pero aceptó echar un vistazo a sus notas.

Tres días después, la llamó y le dijo que iba a darle una oportunidad: sería supervisora en funciones seis meses, a prueba. En ese plazo, Angie aumentó un 7% la producción del grupo y redujo un 6% los costes de los materiales. El resultado era increíble, y el jefe de departamento le aumentó el sueldo un 20% y le dio el puesto de modo permanente.

¿Qué lamentarás?

Según los estudios efectuados, las personas sienten dos clases distintas de arrepentimiento: se arrepienten de lo que han hecho y se arrepienten de lo que no han hecho. Cuando se les pregunta de qué se arrepienten más en su vida, es dos o tres veces más probable que describan algo que no hicieron que algo que hicieron.

De modo que intenta pensar en lo que te haría feliz desde un punto de vista totalmente distinto: ¿qué te arrepentirás de no haber hecho?

- ¿De qué te arrepientes más en tu vida? ¿Es demasiado tarde o todavía podrías hacerlo?
- Si hay algo que te gustaría haber hecho en el pasado, ¿puedes hacer algo parecido que te haga sentir mejor respecto a no haber hecho realidad ese viejo deseo?
- ¿Hay algo que siempre hayas planeado hacer pero no hayas hecho? ¿Te sabrá muy mal no llegar a hacerlo?
- ¿Qué te arrepentirás más al final de tu vida profesional de no haber intentado?
- ¿Qué te arrepentirás más al final de tu vida de no haber intentado?

Beth – Siguió la ruta más larga

A Beth siempre le interesó la política. Trabajó como voluntaria para un candidato a la presidencia de Estados Unidos en su adolescencia, estudió ciencias políticas en la universidad y, después, trabajó en la campaña de una candidata al Congreso del país. Beth creía en ella pero, lamentablemente, su candidata perdió.

Más o menos al mismo tiempo, diagnosticaron un cáncer de próstata a su padre. El hombre tenía una empresa de recubrimiento de suelos y pidió a Beth que la dirigiera mientras él se recuperaba. Como Beth no tenía trabajo en ese momento, accedió.

Por desgracia, su padre jamás pudo volver a trabajar a jornada completa y falleció cinco años después. Para entonces, Beth estaba casada y tenía dos hijos. Su vida estaba demasiado consolidada como para cambiarla, y se resignó. El trabajo se le daba bien y ganaba mucho dinero, pero afirma que se sentía frustrada.

Cuando sus hijos eran ya adolescentes, su estado se vio inmerso en una encarnizada disputa interna sobre políticas de inmigración. Beth creía que el representante estatal de su localidad defendía ideas equivocadas y minoritarias al respecto. Pero llevaba veinticuatro años en su cargo y se presentaba a la reelección sin oposición.

El marido de Beth le sugirió que se presentara al cargo si no quería arrepentirse de no haber hecho nada para detenerlo. La idea divirtió mucho a Beth. No había ocupado nunca ningún cargo público ni tenía ninguna experiencia en recaudar fondos para presentarse a unas elecciones. Pero decidió intentarlo. Su popularidad local como empresaria preocupada por su comunidad le daba posibilidades.

No ganó las elecciones ese año, pero la campaña impulsó su carrera política. Dos años después, derrotó a su adversario. Ocho años después se presentó a diputada por su distrito al Congreso de Estados Unidos y ganó un escaño que todavía ocupa en la actualidad. Ahora se ríe de ello: «Creía que vendería moquetas el resto de mi vida y no era feliz.»

Leslie – Dejó algo atrás

Leslie vivía en el norte de California. Antes de casarse, perteneció unos años a un club de ciclismo de montaña. A los treinta y dos años, tenía tres hijos, y cuando montaba en bicicleta, prácticamente se limitaba a ir por el parque con un remolque para niños.

El día después de que su hijo menor cumpliera ocho años, almorzó con su mejor amiga de sus días de ciclismo de montaña, que también estaba casada y había dejado la bicicleta. Ese día recordaron cuando soñaban con ir en bicicleta de California a Nueva York acampando por el camino, y su amiga lamentó no haberlo hecho cuando podían.

Ya en casa, Leslie pensó que no era demasiado tarde. Tenía cuarenta años, pero estaba sana y, con algo de entrenamiento, podría ponerse en forma. Sus hijos podrían pasar dos semanas con su abuela en su casa de la playa, viajar en avión con su padre para reunirse con ella en algún punto del camino e ir después en coche a esperarla al final del trayecto. Podría ser una aventura para toda la familia.

Lo habló con todos ellos y, finalmente, propuso a su amiga hacer el viaje juntas para no arrepentirse después de no haberlo hecho. Las dos se entrenaron seis meses antes de iniciar el recorrido, que les llevó cinco semanas en lugar de cuatro, pero, según afirma Leslie: «Fue una experiencia increíble. ¡No puedo creer que casi me la perdiera!»

Si pudieras tener cualquier cosa

Como ejercicio final para identificar lo que realmente quieres, intenta preguntarte qué querrías si supieras con certeza que podías tenerlo. Si tuvieras la seguridad de que nadie que conoces reaccionaría negativamente, que no habría costes políticos para tu organización, ninguna pérdida de prestigio, ningún perjuicio económico, que tu familia y amigos no tendrían que hacer ningún sacrificio, ¿qué querrías entonces? En muchos casos, puedes intentar lograr objetivos que creías que estaban fuera de tu alcance sin provocar conflictos, crear tensiones en tus relaciones ni lastimar a nadie que ames.

Pero antes tienes que saber qué quieres.

3

DIRIGE TU PROPIA VIDA

Por asuntos de negocios, Joeleen tenía que viajar de una costa a otra de Estados Unidos cuatro o cinco veces al mes. Después de dos años de vuelos agotadores, una aerolínea le dio un billete de primera clase para ir de Nueva York a San Francisco. El viaje le resultó más cómodo, la comida era mejor, pudo trabajar más y llegó mucho menos cansada. Cuando se lo comentó a un colega, éste se sorprendió de que no hubiera ido nunca en primera clase porque bastaba con pedirlo a su agencia de viajes.

Penny, una próspera empresaria, creía que no perdía nunca la oportunidad de negociar. Si quería algo, no dudaba en intentar conseguirlo. Un día, durante un viaje de negocios a Dallas, su socio y ella se alojaron en un hotel de cinco estrellas que acababa de abrir sus puertas. La primera mañana, durante el desayuno, el socio de Penny le comentó lo mucho que le había impresionado el hotel y le preguntó qué le parecía a ella. Penny estuvo de acuerdo en que el hotel era fantástico, pero explicó que le había decepcionado que la habitación careciera de albornoz. Su socio, divertido, soltó una carcajada y le aseguró que sólo había que llamar a la recepción y pedirlo.

Unos meses después, Penny pasaba unas vacaciones en un Ritz-Carlton con su familia. En la habitación, había albornoces para ella y para su marido, pero no para los niños, que también querían. Les dijo que el hotel solo ofrecía albornoces a los adultos, pero no se conformaron. Como no le apetecía discutir, sugirió a su hija que llamara a la recepción del hotel (con la idea de que ellos le explicaran la situación). Y resultó que al cabo de cinco minutos les llevaron dos albornoces de talla infantil a la habitación. Penny se quedó de piedra. Ambos incidentes la llevaron a preguntarse qué más se habría perdido porque no se le había ocurrido pedirlo.

Era probable que muchas cosas.

Todas sabemos que hay que negociar el precio de una casa o de un coche. Puede que no nos guste, y hasta puede que evitemos hacerlo si podemos, pero admitimos que es necesario negociar en transacciones de este tipo. Pero, ¿qué otras cosas son negociables? Si eres como muchas mujeres, la lista de situaciones en las que crees que puedes negociar es muy corta. Crees que, en la mayoría de casos, si hubiera buenas alternativas, lo sabrías. En el trabajo, esperas que la gente que ostenta el poder avise de las oportunidades disponibles. Fuera del trabajo, supones que los precios de cosas como la ropa, los muebles, las joyas o los viajes de turismo son fijos e innegociables. Pero es probable que muchos aspectos de tu vida que consideras inamovibles puedan mejorarse.

¿Quién controla la situación?

Los psicólogos utilizan la llamada escala de *locus* de control para valorar si las personas creen que la fuerza que controla sus vidas es interna (la controlan ellas) o externa (unas fuerzas exteriores deciden su destino). La mayoría de los hombres cree que el *locus* de control de sus vidas es interno y que ellos «crean su propia vida». En cambio, es mucho más probable que las mujeres crean que «la vida les viene dada» y no la controlan demasiado. Es la diferencia entre concebir el mundo como una ostra o como un olmo. Los hombres suelen ver el mundo como una ostra (están rodeados de oportunidades, y sólo tienen que elegir las que quieren), mientras que es más probable que las mujeres piensen que «no se le pueden pedir peras al olmo» (no hay más cera que la que arde y tienen que sacarle el máximo partido). Aunque hay excepciones, se ha demostrado de modo concluyente que esto es así, y no sólo en países de culturas parecidas como Estados Unidos o Gran Bretaña, sino también en otros más diversos como Bélgica, Suecia, México, Brasil, Bulgaria, Polonia, India o China. Se ha demostrado asimismo que incluso las mujeres con altos cargos de dirección que implican niveles altos de responsabilidad y de autoridad siguen creyendo, mucho más que los hombres que ocupan puestos iguales, que sus vidas están sujetas al control de fuerzas externas.

¿Crees en los cambios?

Linda y tres colegas más desarrollaron una escala para puntuar si la gente consideraba que su situación en la vida podía modificarse o no a través de la negociación. Era un 45% más probable que las mujeres puntuaran bajo en esta escala, lo que significaba que veían muchas menos oportunidades de negociar en sus circunstancias personales. Cabe destacar que una puntuación apenas un 10% superior en esta escala se traducía en un aumento de alrededor del 30% en los intentos de entablar negociaciones.

¿Quién se asegura de que te paguen lo que vales?

Lisa Barron, una psicóloga organizativa, pidió a personas de ambos sexos que indicaran si estaban o no de acuerdo con la siguiente afirmación: «Yo determino mi valor y depende de mí asegurarme de que mi empresa me pague lo que valgo.» Mientras que el 85% de los hombres del estudio estaban de acuerdo con esta afirmación, sólo el 17% de las mujeres lo estaba. Pero cuando Barron cambió la frase para que rezara: «Lo que me paga mi empresa determina lo que valgo», los resultados se invirtieron: el 83% de las mujeres, y sólo el 15% de los hombres, estaban de acuerdo con ella. Este estudio pone de relieve algo que muchas mujeres deben combatir: la creencia de que otra persona decide lo que vale su trabajo y lo que deberían cobrar. Esto no sólo proporciona demasiado control a otra persona, sino que se basa en la idea de que esta «otra persona» será justa y que su opinión sobre el valor de tu trabajo será precisa. Eso es confiar mucho en los demás.

Sandra – Muy mal pagada con respecto a los criterios del sector

Sandra era vicepresidenta de un pequeño estudio de arquitectura en el que trabajaban siete personas. El propietario de la empresa era un hombre encantador y con mucho mundo, cualidades fundamentales para captar clientes. Pero, por otro lado, cada vez que necesitaba dinero, lo sacaba de caja y, como vivía por todo lo alto, el estudio siempre tenía problemas de liquidez. Su forma de compensarlo consistía en reducir costes pagando el menor sueldo posible a sus empleados.

Sandra prácticamente dirigía el estudio: trabajaba muchas más horas que su jefe y había diseñado dos de sus proyectos más destacados y admirados. Le gustaba su jefe y le gustaba trabajar en un estudio pequeño, pero cobraba lo mismo desde hacía tres años y sabía que estaba muy mal pagada en comparación con sus colegas de otros estudios. Esperó, en vano, a que su jefe le aumentara el sueldo hasta que no pudo más: o cobraba más o se iba.

Averiguó los salarios que se barajaban para su cargo en su zona (vivía en Chicago), calculó lo que creía merecerse y se lo pidió a su jefe. Éste le respondió gritando que el estudio estaba al borde de la quiebra y que ella acabaría de hundirlo.

Entonces, en lugar de perder la calma o de echarse atrás, Sandra le replicó que lo que no soportaría el estudio era su marcha. Aseguró que le encantaba trabajar allí, pero quería recibir un trato justo y que, además, tenía que pensar en su dignidad profesional y en su futuro; no podía seguir trabajando por una cantidad tan inferior a lo que valía.

La respuesta tranquila de Sandra sorprendió tanto a su jefe que se detuvo a mitad de su arenga y, tras preguntarle cuánto quería, aceptó sin rechistar. Unas semanas más tarde, quizás aterrado ante la idea de que pudiera irse, volvió a subirle el sueldo.

Después, Sandra afirmaba: «No sé por qué esperé tanto tiempo. Le dejé a él la iniciativa cuando sabía que me seguiría pagando lo mínimo que yo le permitiera.» Había dejado que su jefe limitara lo que ganaba en lugar de asumir el control de la situación y asegurarse de que le pagara lo que valía.

¿Quién elige el trabajo que haces?

Hoy en día, la cruda realidad es que para ascender y recibir un sueldo justo tienes que incordiar. Puedes esperar a que tus supervisores adopten una dirección activa y recompensen el buen trabajo, asciendan a las personas en cuanto estén preparadas y cultiven el talento de todos aquellos que están bajo su mando. Es evidente que se trata de cosas que debería hacer un buen gestor. Pero, por desgracia, en el clima empresarial actual, muchos directores están demasiado ocupados concentrándose en sus objetivos de rendimiento. Su estilo de gestión es más reactivo: actúan ante las crisis y dan recompensas y oportunidades a las personas que interrumpen sus ajetreadas jornadas para pedírselas. Esto proporciona una ventaja enorme a los hombres, ya que son los que, por regla general, hacen estas solicitudes. Anuncian el siguiente paso que quieren dar, dejan claro que les corre prisa y presionan para pasar al nivel siguiente.

Para determinar si estás dejando demasiado poder en manos de los demás, pregúntate lo siguiente:

- ¿Sueles esperar a ver qué clase de aumento de sueldo te conceden o intentas negociar por adelantado el que crees merecerte?
- ¿Esperas a que te asciendan o a que te asignen más responsabilidades, o lo pides cuando te consideras preparada?

- ¿Crees que estás cualificada para pasar al siguiente nivel laboral pero supones que tu jefe no está de acuerdo porque no te ha ascendido todavía?
- ¿Has aceptado que te den la misma clase de trabajo una y otra vez a pesar de que crees que has aprendido cosas nuevas y probado distintos tipos de tareas?
- ¿Crees que si trabajas mucho y obtienes unos resultados extraordinarios tus superiores reconocerán tu aportación y te recompensarán con el sueldo que te mereces?
- ¿Pides, por regla general, cambios que te facilitarían la vida en el trabajo o toleras pequeños inconvenientes incluso cuando ves una manera sencilla de solucionarlos?
- ¿Has identificado el siguiente paso que quieres dar en tu carrera profesional? ¿Sabe tu supervisor lo que quieres hacer?
- ¿Te considera la mayoría de tus colegas una persona interesada en ascender en tu organización o desconocen tus ambiciones?

Si tus respuestas sugieren que has cedido demasiado control a los demás, empieza a ofrecerte voluntaria para proyectos en los que quieras trabajar (o que te permitan hacer méritos), no esperes a ver si te asignan o no a ellos. Di a tu jefe que quieres hacer determinado cursillo, conocer otra parte de la empresa o adquirir experiencia en ventas, por ejemplo. No esperes a que la gente te tenga presente o te informe al surgir una nueva oportunidad.

Sobre todo, no supongas que, como tu trabajo le gusta a tu jefe, éste vaya a pensar en tu evolución profesional y en el siguiente paso que tienes que dar. Puede que esté encantado con que hagas el trabajo que necesita en ese momento. Puede que esté feliz y aliviado de contar con alguien en quien confiar en un puesto importante, y tal vez no se le ocurra que eres capaz de hacer mucho más. O tal vez dé gracias a Dios porque no le pides más y así obtiene un trabajo de calidad excelente a precio de ganga. No permitas que otra persona decida cómo debe ser tu carrera profesional. Identifica tus objetivos y averigua cómo lograrlos. Decide qué quieres hacer, en qué puesto crees que puedes rendir más y qué quieres estar haciendo en cinco años. Y, a continuación, adopta las medidas necesarias para conseguirlo.

Nora – Haz lo que quieres hacer, no sólo lo que se te da bien

Nora, que era periodista, trabajó una década en la sección de ciencia y tecnología de un importante periódico local de Estados Unidos. Cuando nació su hijo, necesitaba un trabajo con un horario más regular, y encontró uno en el departamento de comunicaciones de una gran universidad.

En su primer año, se produjeron varios hechos trágicos en la universidad, como la muerte de un alumno por intoxicación etílica en la fiesta de una fraternidad, el suicidio de otro y un accidente terrible durante un ensayo clínico en la facultad de medicina. Dada su experiencia, su jefe le asignó la misión de actuar como enlace con los medios de comunicación en cada uno de estos sucesos. Nora se dio cuenta de que este trabajo se le daba bien, pero se sentía frustrada. Cada vez que la universidad anunciaba un descubrimiento de interés periodístico, su oficina coordinaba la publicidad, emitía los comunicados de prensa y encargaba a colaboradores externos que redactaran la información. Había elegido ese empleo porque le interesaban la ciencia y la tecnología, pero en lugar de escribir sobre adelantos científicos, se pasaba la mayoría del tiempo intentado proteger la reputación de la universidad.

Una noche, en una cena, sus anfitriones le preguntaron sobre su trabajo y ella comentó lo decepcionada que estaba por la clase de tareas que le encargaban. Otro de los invitados le preguntó si se lo había comentado a su jefe.

Tras pensar en ello unas semanas, Nora expuso la situación a su jefe. Éste se disculpó por no dejarle hacer el trabajo para el que la habían contratado y le prometió reducir sus tareas como relaciones públicas. Según afirma Nora: «Hacía lo que me pedían sin chistar. No me considero una persona pasiva, pero creía que si decía que estaba descontenta, daría la impresión de estar quejándome.»

¿Qué puedes cambiar?

Deepak Malhotta, que en la actualidad es profesor de administración de empresas en la Harvard Business School, asignó una tarea poco habitual a sus alumnos cuando daba clases de negociación en la Northwestern University: les pidió que negociaran algo en el mundo real. De los cuarenta y cinco alumnos, que cursaban un MBA nocturno, treinta y cinco negociaron algo para ellos y diez, algo para su jefe. Negociaron de todo, desde el coste de una taza de café en un Starbucks o el precio de una orquesta para una boda hasta los términos de una evaluación de resultados o los beneficios sociales de un empleo. La cantidad media de dinero que ahorraron los alumnos que negociaron algo para ellos mismos fue de 2.200 dólares. La cantidad media que ahorraron los que negociaron algo para su jefe fue de 390.000 dólares.

Malhotta pidió después a sus alumnos que indicaran qué táctica les había sido más útil para obtener estos extraordinarios resultados. La respuesta fue casi unánime: «Decidirnos a negociar.» También aseguraron que la mayor ventaja de efectuar la tarea fue aprender que podían negociar cosas que jamás habían creído negociables.

Ten esto presente y empieza a pensar de forma más atrevida sobre las opciones disponibles y sobre las posibilidades de cambio. Si no estás contenta con tu situación o si hay ciertos aspectos de tu vida que te provocan una frustración constante, parte de la premisa de que pueden cambiarse y averigua cómo hacerlo. En lugar de preguntarte si algo es negociable, supón que lo es.

Luisa – Espera en lugar de pedir

Luisa trabajaba en un pequeño museo de arte regional de Estados Unidos que montaba dos exposiciones propias al año además de albergar dos o tres muestras itinerantes organizadas por otros museos. Aunque había estudiado historia del arte, no tenía titulación superior y había empezado en el museo como ayudante administrativa de uno de los conservadores jefes. Como era lista y muy trabajadora, su jefe le fue asignando enseguida más responsabilidades. Pasados diez años, trabajaba estrechamente con los conservadores y sus ayudantes para preparar cada exposición: establecía el contacto inicial con conservadores de otros museos de todo el mundo cuando su museo quería pedir prestada alguna pieza, redactaba el borrador del catálogo y colaboraba en la elaboración de las guías grabadas para los visitantes. Se consideraba justamente remunerada por este trabajo, pero su cargo no había cambiado, y aunque le irritaba que no reflejara sus funciones reales, suponía que su jefe se lo había mantenido así porque carecía de titulación superior.

Un día, el ayudante de un conservador que empezaba a trabajar para ellos, procedente de un museo más grande, vio su nombre entre una lista de colaboradores de un catálogo de una exposición importante. Sorprendido, dijo a Luisa que le parecía excesivo que una ayudante administrativa se incluyera de esa forma.

El comentario, hecho en un tono insultante, la indignó, de modo que fue a quejarse a su jefe. Éste se deshizo en disculpas, le aumentó el sueldo un 10% y le cambió el cargo por el de «directora de proyectos» a la vez que le aseguraba que debería haberlo hecho hacía años y que el museo no podría funcionar sin ella.

Después de eso, Luisa se preguntó por qué no había pedido antes este cambio. Todos los que llevaban tiempo en el museo reconocían su aportación, y era evidente que su jefe también.

Según nos dijo: «Simplemente supuse que le correspondía a él decidirlo. Creía que, si no lo había cambiado, era por una buena razón.»

Pero su jefe, concentrado en su trabajo, no lo había pensado nunca. El nuevo ayudante de conservador incitó a Luisa a hacer algo que podía haber hecho años antes: controlar más su carrera profesional pidiendo lo que quería y se había ganado.

¿Qué te saca de tus casillas?

No olvides que, además de solucionar problemas importantes, puedes mejorar muchos aspectos más insignificantes de tu vida que distan mucho de ser ideales. Presta atención a las molestias diarias, a esas cosas intrascendentes que pasan todo el tiempo y que te frustran o enojan sistemáticamente. ¿El compañero de trabajo que tienes al lado te quita material de oficina en lugar de pedirlo al departamento correspondiente? Háblalo con él. ¿El lavabo de señoras del trabajo está siempre sucio y maloliente? Pide al director de tu oficina que comente el problema con el servicio de limpieza de tu empresa. ¿Con frecuencia tu jefe te da algo que hacer el viernes a las cuatro de la tarde? Ve al mediodía a su despacho y pídele que te diga qué necesita que hagas antes de terminar el día. ¿Sabe horrible el café del trabajo? Averigua si tu empresa invertiría en una cafetera mejor y en café de mejor calidad. ¿Te gustaría escuchar música con auriculares mientras trabajas, y crees que, de hecho, eso mejoraría tu productividad, pero supones que no puedes hacerlo porque nadie más lo hace? Explícaselo a tu jefe para ver cómo reacciona. ¿La persona que te limpia la casa te desconecta siempre el vídeo para conectar la aspiradora, lo que te obliga a reajustar el reloj cada semana? Pídele que use otro enchufe de la habitación al que sólo haya conectada una lámpara. A veces, los pequeños cambios son importantísimos.

Melanchtha – ¿Pueden hacerse excepciones?

Melanchtha trabajaba para una agencia publicitaria. Todos los días, Melanchtha iba en tren a trabajar, pero cuando su hija mayor empezó a ir al instituto, el autobús que la recogía pasaba quince minutos más tarde, y esperarlo hacía que Melanchtha perdiera el tren de siempre. Si tomaba el siguiente tren, llegaba treinta minutos tarde al trabajo, así que empezó a ir en coche. Pero no tenía plaza en el estacionamiento de la empresa, reservado a los directivos, de modo que tenía que dejar el coche en la calle e introducir monedas en el parquímetro cada una o dos horas. Esto le provocaba una gran angustia, además de salirle carísimo.

Un día su jefa, que había notado que algo andaba mal, se plantó delante de su mesa y le preguntó qué le pasaba. Melanchtha le explicó la situación y lo mucho que la agobiaba. Su jefa le dijo que podía solucionarle el problema, y al cabo de dos días regresó con un adhesivo para el coche de Melanchtha y un pase para que usara el estacionamiento de la empresa.

¿A quién puedes pedir ayuda?

Muchas mujeres intentan, como Melanchtha, arreglárselas como pueden, a menudo con un gran coste personal, incluso cuando es evidente que la situación se está descontrolando. Si necesitas ayuda porque tus responsabilidades o tus circunstancias personales han cambiado, dilo. Pide ayuda adoptando la perspectiva de que «hay un problema que tenemos que resolver», en lugar de que «la situación me supera y no puedo hacer mi trabajo».

Victoria – No puedo hacerlo todo

Victoria era asistente social en un hogar de ancianos. Cuando empezó a trabajar, tenía una cantidad razonable de casos asignados y ningún problema en mantener el papeleo al día. Cinco años después, la ascendieron a supervisora del equipo de trabajo social, formado por seis personas a jornada completa y dos más a tiempo parcial. Por esas mismas fechas, las autoridades establecieron unos requisitos más rigurosos para los hogares de ancianos y empezaron a efectuar inspecciones bianuales. Victoria quería seguir trabajando con pacientes, pero sus nuevas responsabilidades le dejaban muy poco tiempo y cada vez se sentía más descontenta con la calidad de los cuidados que podía prestar a sus pacientes y sus familias.

En su primera evaluación como supervisora, un año después de su ascenso, Victoria dijo a su jefa que necesitaba que un ayudante administrativo le echara una mano con el papeleo porque la atención a los pacientes se estaba resintiendo. Le preocupaba que su jefa creyera que su nuevo trabajo era demasiado para ella, pero estaba frustrada y agotada, y decidió pedirlo de todas formas. Para su sorpresa, dos meses después, su jefa la llamó para hablar sobre la situación. Juntas calcularon que a Victoria le bastaría disponer de alguien media jornada y pensaron que a la supervisora de enfermería le iría igualmente bien una ayuda parecida, así que decidieron que ambas compartieran los servicios de un ayudante administrativo a jornada completa. Cuando la jefa propuso la idea a la supervisora de enfermería, ésta se mostró muy aliviada. Llevaba tiempo temiendo defraudar a la gente porque no daba abasto, pero no tenía valor de pedir ayuda. La jefa de Victoria aceleró el proceso y, a las seis semanas, contrató a un ayudante. Después, Victoria aseguraba: «No sé cómo podía hacerlo todo. Estaba todo el tiempo agotada. Mi marido me presionaba para que dejara el trabajo. Y lo habría hecho si no me hubiera decidido a comprobar si la situación tenía arreglo.»

¿Cómo tomas las decisiones en casa?

La negociación también puede ser un instrumento valioso fuera del trabajo. Aunque hoy en día muchas mujeres piensan en sus relaciones principales (con su pareja) como en asociaciones (de iguales que comparten responsabilidades y sueños), en la práctica, las mujeres trabajadoras siguen realizando muchas más tareas domésticas de las que les corresponden. Aunque tu familia dependa de dos sueldos y tú no puedas quedarte todo el día en casa aunque quisieras hacerlo, es posible que creas que deberías hacer todo lo que hace una esposa y madre a tiempo completo. Ya hemos hablado del estrés que esto provoca y de lo perjudicial que puede ser para la salud. Tenlo presente y empieza a pedir ayuda con algunas de las tareas que te agotan.

Sara – Un mejor equilibrio

Después de escribir *Las mujeres no se atreven a pedir* y de animar a las mujeres a tratar de conseguir lo que necesitan, Sara estaba atrapada en una desequilibrada rutina doméstica que no se le había ocurrido cambiar.

Sara y su marido eran escritores a jornada completa, y los dos trabajaban en casa. Aunque habían decidido dividirse las tareas del hogar y el cuidado de los niños al cincuenta por ciento, llevaban mucho tiempo sin que el reparto fuera justo del todo. Como su marido no sabe cocinar, Sara se encargaba de la cocina y de la compra. Su marido detesta la jardinería, de modo que Sara se ocupaba del jardín. A Sara se le dan mejor las finanzas de la casa, así que pagaba las facturas. También se ocupaba de matricular a los niños a las actividades extraescolares, de comprar los regalos que llevaban a las fiestas de cumpleaños y de elegir las colonias donde pasaban los veranos. No era que el marido de Sara no hiciera nada: Lavaba los platos, segaba el césped, sacaba la basura y estaba pendiente del cuidado de los dos niños antes y después del colegio, así como los fines de semana. También llevaba el coche al mecánico cuando era necesario.

Este acuerdo funcionaba bastante bien. Los niños tenían siempre a punto el almuerzo para llevárselo al colegio, la nevera solía estar llena, y (por lo menos) los lavabos estaban limpios la mayoría del tiempo. Lo único que Sara no parecía poder controlar era la colada. No había día que no tuviera que buscar, desesperada, alguna prenda de vestir, e incluso más de una vez, para su vergüenza, los niños habían tenido que ir al colegio con la ropa manchada.

Un lunes por la mañana, Sara bajaba corriendo la escalera para buscar la camisa favorita de su hijo menor y vio que su marido estaba sentado en la cocina, leyendo el periódico. Se detuvo y le comentó: «Quiero proponerte algo, cariño. No consigo tener la ropa limpia al día. ¿Podrías encargarte tú de la colada?» Su marido se lo pensó un minuto y le aseguró que sí.

Ahora, la ropa está siempre limpia y doblada, si no en los cajones, sí en una cesta, y eso supone una mejora enorme para Sara. Era un pequeño cambio, pero tardó mucho tiempo en darse cuenta de que no tenía que seguir atrapada en una situación que no estaba funcionando ni suponer que la solución del problema le correspondía sólo a ella.

Anne – Pide cambios en cuanto la situación se tuerza

El otoño después de casarse, Anne se matriculó en la facultad de derecho y su marido, Robert, en la de empresariales. Antes de la boda, Anne hacía la mayoría de las tareas domésticas porque trabajaba menos horas que Robert. Así que entonces, a pesar de que estudiar les ocupaba más o menos el mismo tiempo, no se le ocurrió que la situación pudiera cambiar y seguía llevando la casa. Al llegar la Navidad, estaba agobiada y agotada. Sus notas eran decepcionantes, y deseaba tener más tiempo para estudiar. El segundo semestre todo siguió igual. En tan sólo tres semanas, iba tan rezagada que creía que tendría que dejar una de las asignaturas.

Entonces ocurrió algo inesperado. Anne se cayó al bajar una escalera y se rompió una pierna. Y, como las muletas le permitían seguir asistiendo a clase y estudiando, pero no hacer las tareas del hogar, Robert y ella se intercambiaron los papeles. Anne empezó a sobresalir en sus clases mientras que Robert empezó a rezagarse. Jamás había imaginado la cantidad de horas necesarias para llevar la casa, y se disculpó a Anne por no haberle dado importancia.

Cuando Anne se recuperó, Robert y ella se dividieron las tareas domésticas y, tras unos meses de pruebas, elaboraron un sistema que les dejaba a ambos tiempo suficiente para sus estudios. Según Anne: «Robert es una persona muy razonable y quiere que me vaya bien en la universidad. Pero tuve que romperme una pierna para darme cuenta de que él podía encargarse de algunas tareas del hogar.»

Pero la importancia de negociar fuera del trabajo puede ir mucho más allá de la distribución de tareas. A veces, estamos tan ocupadas que nos olvidamos de preguntarnos si somos felices, si nos falta algo. Y muchas de nosotras damos por sentado que tomaremos las decisiones importantes con nuestra pareja como un equipo o que estaremos de acuerdo con ella sobre nuestros objetivos comunes aunque no los comentemos nunca. ¿Estarás preparada para negociar tu nueva situación si tu marido se queda en el paro o le ofrecen una oportunidad fabulosa en otra ciudad, si tenéis gemelos o si tu padre enferma de Alzheimer? Tienes que saber reconocer tus necesidades y defenderlas, e incluso negociar duramente para conseguir satisfacerlas.

Stella – No permitas que tu vida te dirija

Stella era la directora editorial de una revista de objetos de arte y antigüedades de Estados Unidos. Su marido, Don, era redactor de deportes en el periódico de su ciudad y viajaba con frecuencia para cubrir actos deportivos por todo el país (y a veces por todo el mundo). Ambos cobraban un buen sueldo, tenían un piso precioso, viajaban mucho y llevaban una vida apasionante y cosmopolita.

Stella siempre había supuesto que sería madre, y hasta soñaba de vez en cuando con la hija que esperaba tener. Pero Don no se había pronunciado nunca al respecto, y Stella llegó a los cuarenta sin hablar con él para tomar una decisión consciente en un sentido o en otro. Entonces, a los cuarenta y un años, se quedó embarazada sin planearlo y tanto ella como Don se sorprendieron de lo mucho que les ilusionaba ser padres. Por desgracia, a las diez semanas Stella tuvo un aborto. Poco después, volvió a intentarlo, con el mismo resultado. Según los médicos, dada su edad, las probabilidades de que lograra un embarazo viable eran escasas.

Stella estaba desconsolada. Le dolía no haberse detenido un momento a pensar qué quería en la vida. Después de lamentarse varios meses, se dio cuenta de que no todo estaba dicho. Todavía podía ser madre si realmente quería. Un mes antes de cumplir los cuarenta y cinco años, ella y Don adoptaron una niña de Guatemala.

Luann – Antes tenemos que hablarlo

Luann era una próspera empresaria del sector de la moda con su propia línea femenina de prendas deportivas de gran calidad. De joven, estudió empresariales, y a los veinticinco años montó su negocio; a los treinta y dos, abrió su primera tienda, y tres años después, tenía dieciocho repartidas por Estados Unidos. A diferencia de muchas mujeres, no tenía demasiados deseos de ser madre. Había visto las exigencias que la maternidad imponía a algunas de sus amigas, y no quería que tener un hijo la obligara a reducir sus expectativas profesionales.

El marido de Luann, Jason, tenía un buen trabajo como administrador de un hospital, pero también deseaba mucho ser padre. Y, como conocía bien a Luann, estaba convencido de que estaría encantada con su hijo en cuanto lo tuviera. Luann amaba a Jason y quería que fuera feliz, de modo que negociaron una solución: tendrían un único hijo, Jason pediría una excedencia para estar en casa el primer año con el bebé y, después, contratarían a una niñera a jornada completa. Jason se encargaría por lo menos de la mitad de los cuidados del niño cuando la niñera no estuviera, y Luann seguiría viajando todo lo necesario para que su negocio creciera. Una vez tomaron la decisión, Luann se quedó embarazada enseguida y, como Jason había predicho, se quedó prendada del bebé en cuanto nació. En la actualidad, sigue igual de entregada a su carrera profesional, y está contenta de que ella y Jason hubieran examinado juntos las implicaciones de su decisión.

Así que depende de ti. Si quieres más (más dinero, más responsabilidades, un trabajo más interesante, más oportunidades, más de lo que sea) o si quieres otra cosa (una casa nueva, un hijo, una mascota, otro novio, un descanso en tu rutina), tienes que decidir conseguirlo. Sólo tienes una vida. Será mejor que la aproveches al máximo.

4

UN TRATO JUSTO: JÚZGALO TÚ

La mayoría de mujeres no cree recibir un trato injusto. Así, aunque la inmensa mayoría de mujeres estadounidenses cree que, en general, las mujeres están discriminadas en su país, en los estudios efectuados es muy difícil encontrar mujeres que afirmen haber sido discriminadas. Si eres una de esas mujeres, quizá debas reconsiderarlo. Puede que seas víctima de un fenómeno que la psicóloga social Faye Crosby denomina «la negación de la desventaja personal», en que los miembros de un grupo reconocen que otros miembros de su grupo han sido discriminados pero creen que ellos no han recibido nunca un trato injusto.

¿Qué podría provocar una discrepancia tan extraña entre lo que creen las mujeres y lo que han vivido? Una explicación podría ser que resulta difícil confirmar la discriminación en un caso concreto pero, en cambio, es fácil detectarlo a nivel organizativo o social.

La cosa va así: supón que un hombre recibe un ascenso antes que una mujer que tiene menos experiencia pero más formación. La mujer podría llegar a la conclusión que su jefe valora más la experiencia que la formación y que por eso ha ascendido al hombre.

Si la misma mujer tuviera acceso a todos los datos del departamento de personal de la empresa y pudiera hacerse una idea general de la situación (los porcentajes de los ascensos concedidos a los hombres y a las mujeres en la organización), podría ver claramente una discriminación sistemática. Pero muy pocas podemos hacer eso, y a menudo no es evidente que nos hayan tratado injustamente cuando ha sido así.

Tal vez creas que la situación ha cambiado y que este problema ya no existe hoy en día. Conocemos a muchas jóvenes que afirman que esta clase de discriminación es cosa del pasado. Las mujeres ocupan ahora todo tipo de cargos; ¿dónde está el problema entonces? Lamentablemente, tenemos que advertirles algo: no es lógico, no es bueno para los negocios, es decepcionante y resulta difícil de aceptar, pero en la sociedad actual sigue habiendo actitudes negativas hacia las capacidades de las mujeres que, de una forma sutil pero perniciosa, impiden que su trabajo sea valorado por sus méritos.

Reconoce el poder de los prejuicios subconscientes

Ninguna de nosotras quiere creer que sus compañeros de trabajo y sus supervisores, gente que nos gusta y a la que respetamos, nos traten de forma diferente por el hecho de ser mujer. Reaccionamos a las cosas cuando suceden, atribuimos motivos positivos a las personas que nos rodean y suponemos que tienen buenas razones para tomar las decisiones que toman, aunque no estemos del todo seguras de cuáles puedan ser. El problema es que puede que ellas tampoco comprendan totalmente sus razones porque su decisión puede haberse visto influida por prejuicios subconscientes que desconocen tener.

Un estudio ha demostrado que los prejuicios subconscientes influyen mucho en el comportamiento de las personas, y que la mayoría de gente tiene esos prejuicios sin darse cuenta de lo mucho que influyen en sus opiniones. Este mismo estudio confirma que los prejuicios subconscientes sobre las capacidades de las mujeres suelen provocar que personas bienintencionadas subestimen el trabajo de una mujer por el mero hecho de serlo. Así, por ejemplo, la gente es más reacia a ascender a una mujer sin experiencia a un cargo de más responsabilidad que a un hombre en su misma situación. Y puede que desconozca los motivos de su renuencia.

Tres destacados psicólogos, Mahzarin Banaji, Anthony Greenwald y Brian Nosek, han encontrado una forma de medir lo que realmente piensa la gente sobre las mujeres y el trabajo. (También utilizan este método para medir el poder de muchos otros tipos de prejuicios.) Estos investigadores pidieron a los participantes en el estudio que accedieran a un sitio web y, con un dedo de la mano izquierda sobre la letra *e* del teclado y un dedo de la mano derecha sobre la letra *i*, observaran distintas palabras que aparecían en la pantalla (varios nombres de hombre, varios nombres de mujer, palabras relacionadas con el trabajo como *sueldo*, *oficina*, *negocio* y *profesión*, y palabras relacionadas con el hogar, como *pareja*, *hijos* y *familia*). Si aparecía en la pantalla una palabra que los participantes relacionaban con los hombres o con el trabajo, tenían que pulsar la *e*. Si aparecía una palabra que relacionaban con las mujeres o con el hogar, tenían que pulsar la *i*. Cada participante observó una lista de palabras y los investigadores cronometraron el tiempo que tardaba en realizar la tarea. Pidieron entonces a los participantes que repitieran la tarea, pero esta vez tenían que pulsar la tecla izquierda (la *e*) si relacionaban una palabra con los hombres o con el hogar, y pulsar la tecla derecha (la *i*) si relacionaban una palabra con las mujeres o con el trabajo. Los investigadores descubrieron que la inmensa mayoría de los participantes, tanto hombres como mujeres, tardaba muchísimo más en terminar la segunda ronda de palabras, porque a la gente le cuesta más asociar a las mujeres con el trabajo (y es de suponer que a los hombres con el hogar) que relacionar a los hombres con el trabajo y a las mujeres con el hogar. La última vez que echamos un vistazo, más de 83.000 personas habían hecho esta prueba con resultados parecidos.

Tal vez creas que no eres una de estas personas, pero puedes averiguarlo. Accede a www.implicit.harvard.edu y haz el test de género/vida profesional (por el momento, únicamente está disponible en inglés). A un nivel consciente, no resulta difícil relacionar a las mujeres con el trabajo. Sin embargo, es probable que, como casi todo el mundo que ha hecho esta prueba, tardes el doble en aparejar a las mujeres con el trabajo que en hacerlo con el hogar. Las dos lo hemos hecho, y nos pasó exactamente lo mismo que a los participantes en el estudio original. Esto no significa que creamos que las mujeres no deban tener vida laboral, simplemente demuestra el poder que la socialización cultural ejerce en nuestro subconsciente. Por desgracia, los psicólogos opinan que estos prejuicios subconscientes influyen en nuestro comportamiento de formas que no percibimos y que nos inducen a efectuar asociaciones y juicios subconscientes que son contrarios a las opiniones que tenemos conscientemente. Esto puede llevar a que un supervisor, sea del sexo que sea, subestime el rendimiento laboral de una mujer sin saber que lo está haciendo. Como la mayoría de gente desconoce cómo los prejuicios subconscientes influyen en sus valoraciones, no los tienen en cuenta, y pueden terminar discriminando a las mujeres sin percatarse de ello.

Toca como una chica

Juzgar las dotes musicales de un intérprete destacado que se presenta a una audición para una orquesta sinfónica podría parecer bastante sencillo. Hay músicos que son claramente superiores a los demás y es de suponer que cualquier experto reconoce la diferencia. Nada más lejos de la realidad. Dos economistas descubrieron que el uso de un biombo para ocultar la identidad y, por lo tanto, el sexo, de los músicos que participaban en la audición aumentaba un 50% las probabilidades de que una mujer siguiera adelante en el proceso y un 250% las probabilidades de que una mujer obtuviera un puesto en una orquesta.

Otros estudios han revelado también el poder y la persistencia de los prejuicios subconscientes. La psicóloga Virginia Schein reunió noventa y dos palabras y frases usadas habitualmente para describir las características de las personas en su llamado Índice Descriptivo. Luego, pidió a varias personas que eligieran palabras que relacionaban con los hombres, palabras que relacionaban con las tareas directivas y palabras que relacionaban con las mujeres. Los resultados demostraron que los participantes elegían mucho más las mismas palabras para describir a los hombres y las tareas directivas que para describir a las mujeres y las tareas directivas.

Los hombres son líderes, las mujeres son autoritarias

Para estudiar si la gente reacciona de modo distinto a los hombres y a las mujeres que muestran «dotes de liderazgo», los investigadores introdujeron actores de ambos sexos en grupos reducidos de personas que no sabían que eran actores. Su función era mostrarse cooperadores y agradablemente firmes y enérgicos mientras el grupo trabajaba junto para tomar una serie de decisiones. Los investigadores observaron que los participantes reaccionaban de una forma mucho más positiva ante los actores masculinos que interpretaban estos papeles de liderazgo que ante las actrices que actuaban del mismo modo. Después, los participantes describieron a los hombres diciendo que tenían «más capacidad, aptitudes e inteligencia» mientras que consideraban a las mujeres «impulsivas, autoritarias y dominantes». Al preguntarles directamente sobre su actitud hacia la función de liderazgo de hombres y mujeres, los participantes afirmaron no tener prejuicios sexuales.

En el ámbito laboral, estos prejuicios subconscientes pueden intervenir de varias formas, en especial si la organización no ha elaborado un sistema específico y detallado para evaluar el trabajo individual de sus empleados. Los directores pueden decidir no ascender a las mujeres por motivos vagos y muy subjetivos (necesitan más experiencia, carecen de dotes de liderazgo o todavía no están preparadas). Si las mujeres de estas organizaciones forman parte de un equipo y éste obtiene resultados excelentes, suelen ser ellas las que se llevan menos el mérito.

Las evaluaciones del trabajo de una mujer también pueden

ser sesgadas si se encuentra en un ámbito en el que hay muy pocas mujeres más, lo que es habitual en ciertas profesiones, en especialidades muy identificadas como «masculinas» y en los niveles de alta responsabilidad de la mayoría de organizaciones. Para resumir el problema, un empleo se considera más «masculino» cuanto más poder y estatus conlleva. Cuando las mujeres ascienden a los niveles más altos de dirección, en los que hay muy pocas mujeres más (y se las percibe como simbólicas o intrusas en un ámbito masculino), están más sujetas a valoraciones estereotipadas de su trabajo. Como las valoraciones subjetivas pueden tener una influencia enorme en la evaluación del rendimiento de un alto cargo, las mujeres que alcanzan estas cotas de éxito suelen encontrarse con que se ataca violentamente su trabajo por motivos que no pueden identificar claramente como machistas o discriminatorios.

Jacie – «¡No me tuvo en cuenta!»

Jacie trabajaba para una empresa de sistemas de calefacción de Nueva Inglaterra haciendo llamadas a domicilios particulares para intentar captar nuevos clientes. Tenía una voz atractiva y no usaba nunca técnicas de venta agresiva, y su porcentaje de éxitos era el más alto de la oficina. Cuando Jacie llevaba dos años en la empresa, su jefe, Raymond, recibió un ascenso y lo trasladaron a la oficina central. Entonces, Raymond nombró a Jerry, el único hombre de la oficina, para que lo sustituyera como director regional de ventas.

Dieciocho meses después, Jerry fue despedido de repente. La siguiente semana, Raymond llevó a Jacie a almorzar para contarle los motivos, porque sabía que Jerry le caía bien. Le explicó que era muy buena persona pero que gestionaba tan mal el presupuesto que ninguna de sus cifras cuadraba. También le comentó que habían empezado a buscar a alguien y esperaban sustituirle en seis semanas, ocho como mucho.

Cuando Jacie se sorprendió de que contrataran a alguien de la calle, Raymond pareció desconcertado. No creía que a ella le interesara el cargo porque conllevaba la gestión económica de la oficina. Pero Jacie había estudiado finanzas y se le daban bien los números, de modo que le aseguró que podía encargarse de todo mejor que nadie de fuera.

Unos días después, Raymond le ofreció el puesto. Jacie estaba segura de que si no había pensado en ella para ese cargo, no era porque creyera conscientemente que las mujeres no son buenas directoras, sino porque no se le había ocurrido. En palabras de Jacie: «No me tuvo en cuenta.» A pesar de sus aptitudes, Raymond no la tenía presente.

Cuando Raymond dio el ascenso a Jerry, Jacie no creyó que la hubiera tratado injustamente. Le caía bien Raymond, sabía que ella a él también, y supuso que tenía buenos motivos para tomar esa decisión. Cuando por fin asumió el puesto de directora regional de ventas, se percató de que ya entonces, dieciocho meses antes, había sido una candidata mucho mejor que Jerry, pues él había estudiado comunicaciones y carecía de formación en gestión financiera.

Prejuicios sin mala intención

Solemos suponer que la mayoría de gente no nos perjudicaría conscientemente, y lo más probable es que eso sea cierto. Pero existe mucha diferencia entre no perjudicar conscientemente a alguien y comprobar regularmente que uno no comete injusticias sin darse cuenta. Y, por supuesto, hay diferencias en lo que cada persona considera justo. Mucha gente cree que es totalmente justo no dar más a alguien que no lo pide. Si tuviste la oportunidad de negociar y no la aprovechaste, es problema tuyo, no suyo. Incluso las personas que están convencidas de creer en la igualdad de oportunidades y de ser contrarias a los prejuicios sexuales pueden tener dificultades en pensar de otra forma cuando una mujer no pide más de lo que se le ofrece. Creemos que esta actitud no es acertada y que penaliza a las mujeres por un problema social que les impone la sociedad. Pero es lo que ocurre en muchos casos.

Mary – Ya es hora de que cobres lo que vales

Mary, una destacada botánica, trabajaba en una gran universidad de Estados Unidos, estaba muy solicitada para dar conferencias en reuniones científicas y era una de las pocas mujeres que habían llegado a los lugares más altos de su profesión. Se había encontrado con pocos obstáculos en su vida profesional y no creía que la hubieran tratado nunca injustamente por el hecho de ser mujer.

Como muchos científicos, Mary tenía que solicitar becas para financiar sus investigaciones. El dinero que le concedían iba a parar directamente a su departamento, que lo utilizaba en gastos generales, en los salarios de Mary y de sus ayudantes, y en los costes de su laboratorio. Como su trabajo era muy especializado, Mary apenas había colaborado con otros investigadores de su institución a lo largo de su carrera profesional.

Cuando había pasado ya de los cincuenta, ella y seis de sus colegas presentaron la solicitud de una beca para llevar a cabo un estudio conjunto de larga duración. Como parte de la propuesta, los siete científicos tuvieron que indicar el sueldo que querían percibir. Cuando Mary vio la cantidad que pedían los otros seis, se dio cuenta de que todos ellos ganaban más que ella, incluso tres que eran mucho menos expertos.

Decidió marcharse en el acto. Había tenido muchas ofertas de otras universidades y sabía que no le costaría nada encontrar otro trabajo. Cuando redactaba, furiosa, su carta de dimisión, un colega entró en el laboratorio. Le dijo lo que estaba haciendo y él le preguntó si había negociado alguna vez su sueldo con el jefe del departamento. Cuando Mary respondió que no, le explicó que él lo negociaba todos los años y que su objetivo era conseguir por lo menos un 3% más de lo que le ofrecían.

Mary siempre había aceptado sin más los aumentos que le habían concedido. Como la mayoría de sus colegas solían negociarlos, la diferencia entre su sueldo y el de ellos había ido aumentando año tras año. Según nos contó: «Me quedé de piedra. Creía que la universidad tenía algún tipo de escala y pagaba a todo el mundo lo mismo según su nivel. ¡Qué ingenua fui!»

Cuando Mary supo cómo funcionaban las cosas, fue a ver al jefe de su departamento y le dijo que quería cobrar 10.000 dólares más que el colega que estuviera mejor pagado. Aseguró, rotunda, que era la más conocida en su campo, la que había publicado más artículos y que hacía años que cobraba menos de lo que debería.

Su jefe, que parecía desconcertado al principio, alegó que creía que no era especialmente materialista y que estaba contenta con lo que ganaba. Esto indignó a Mary. Ella obtenía más dinero en becas que nadie en su departamento, y consideraba que tenía que cobrar de acuerdo con el valor que le aportaba, que era mucho.

Su jefe accedió, se disculpó por lo que llamó «un malentendido» y le concedió el aumento de sueldo. En cuanto salió de su despacho, Mary se dirigió a los laboratorios de las demás mujeres del departamento y se aseguró de que todas ellas supieran también que tenían que negociar su sueldo.

Puede que la gente que ostenta el poder no tenga intención de favorecer a los hombres, pero si no reconocen este problema y adoptan las medidas necesarias para resolverlo, distribuirán, por defecto, los recursos y las oportunidades de forma injusta. La gente que pide más obtiene más que la gente que no lo hace. Tener talento y trabajar mucho no bastan.

Jeanne – Especialmente escandaloso

Jeanne, una destacada jurista, trabajaba en un grupo de expertos analizando el impacto de las decisiones jurídicas en la discriminación salarial en Estados Unidos. Un importante organismo gubernamental le encargó, junto con dos colegas varones, que investigara si existía discriminación salarial en su seno. A mitad del proyecto, uno de los empleados le comentó confidencialmente que sus dos colegas varones ganaban el doble que ella por hacer el mismo trabajo. Resultó que el organismo había ofrecido a los tres el mismo dinero. Jeanne, que había supuesto que se trataba de una tarifa fija por tratarse de un contrato gubernamental, lo aceptó. Sus dos colegas negociaron y doblaron la cantidad. Le pareció especialmente exasperante ya que los tres habían sido contratados para valorar la discriminación sexual en el mismo organismo que les pagaba de modo desigual por el mismo trabajo.

Cultivar las redes de contactos adecuadas

Puede que las mujeres tampoco sepan que reciben un trato injusto por otra razón: generalmente se las excluye de las redes de contactos sociales y profesionales de los hombres; redes en las que los hombres intercambian información, establecen alianzas y se ayudan entre sí para avanzar. También es menos probable que las mujeres participen en actividades sociales con sus colegas, unas veces debido a las exigencias familiares y otras, simplemente, porque no han sido invitadas. Como consecuencia de ello, no suelen saber tanto sobre las políticas de su oficina. No saben qué pedir, ni a quién, cuándo o cómo hacerlo.

Ainsley – Accede a información de la empresa

Ainsley era cirujana en un importante hospital clínico del sur de California. Ocho años después de empezar a trabajar en él, se enteró de que los cirujanos varones del departamento jugaban partidos de tenis cada semana entre mayo y septiembre. Ainsley, que había formado parte del equipo de tenis de su universidad y era muy buena jugadora, pidió formar parte del grupo. Y era la única mujer, porque jamás se les había ocurrido invitar a ninguna del departamento.

Pronto descubrió que había mucho más en juego que una partida amistosa de tenis. La cantidad de información que se intercambiaba en las pistas la asombró. Los cirujanos comentaban las políticas del hospital, se daban consejos sobre cómo acceder a sus poderosos comités y se contaban los rumores sobre cirujanos mayores que estaban pensando en jubilarse o sobre posibles incorporaciones, por ejemplo. A finales de verano, se produjo una vacante en un importante comité de dirección del hospital, algo que no era de conocimiento general. Ainsley se enteró mientras jugaba a tenis y se ofreció para cubrirla. Estaba bien cualificada, contaba con el apoyo de sus compañeros de tenis y salió elegida. Era la primera vez que una mujer cirujana formaba parte del comité. Esta experiencia le demostró el poder de poseer información privilegiada de la empresa, y le hizo ver lo valioso que era crear redes de contactos importantes.

Valorar si el trato es justo

¿Cómo sabes si recibes un trato justo? Para muchas de vosotras, puede ser obvio que no lo recibís; puede que algunas no estéis seguras y que otras estéis convencidas de que os tratan como a todos los demás (puede ser especialmente el caso si tienes menos de treinta años). Como se han suprimido muchas formas explícitas de injusticia, como las normas que impedían a las mujeres solicitar algunas clases determinadas de trabajo, es fácil suponer que quedan pocas barreras para las mujeres. Tal vez creas que te han tratado de un modo bastante justo en general. A riesgo de recordarte a tu madre, te pedimos que te detengas un momento para plantearte si es realmente así. Usa las siguientes preguntas para hacerte una idea más precisa de tu situación.

Igualdad de género

- ¿Se ha comprometido abiertamente tu organización con la igualdad de género?
- ¿Hace tu organización un seguimiento de los ascensos y las contrataciones para garantizar la igualdad de género?
- ¿Efectúa regularmente tu organización análisis de retribuciones para asegurarse de que se paga lo mismo a los hombres y a las mujeres por el mismo trabajo?
- ¿Ha encargado tu organización a los supervisores que se aseguren de que las mujeres a su cargo progresen al mismo ritmo que los hombres?

Sistemas de evaluación

- ¿Utiliza tu organización sistemas de evaluación detallados y precisos, y los aplica sistemáticamente de modo que todos quienes realicen la misma función en el mismo nivel tengan los mismos objetivos de calidad y rendimiento?
- ¿Son los sistemas de evaluación de tu organización transparentes y ampliamente conocidos?
- ¿Vincula tu organización los ascensos directamente al rendimiento o pueden influir en ellos criterios vagos o subjetivos, como la capacidad de dirección o las dotes de mando?
- ¿Procede la información sobre tu rendimiento de varias fuentes o se basa exclusivamente en la opinión de una persona?

Retribución

- ¿Vincula tu organización los sueldos al rendimiento y utiliza criterios objetivos como cifras de ventas, horas facturables, productividad del departamento o evaluaciones de empleados, alumnos o clientes?
- ¿Ofrece tu organización un aumento salarial según el coste de la vida a todos los empleados y concede, además, aumentos según sus méritos personales? En ese caso, ¿conoces el proceso por el que se decide quién obtiene esos aumentos adicionales? ¿Sabes si tu organización concede los aumentos según los méritos con frecuencia o si no es algo habitual?
- ¿Existen niveles, categorías o rangos en tu organización que limiten las retribuciones?
- ¿Concede gratificaciones tu organización? Si es así, ¿sabes cómo se determinan?
- ¿Ofrece tu organización formas de retribución en especie, como coches de la empresa, opciones de compras de acciones, ayudas para los estudios de los hijos o fondos de jubilación para los empleados? Si es así, ¿sabes qué criterios se siguen para conceder estas formas de retribución alternativas?

- ¿Ofrece tu organización incentivos a los directivos y/o a los ejecutivos por mantener los sueldos lo más bajos posible? ¿Tiene algún interés la persona a quien debes pedir un aumento salarial en no concederte más dinero?
- ¿Prohíbe tu organización a los empleados que comenten sus sueldos, lo que indica que quiere limitar el acceso a esta información con objeto de mantener la retribución lo más baja posible?

Progreso

- ¿Se basa tu organización en criterios vagos o subjetivos como la capacidad de dirección o las dotes de mando para decidir los ascensos (no sólo los sueldos) en lugar de hacerlo en factores más objetivos como cifras de ventas, horas facturables, productividad del departamento o evaluaciones de empleados, alumnos o clientes?
- ¿Utiliza tu organización un sistema de clasificación para identificar funciones o niveles de responsabilidad en su jerarquía organizativa? Si es así, ¿es posible saltarte un nivel o adaptar tu clasificación si estás cualificada, has ampliado el ámbito de tu trabajo o te han pedido que hagas más de aquello para lo que te contrataron?
- ¿Existen en tu organización unas líneas de progreso muy estructuradas y rígidas, o hay más de una forma de avanzar en la dirección que tú quieres?
- ¿Se revisa el progreso de todos los empleados a la vez (anualmente, cada dos años) o está el proceso menos estructurado, lo que deja margen a los supervisores para que no tengan en cuenta a empleados cualificados o tomen decisiones arbitrarias?
- ¿Influyen los contactos personales de un empleado en su progreso? ¿Es lo que sabes o a quién conoces lo que determina que te asciendan?
- ¿Has descubierto que perdiste una oportunidad de progresar porque no sabías que había una tarea o un puesto disponibles?

Contratación

- ¿Posee tu futura organización una escala salarial para los distintos puestos o funciones, o remunera a sus empleados caso a caso, lo que hace que la negociación sea particularmente crucial para conseguir lo que vales?
- ¿Efectúa la empresa para la que quieres trabajar «contratos a medida», de modo que los adapta a las cualificaciones y necesidades de los empleados que desea incorporar?
- ¿Te ha pedido tu futura organización que indiques tu sueldo anterior o el que deseas percibir antes de hacerte una oferta, lo que te obliga, básicamente, a dar el primer paso en la negociación?

Si descubres que te están tratando injustamente, o no estás segura y quieres averiguarlo (lo que es buena idea), en los siguientes capítulos encontrarás los instrumentos necesarios para equilibrar la situación.

Puede que creas que te basta lo que tienes. O tal vez que si tienes talento y trabajas mucho, llegarás hasta donde te lleven tus capacidades con independencia de quién seas, de dónde procedas o de si eres hombre o mujer. Es lo lógico, ¿no? Además, si tienes mucho éxito, puedes suponer que has recibido un trato justo o no te habría ido tan bien ni habrías llegado tan lejos. Pero, desafortunadamente, no es así. A menudo, hasta las mujeres más triunfadoras descubren que hombres igual de cualificados que ellas han recibido una recompensa mucho mayor, se les ha permitido saltar pasos en su ascenso por los distintos niveles profesionales o han disfrutado de un trato especial que no se ha ofrecido a sus compañeras del sexo opuesto. Esto es cada vez más cierto con el aumento de los «contratos a medida», es decir, contratos personalizados que permiten a los empleados negociar acuerdos especiales que los demás no reciben si no los negocian. Los acuerdos especiales que garantiza un «contrato a medida» van desde ser tratado como una diva (como en el caso de Jennifer Lopez, que exige que sus camerinos estén decorados sólo con muebles, cortinas, velas y flores blancos) hasta peticiones más corrientes como un calendario de aumentos salariales, gratificaciones garantizadas, más días de vacaciones o un programa de formación en el futuro, por ejemplo. No sabes lo que puede pedir, y recibir, la gente que te rodea que no te hayan ofrecido a ti. Te mereces un trato justo, y depende de ti asegurarte de que te lo den.

SEGUNDA FASE

Sienta las bases

5

Conceptos básicos de la negociación

La palabra *negociación* suscita a muchas personas imágenes de algo formal y estructurado: líderes mundiales intentando acabar con un conflicto regional, consejos de administración de empresas acordando los detalles del despido de un director general, un encargado de compras concretando las condiciones de un contrato con un proveedor. También evoca tácticas implacables: Fingir ira para intimidar a la otra parte, cerrar de golpe un maletín y marcharse. Mucha gente ve la negociación como una forma de combate: una interacción competitiva, a menudo hostil, en la que cada parte trata de derrotar a la otra o de agotarla discutiendo. En las películas y en la televisión, se ven personajes despiadados que cierran el puño y amenazan a sus oponentes. En las noticias, los líderes sindicales y los representantes de la patronal se lanzan ultimátums. Y los diplomáticos de distintos países se sientan inmóviles a cada lado de una larga mesa con un antagonismo palpable en su silencio. No es extraño, pues, que muchas mujeres eviten negociar. Todo lo que lo envuelve parece desagradable, y somos lo bastante listas como para saber que sería una locura portarse de esta forma con alguien a quien conocemos, especialmente con alguien con quien tenemos una relación duradera.

Por suerte, la negociación rara vez se produce en unas circunstancias tan formales. Es menos eficaz cuando se lleva como una batalla o una contienda, y en la mayoría de casos puede evitarse un conflicto. La negociación no es exclusiva de los líderes sindicales y los diplomáticos, y tampoco es una técnica empresarial avanzada que se utilice sólo en los consejos de administración de las empresas. La capacidad de negociar bien no es un don innato ni un talento especial y escaso.

Dicho de modo sencillo, la negociación es un instrumento que permite cambiar el statu quo cuando ese cambio precisa la conformidad de otra persona. Cambiar el statu quo puede significar pedir al jefe si puedes trabajar cuatro días a la semana en lugar de cinco, pedir a la tintorería que te tengan un vestido listo por la tarde o pedir el traslado a otra oficina para acompañar a tu pareja que ha encontrado trabajo en otra ciudad. Las pequeñas negociaciones implican los mismos procesos que las grandes, y en todos los casos utilizar tácticas implacables suele ser la peor forma de obtener buenos resultados. Los mejores negociadores, los que logran acuerdos que benefician a ambas partes, no se intimidan entre sí ni se levantan la voz. Hacen muchas preguntas, escuchan atentamente, comparten información e intentan conocer los dos puntos de vista. Disfrutan del desafío de encontrar formas de satisfacer los intereses de todos y procuran llegar a soluciones que no hagan sentir a nadie ofendido, maltratado o descontento.

Visto de esta forma, es probable que negociar sea algo que ya haces todos los días (si tienes hijos, serás una experta en ello). Hablas con tu jefe sobre la posibilidad de ascender a un empleado con mucho talento al que tú supervisas. Comentas con un cliente cómo personalizar un producto para satisfacer mejor sus necesidades. Pides a un colega que te ayude en un proyecto que supone un reto. Decides con otro voluntario cómo dividiros las tareas de un servicio comunitario. Elaboras un plan con tus hermanos para celebrar las bodas de oro de tus padres. Hablar, comentar, decidir, solucionar cosas son partes de la negociación, y son aptitudes que muchas mujeres ya poseen.

Toda negociación se produce asimismo en el contexto de una relación en la que cada parte tiene algo de valor que ofrecer. Negociar bien implica conocer la naturaleza de la relación entre los demás negociadores y tú, y calcular con precisión el valor de cada parte, es decir, lo que cada uno de vosotros «lleva a la mesa». Tal vez haya que investigar un poco para conseguir esta información (investigación que te enseñaremos a hacer), pero si aprendes unos cuantos principios básicos, planeas las cosas cuidadosamente y practicas, podrás convertirte muy deprisa en una negociadora eficaz. Hemos diseñado este libro para guiarte en este proceso.

Mide el terreno de juego

Una vez sabes lo que quieres y te has decidido a negociar para conseguirlo, tienes que hacer un poco de trabajo preliminar. Tienes que familiarizarte con los puntos básicos de una buena negociación, los conceptos en los que se basan los negociadores profesionales. Luego, tienes que investigar un poco: ¿cuánto vales?, ¿qué poder de negociación tienes realmente?, ¿y cómo están las cosas al otro lado de la mesa? Existen muchos factores externos que pueden influir en la negociación, como la estabilidad económica, los planes a largo plazo, el sistema de evaluación del trabajo individual o la forma de decidir las excepciones del procedimiento habitual de tu organización, y las manías y prioridades de la persona a quien tienes que pedir algo. Cuanto más sepas sobre el contexto en el que tendrás que hacer tu petición y la personalidad de los actores principales, mejor preparada estarás para mejorar tu posición negociadora y argumentar de forma persuasiva tu punto de vista.

El primer paso consiste en identificar los aspectos de la relación y las circunstancias importantes que puedan influir en el resultado (lo que los expertos llaman «valorar el entorno de la negociación»). No deberías negociar igual con un desconocido que con la pareja (o no seguiréis mucho tiempo juntos) ni tampoco con un jefe en apuros que con alguien que te está ofreciendo un trabajo. Para juzgar tu situación con exactitud, hazte las siguientes preguntas:

¿Cuántas partes están implicadas?

La cantidad de partes es la cantidad de «bandos» de la negociación. Por ejemplo, cuando Estados Unidos negocia cuestiones comerciales con otro país, sólo hay dos partes (dos firmantes) del acuerdo, aunque cada parte esté representada por muchas personas. La situación se vuelve más compleja si otros países se incorporan a la negociación, lo que aumenta la cantidad de partes. La complejidad no se debe sólo al hecho de que cada país puede tener distintos objetivos a la hora de negociar, sino también al hecho de que ciertos países pueden formar coaliciones o alianzas para aumentar su peso en la mesa de negociación. Esto también es válido en las negociaciones a escala más pequeña. Si tus tres hermanas y tú, que vivís en ciudades distintas, estáis intentando decidir quién recibirá a toda la familia para celebrar la Navidad, o cualquier otra celebración, es probable que vuestra negociación sea más compleja que si sólo negociaras con una hermana. De modo parecido, si eres la propietaria de una pequeña empresa que negocia un nuevo contrato y hay más proveedores que participan en el proyecto, será más difícil llegar a un acuerdo. Todos los implicados pueden depositar distintas expectativas en la negociación, y algunos de los demás proveedores pueden aliarse para intentar imponer sus prioridades, que pueden ser distintas a las tuyas.

¿Uno o muchos temas?

Las negociaciones en las que sólo tiene que decidirse un tema, llamadas negociaciones distributivas, tienen un carácter básicamente distinto que las negociaciones con más elementos en juego, que se denominan negociaciones integrativas. Si te compras un coche de segunda mano, lo más probable es que sólo negocies una cosa: el precio. Pero si te compras un coche nuevo, también tienes que acordar el color, el valor de mercado de tu coche actual y el precio de los extras que quieras, como un mejor sistema de audio o un navegador GPS. Si no pagas al contado, tendrás que discutir las condiciones de financiación. En la negociación de un empleo, las cuestiones que hay que decidir además del sueldo podrían incluir el cargo, las responsabilidades, la fecha de inicio, la cantidad de días de vacaciones, las características de los beneficios sociales o un calendario de evaluaciones y ascensos, por ejemplo. En la negociación de un ascenso, los temas podrían incluir la fecha en que será efectivo el ascenso, la cantidad de personas que tendrás a tu cargo, tu nuevo sueldo, si tendrás o no ayudante, etcétera.

¿Cuál es la naturaleza de tu relación?

Piensa en la dimensión relacional que tienen las negociaciones como en una línea continua. En un extremo, imagina un negociador al que no volverás a ver jamás, como el vendedor de una casa. En el otro, sitúa a tu madre. La mayoría de negociaciones tienen lugar más cerca del extremo de tu madre: son con alguien a quien seguramente volverás a ver, alguien con quien mantienes una relación continuada.

La naturaleza de tu relación con los demás negociadores tendrá un impacto enorme en tu negociación porque determinará la cantidad de información que posees sobre la otra parte, el nivel de confianza mutua y la posible colaboración. Además, el resultado de una negociación con alguien a quien conoces influirá en tus interacciones futuras con esa persona y sus amigos y colegas; puede mejorar o dañar tu reputación, y puede sentar un precedente de cara al futuro.

¿Qué grado de formalidad o vinculación tiene el acuerdo propuesto?

¿Requerirá el acuerdo que ambas partes lo cumplan? ¿Culminará con un contrato legalmente vinculante, por ejemplo, o se cerrará con un apretón de manos en el que cada parte promete cumplir lo pactado? Estos dos acuerdos difieren en varios sentidos. En primer lugar, en su nivel de transparencia. Los contratos por escrito detallan las condiciones de un acuerdo. Los acuerdos verbales dejan la puerta abierta a que cada parte se vaya con ideas distintas sobre lo que se ha decidido (lo que puede suceder sin mala intención de ninguna de las dos partes). A veces, los acuerdos verbales inducen a simples malentendidos, o los participantes recuerdan la secuencia de los hechos de modo distinto. En otros casos, las condiciones del acuerdo son tan vagas que las partes poseen expectativas diferentes de lo que pasará y cuándo se hará. Piensa, por ejemplo, en lo que ocurrió cuando una amiga de Sara, que trabaja en publicidad, pidió un aumento de sueldo a su jefe. Tras discutirlo un poco, su jefe accedió a aumentárselo un 4%. Ella supuso que el aumento sería efectivo inmediatamente, pero pasaron varios meses sin que la cantidad que cobraba cambiara. No había preguntado cuándo tendría lugar el aumento, ni obtenido el compromiso de su jefe por escrito. Después de esperar un par de meses, tuvo que armarse de valor para pedir a su jefe que le dijera en qué fecha sería efectivo el aumento.

Los dos tipos de acuerdo difieren también en su grado de exigencia. Por lo general, el cumplimiento de un contrato escrito puede exigirse ante los tribunales. Un acuerdo verbal depende del compromiso continuado de ambas partes. En una negociación que no desembocará en un acuerdo por escrito, es más probable que las personas de cada parte no lo cumplan si no creen haber cerrado un buen trato. Por este motivo, asegúrate de que lo que acordáis suponga un incentivo suficiente para que los demás negociadores cumplan su parte del trato.

¿Cómo afectará esta negociación a otras personas?

Una negociación puede repercutir en futuras negociaciones con otra persona. Por ejemplo, si vas a contratar a un nuevo empleado para tu empresa, esa negociación puede influir en las futuras negociaciones con otros empleados (especialmente si das a la nueva persona algo que los demás empleados querrán). Esta repercusión aumenta lo que hay en juego en una negociación porque lo que las partes acuerden hoy puede sentar un precedente de cara al futuro. Puede que otros negociadores sean reacios a darte algo, no porque no crean que te lo mereces, sino porque dártelo a ti podría causarles problemas más adelante. Imagina, por ejemplo, que tienes alquilado un piso en un edificio cuyas normas prohíben subalquilarlo durante más de un año. Te trasladan al extranjero dos años y pides que hagan una excepción porque sabes que, pasado ese tiempo, volverás. El administrador puede resistirse a hacer una excepción contigo porque los demás también le pedirán que haga excepciones. Conocer estas repercusiones puede servirte para preparar un contraargumento convincente o para adaptar tu estrategia (proponiendo unas normas estrictas para hacer excepciones en el caso del piso, o pidiendo algo distinto que no cause tantos problemas en otras situaciones).

¿Cómo afecta el momento al acuerdo y cuáles son los costes y los beneficios de una dilación?

Si no obtienes ahora lo que quieres ¿cambiarán las circunstancias de algún modo que hagan que te resulte más fácil o más difícil conseguirlo más adelante? Por ejemplo, si intentas comprar una casa y la negociación va lenta, ¿es eso un beneficio (te da tiempo para vender tu casa o la evolución del mercado inmobiliario juega a tu favor) o es un coste (ya has vendido tu casa y tendrás que encontrar un alojamiento temporal hasta que compres la nueva)? ¿Qué consecuencias tiene la dilación para la otra parte? Saber cómo cambian estas consecuencias para ambos será un elemento fundamental de tu estrategia negociadora.

¿Qué sabes sobre la posición de la otra parte?

En cualquier negociación puede haber muchas incógnitas, en su mayoría relativas a la información que desconoces de la otra parte. ¿Creen que lo que intentas conseguir en la negociación es razonable, fácil o imposible? ¿Hasta qué punto están dispuestos a ceder? ¿Qué quieren realmente? Como comentaremos en el Capítulo 7, averiguar todo lo que puedas sobre la otra parte aumentará mucho tus probabilidades de conseguir lo que quieres. Pero, en esta fase, lo importante es que hagas una relación de lo que sabes sobre ellos y de lo que no sabes pero te gustaría averiguar.

¿Quiénes toman la decisión para la otra parte?

¿Negociarás con una única persona o con muchas? Si vas a hacerlo con muchas, tienes que conocer toda la gama de intereses de cada negociador. Si negocias un ascenso y en tu nuevo puesto vas a trabajar para más de un jefe, ¿cuáles son las prioridades y los objetivos de cada uno de ellos? Otro factor que debes tener en cuenta es si la gente con la que estás negociando tiene la última palabra sobre el asunto o si es necesario que otras partes implicadas suscriban el acuerdo.

¿Serán privados o públicos los resultados de la negociación?

¿Tendrá lugar la negociación en un entorno privado o se hará público el proceso (y el resultado)? Por ejemplo, ¿negociarás tu retribución a puerta cerrada o conocerán tu retribución otras personas (como sucede en el sector público)? No sólo es probable que tengas que elegir tácticas distintas para estas dos situaciones, sino que el hecho de que la negociación sea pública o privada influirá también en el impacto que las repercusiones (explicadas anteriormente) tengan en la negociación.

¿Sentará precedente el acuerdo?

¿Estás pidiendo algo que no se había pedido nunca? ¿Es una novedad o deberías recibirlo de todas formas, porque tu organización suele recompensar así a los empleados de tu nivel que alcanzan tu rendimiento? Como comentaremos en el Capítulo 8, conocer los precedentes te permitirá mejorar tu poder de negociación. Si quieres conseguir un horario flexible, por ejemplo, tal vez te sea más fácil si puedes indicar otros empleados a los que ya se les ha concedido este beneficio.

¿Cuáles son las normas aceptadas para la conducta negociadora en esta situación?

En un mercado al aire libre de México, se espera que los compradores y los vendedores regateen animadamente y durante un buen rato. En el supermercado Giant Eagle de Pittsburgh, en cambio, no se puede negociar con la cajera el precio de los tomates. Los vendedores de antigüedades de Estados Unidos esperan rebajar un poco los precios a los clientes que los negocian, pero no les gusta que se les insista en reducirlos como mínimo a la mitad. Las expectativas sobre una conducta negociadora adecuada (o lo que los expertos denominan «el contexto de una negociación») son distintas según la profesión, la cultura, el sexo, la edad e incluso la zona de un mismo país. (Los neoyorquinos, por ejemplo, reaccionan bien ante determinados tipos de conducta agresiva que los estadounidenses del sur considerarían descortés.) Si sabes lo que se espera o se considera adecuado en un contexto concreto, puedes adaptar tu estilo y tu planteamiento en consecuencia.

El punto de vista de los profesionales

Los negociadores profesionales han descubierto las ventajas de decidir los límites inferior y superior (lo mínimo que puedes aceptar de manera realista y lo máximo que es probable que consigas) antes de la negociación. Estos elementos básicos de la estrategia negociadora te servirán para decidir a qué aspirar, qué aceptar y cuándo dejarlo. Te permitirán hacerte una idea clara de lo que te espera y te facilitarán tomar algunas decisiones vitales por adelantado.

MAAN: Mejor alternativa a un acuerdo negociado

Antes de empezar cualquier tipo de negociación, es fundamental que conozcas bien las alternativas. Si no obtienes lo que quieres, ¿qué harás? ¿Cuál es la mejor opción que tienes si la negociación no termina en un acuerdo? Si no puedes convencer al otro negociador de que te dé lo que quieres, ¿cuál es tu posición de repliegue?

Cuánto mejores son tus opciones si no logras lo que quieres, más poder tienes. Si alguien que te ha ofrecido un empleo sabe que tienes otra oferta atractiva, estás en mejor posición para negociar el sueldo que quieres porque esa persona tiene que lograr que te merezca la pena aceptar su oferta. Si alguien que quiere venderte su casa sabe que también te gusta otra, se dará cuenta de que tiene que ofrecértela a un buen precio o perderá la venta.

Unas veces, tu MAAN es el statu quo, y otras, es una alternativa que puedes elegir. A continuación encontrarás algunos ejemplos.

MAAN
Mejor alternativa a un acuerdo negociado

- Estás negociando la compra de un coche en un concesionario. Si no llegas a un acuerdo, tu MAAN es:
  - Statu quo
    Seguir conduciendo tu coche actual o usar el transporte público si no tienes automóvil.
  - Otra opción
    Comprar el coche en otro concesionario o comprar otro coche.

- Has recibido una oferta de trabajo y estás negociando el sueldo con esa empresa. Si no consigues el sueldo que deseas, tu MAAN es:
  - Statu quo
    Quedarte en tu trabajo actual o seguir buscando trabajo si estás en el paro.
  - Otra opción
    Encontrar otro trabajo o montar tu propio negocio.

- Estás negociando un ascenso con tu jefe actual. Si no te lo concede, tu MAAN es:
  - Statu quo
    Seguir en tu puesto actual.
  - Otra opción
    Encontrar otro trabajo o montar tu propio negocio.

- Un cazatalentos está intentando contratarte. Si el trabajo no es lo bastante atractivo, tu MAAN es:
  - Statu quo
    Seguir en tu puesto actual.
  - Otra opción
    Tantear el terreno para ver qué más hay.

- Quieres que tu pareja haga más tareas domésticas. Si se niega, tu MAAN es:
  - Statu quo
    Seguir haciendo tú la mayoría.
  - Otra opción
    Contratar a alguien para que haga la limpieza una vez a la semana, reducir tu nivel de exigencia con el resultado o buscarte otra pareja.

Para valorar con exactitud la fortaleza de tu posición negociadora (en la que nos concentraremos con más detalle en el siguiente capítulo), primero tienes que conocer la fortaleza o la debilidad de tu MAAN.

Valor de reserva (VR). ¿Cuál es tu límite inferior (la cantidad máxima que estarías dispuesta a pagar o la cantidad mínima que estarías dispuesta a aceptar? Básicamente, es el peor acuerdo que aceptarías antes de decantarte por tu MAAN. Al negociar el sueldo de un nuevo empleo, tu valor de reserva sería el mínimo que estarías dispuesta a cobrar para aceptar el trabajo; en el caso de que la cantidad fuera inferior, lo rechazarías. Si fueras la otra parte, tu valor de reserva sería el sueldo máximo que pagarías para contratar a ese candidato concreto.

Puede que en la práctica te resulte difícil adjudicar una cifra exacta a tu valor de reserva. Las alumnas que consultaron a Linda antes de negociar sus ofertas de trabajo solían tener problemas con esta cuestión. Una de ellas le preguntó: «¿Si mi valor de reserva para el trabajo es de 70.000 dólares, debería rechazar un sueldo de 69.999 dólares si es ésa su oferta final?» En esta clase de situación, es más lógico asignar un margen a tu valor de reserva (en este caso, alrededor de los 70.000 dólares). La clave está en no establecer un margen demasiado amplio e identificar ese margen (tu valor de reserva) antes de iniciar la negociación. De lo contrario corres el riesgo de aceptar demasiado poco durante el proceso.

Zona de posible acuerdo. Es la diferencia entre el valor de reserva de cada negociador. Si seguimos con el ejemplo de la negociación de un empleo, supongamos que una empresa está dispuesta a pagar a un candidato hasta 75.000 dólares, y el candidato, a aceptar cualquier cifra que supere los 70.000 dólares. En este caso, la zona de posible acuerdo se situaría entre estos dos importes porque la empresa no pagaría más de 75.000 dólares y el candidato no aceptaría menos de 70.000 dólares. Normalmente, al negociar, no conoces los límites de la zona de posible acuerdo porque sólo sabes tu valor de reserva, no el de la otra parte.

Expectativas o nivel de aspiraciones. Es tu objetivo: lo que realmente te encantaría conseguir en la negociación. No es tu valor de reserva (el peor acuerdo que aceptarías) ni lo que estás bastante segura de conseguir. En el ejemplo de la negociación del sueldo, si solicitas un trabajo y tu valor de reserva es de 70.000 dólares, tu nivel de aspiraciones debería ser algo más alto y ambicioso: quizá 80.000 dólares. En capítulos posteriores encontrarás los instrumentos necesarios para establecer las expectativas adecuadas en tus negociaciones. De momento, piensa en tu nivel de aspiraciones como en lo que te encantaría obtener. Linda dice a sus alumnas que sus expectativas deberían ser el acuerdo que les haría dar brincos de alegría y llamar a sus madres o a sus parejas, o a ambos, de inmediato.

Nivel de aspiraciones

En una negociación, tus expectativas deberían ser:

- Mejores que tu MAAN
- Ambiciosas (llegar al límite de lo que es posible)
- Realistas, es decir, algo que la otra parte pueda aceptar (un objetivo imposible no te llevará demasiado lejos)

Conocer estos conceptos básicos te servirá para estructurar tu negociación y elaborar una estrategia efectiva. El siguiente paso consiste en reunir la información que vas a necesitar sobre la fortaleza de tu posición negociadora y sobre la situación de la otra parte. Esto te permitirá preparar una propuesta que no sólo te vaya bien a ti sino que, además, resulte atractiva a la otra parte.

6

¿CUÁNTO VALES?

En una negociación, la información es poder. Cuanta más información tienes, más preparada estás para establecer unas expectativas agresivas pero realistas y para defender tu posición con seguridad y de modo convincente. Imagina que has pedido un aumento salarial del 15% y tu jefe te dice que es demasiado. ¿Qué pasaría si pudieras demostrar que en tu sector las personas con tu cualificación cobran más? ¿Y si tuvieras datos que confirmaran que el principal competidor de tu empresa paga sueldos más altos en general? ¿Y si reunieras información sobre el mercado local y averiguaras que en tu región hay escasez de personas con tus aptitudes para hacer tu trabajo? Si tu jefe afirma que la empresa no puede permitirse concederte un aumento tan grande y tú sabes que los beneficios del último trimestre fueron un 20% superiores a los del mismo trimestre del año anterior, ¿no te inclinarías menos a echarte inmediatamente atrás?

Reunir información relevante sobre tu valor en el mercado te servirá de base para tu estrategia. Toda esta información te permitirá identificar tu MAAN (mejor alternativa a un acuerdo negociado) para que sepas cuándo abandonar la negociación (cuando lo que te ofrecen es objetivamente inferior a tus demás alternativas). Sobre todo, reforzará tu argumento y te ayudará a convencer a tu jefe de que te haga una contraoferta favorable.

Patricia – Demostró lo que valía

Patricia, una de las alumnas de Linda, quería trabajar en un organismo sin ánimo de lucro dedicado a aumentar la alfabetización entre los adolescentes. Cuando terminó sus estudios, se casó y se trasladó con su marido a una ciudad del sur de Estados Unidos. Las ofertas para hacer la clase de trabajo que le gustaba escaseaban y, después de cuatro meses de búsqueda, recibió una sola. El puesto no estaba demasiado bien remunerado y no exigía todo su talento, pero a falta de más opciones, lo aceptó con la condición de que su jefe y ella revisarían sus responsabilidades y su sueldo a los seis meses. Durante ese tiempo, obtuvo información (de sitios web, de amigas de carrera, del Servicio de Orientación Profesional de la Heinz School) sobre los salarios que se pagaban por su trabajo. Al finalizar el plazo, su jefe quería ascenderla, pero sólo estaba dispuesto a pagarle un 10% más. Patricia usó la información que había reunido para demostrar que su valor de mercado era, en realidad, un 23% superior a lo que estaba recibiendo. Esta información le permitió establecer unas expectativas adecuadas (decidió que quería un 20% más), resistir sin echarse atrás cuando su jefe le ofreció un 10% de aumento y, finalmente, convencerlo de que lo que pedía era razonable y justo.

No te infravalores

En la primera fase, averiguaste lo que querías: tus objetivos generales. A continuación, necesitas identificar lo que puedes pedir en la negociación en curso. Si crees que mereces un cargo mejor, ¿cuál deberías proponer? Si quieres un aumento de sueldo, ¿cuánto deberías aceptar? Puede parecerte fácil. Quiero el cargo siguiente al mío y el 5% más de lo que gano en la actualidad. Aunque un ascenso al siguiente nivel puede ser un objetivo evidente, quizá puedas lograr algo mejor. A lo mejor puedes saltarte un paso o un nivel. Un 5% podría ser un objetivo razonable en la negociación de un incremento salarial, pero tal vez sea demasiado poco.

A falta de datos fiables, las mujeres suelen subestimar el valor de su trabajo, sus aptitudes y sus posibilidades. Las mujeres también subestiman frecuentemente cuánto hay disponible: no sólo cuánto dinero, sino también cuántas oportunidades. Como consecuencia de ello, piden mucho menos de lo que pueden obtener.

Las mujeres consiguen resultados mucho mejores si disponen de más información. Uno de los estudios de Linda lo demostró gráficamente. Junto con dos colegas más, analizó los sueldos iniciales que habían negociado hombres y mujeres que encontraban su primer trabajo al terminar el posgrado en administración de empresas de una prestigiosa escuela. Descubrieron que la media de los sueldos que habían aceptado las mujeres era un 6% inferior a la media de los que habían negociado los hombres. Puede parecer una diferencia muy amplia (y lo es), pero las gratificaciones anuales que negociaban los hombres y las mujeres diferían todavía más: las de las mujeres eran un 19% inferiores de media a las de los hombres. Linda descubrió que las pautas sobre los salarios iniciales de muchos sectores y empleos pueden conseguirse fácilmente, pero es difícil obtener información sobre las cantidades habituales de las gratificaciones. Cuando las mujeres tenían menos información, se infravaloraban.

Puntos de referencia

Se pidió a los participantes en un estudio que revisaran las solicitudes de ingreso a una universidad y predijeran si se habían concedido o no. Al final del experimento, se les pidió que se pagaran lo que creían que valía su trabajo. A falta de orientación externa, los hombres se pagaron un 63% más de media que las mujeres. La situación cambió cuando se entregó a los participantes una lista que contenía ocho nombres (de cuatro hombres y cuatro mujeres) además de las cantidades (ficticias) que cada sujeto se había pagado a sí mismo. Con esta lista como referencia, los participantes de ambos sexos se pagaron cantidades parecidas, que equivalían a la media de las listas. Esto era así tanto si la lista falsa mostraba que los hombres se habían pagado más que las mujeres como si indicaba que las mujeres se habían pagado más que los hombres. Dicho de otro modo, las mujeres no se pagaban menos en la primera versión del experimento, sin ninguna lista, porque creyeran merecer menos o porque creyeran que su trabajo era inferior al de los hombres. Simplemente, les costaba calcular con exactitud el valor de su trabajo sin ningún punto de referencia externo. Necesitaban más información.

Dicho de otra forma, establecer las expectativas adecuadas, de modo que sean elevadas pero justas, ambiciosas pero apropiadas, bien fundadas pero realistas, exige investigación. Tienes que conocer el mercado actual para tus aptitudes. Tienes que saber no sólo lo que tu organización paga a las personas que hacen tu mismo trabajo sino también lo que les paga la competencia. Esto también es válido cuando quieres comprar algo. Si quieres negociar el precio de un producto o servicio, tienes que conocer las mejores opciones disponibles: dónde encontrar los mejores descuentos, quién ofrece paquetes combinados o incentivos al comprador, si sacrificarás la calidad si pides un precio menor (y dónde está el umbral), y cómo encontrar los vendedores, los proveedores o los socios más fiables.

No hace demasiado tiempo tenías que poseer información privilegiada de un sector para disponer de tantos datos. Hoy en día, podemos acceder fácilmente a mucha información de fuentes muy variadas, como revistas especializadas, boletines de empresa, memorias anuales, revistas económicas (y sus sitios web y sus enlaces), publicaciones y sitios web gubernamentales, sitios web de orientación profesional y sitios web de asociaciones profesionales y sectoriales, blogs de personas que trabajan en sectores concretos, tus redes de contactos personales y profesionales, publicaciones de consumidores y sitios web que proporcionan información sobre precios de productos al por menor, así como de índices de cualidad de productos y servicios tanto de expertos como de consumidores. Hay mucha información, sólo tienes que saber dónde buscarla.

Una fuente única

Internet es una fuente increíble de información, y te permite localizar todo lo que necesitas saber en unas cuantas horas de búsqueda (si no tienes acceso a Internet, usa los ordenadores de tu biblioteca). Internet es particularmente útil para establecer tu valor de mercado. Si introduces «información sobre sueldos» o «comparar sueldos» en un buscador (Google o Yahoo, por ejemplo), obtendrás gran número de resultados. Es evidente que no es necesario que revises miles de sitios web para encontrar lo que buscas. Define bien tu búsqueda para adaptarla a tus necesidades. Utiliza, por ejemplo, tu profesión o tu zona de residencia como palabras clave para reducir las posibilidades.

Benazir – El trabajo adecuado por el sueldo correcto

Después de cinco años como médica interna, Benazir, que era endocrinóloga reproductiva (especialista en el tratamiento de la infertilidad), trabajó como investigadora en un destacado hospital de Massachusetts. A los treinta y cinco años, decidió que quería encontrar un trabajo que le permitiera estar en contacto con los pacientes. Estaba muy bien cualificada y sabía que podía lograr un sueldo elevado. Pero no estaba muy segura de cuánto.

Identificó el trabajo que quería, en una consulta pequeña que prestaba atención individualizada. Esta consulta había publicado anuncios para contratar a dos médicos. Con sus estudios y su experiencia en investigación, Benazir imaginaba que tenía muchas oportunidades de conseguir uno de esos dos puestos. Para asegurarse, hizo una solicitud a cuatro consultas más de la misma zona, incluidas dos que no tenían vacantes, y a dos consultas que no pertenecían a ese estado. Consultó sitios web especializados para averiguar los sueldos que se pagaban en Massachusetts y en todo el país. Aunque no quería irse de Boston, supuso que saber lo que podía ganar en otra parte sería un buen instrumento negociador. Con toda esta información, identificó el sueldo que quería ganar.

Al final, recibió dos ofertas, una de la consulta que había elegido y otra de una consulta más grande de la misma zona. En ninguna de ellas el sueldo era tan alto como quería, y de hecho, el de la consulta más grande era superior al de su favorita. Como se había informado, sabía que ambas ofertas eran demasiado bajas. Presentó los datos que había reunido en la consulta donde quería trabajar, mencionó que había recibido una oferta superior de otra sin dar detalles de la misma, y negoció hasta lograr un sueldo un 28% más alto que el que le habían ofrecido inicialmente.

Kayla – El cargo correcto

Kayla había trabajado diez años como gestora de bases de datos en una pequeña empresa de estudios de mercado. Al principio, la contrataron para dirigir a los técnicos del grupo de apoyo informático, pero la empresa creció rápidamente y, poco después, supervisaba el mantenimiento de todas las bases de datos, dirigía la elaboración y la gestión de otras nuevas, supervisaba los programas de formación en informática y trabajaba con un asesor externo para personalizar *software* de seguridad para proteger los estudios que eran propiedad de la empresa.

Cuando su jefe le encargó la compra de nuevo *hardware* y *software*, Kayla decidió que su cargo ya no describía lo que hacía. Había recibido un buen aumento de sueldo cada vez que asumía una nueva función, pero seguía siendo gestora de datos.

Para identificar qué cargo sería el más adecuado, hizo una búsqueda teórica de trabajo. Consultó listas de empleos en varios sitios web, revisó números anteriores de prestigiosas revistas informáticas, llamó a algunos cazatalentos y averiguó que la gente que tenía responsabilidades parecidas a las suyas solía ocupar el cargo de vicepresidente o de jefe de información (o ambas cosas). Así que planteó la situación a su jefe y, en unas semanas, éste la nombró vicepresidenta de sistemas de información.

Ubicación, ubicación, ubicación

Investigar el coste de la vida en diferentes zonas geográficas también debería ser una parte importante de tu preparación, porque tal vez necesites ganar mucho dinero para conservar tu nivel de vida si te trasladas a otra ciudad. A través de Internet podrías averiguar, por ejemplo, que el propietario de una casa que puede vivir bien con 100.000 dólares en una ciudad tiene que ganar un 70% más en otra para conservar el mismo nivel de vida, lo que te permitiría calcular lo que tendrías que ganar para que te mereciera la pena trasladarte de una a otra. También necesitarías información sobre el coste de la vida si estuvieras negociando la compra de una casa, la ampliación de un negocio o la contratación de empleados en otra zona, o si estuvieras elaborando una estructura de precios para tus productos o servicios al introducirte en un mercado donde los costes generales pueden ser superiores. Deberías averiguar asimismo la fiscalidad de las ciudades donde te planteas comprar una casa o abrir un negocio. Los impuestos que pagaban los anteriores propietarios de un inmueble pueden ser muy inferiores que los que pagarás tú si se actualiza su valor después de la venta.

Usa tus contactos

Una vez hayas reunido suficiente información general sobre sueldos y cualificaciones, habla con tus colegas. Puede que exclames: «¡Eso es totalmente imposible donde yo trabajo!» Y tal vez sea cierto. Muchas de nosotras sabemos más cosas sobre la vida sexual de nuestros colegas que sobre lo que cobran, y muchas organizaciones saben que les conviene que sus empleados desconozcan lo que ganan sus compañeros. Existen empresas que incluso indican a su personal que hablar sobre su sueldo es motivo de despido. Y en aquéllas donde la amenaza no es explícita, sigue siendo tabú. Muchas personas son también reacias a comentar sus cualificaciones (quizá su currículum contiene vacíos evidentes, han ascendido por encima de sus cualificaciones o, sencillamente, no les gusta hablar de ellas mismas).

En determinadas situaciones (cuando no es probable que te despidan, por ejemplo), la forma más fácil de abordar el tabú del sueldo puede ser ignorarlo. Linda tiene una amiga llamada Susan que recibió una oferta de trabajo en otra universidad. Susan intentaba obtener información sobre lo que ganaban los profesores a cierto nivel e invitó a Linda a almorzar para pedirle consejo. Estuvo dando rodeos al asunto varios minutos hasta que, al final, Linda comprendió lo que estaba intentando preguntarle y le comentó que estaría encantada de decirle lo que ganaba si eso le servía de ayuda. Pero no todo el mundo se salta las convenciones con la misma valentía y tranquilidad que Linda, ni todo el mundo tiene un trabajo tan seguro como ella. De modo que si, por cualquier motivo, este asunto te resulta espinoso, hay otras formas de conseguir la información que necesitas.

En lugar de preguntar directamente a la gente lo que quieres saber, intenta abordar la cuestión del siguiente modo:

- ¿Cuál crees que sería el sueldo adecuado para alguien en mi nivel que hace mi trabajo?
- ¿Conoces cuál es la banda salarial de este cargo (en referencia al trabajo que tienes o que quieres)?
- ¿Cuánto crees que debería cobrar alguien con esta cantidad de experiencia (la tuya) por hacer este trabajo (el que quieres)?
- ¿Qué cualificaciones se necesitan para hacer este trabajo (el que quieres)?
- ¿Cuántos años de experiencia suelen ser necesarios para que se dé a alguien este grado de responsabilidad o para que se le pague *X* (el dinero que quieres cobrar)?
- ¿Cuáles son los pasos necesarios para pasar de este puesto (el que tienes en este momento) a este otro (el que quieres)?
- ¿Hay algún requisito oculto (algo que debas demostrar) para que te tengan en cuenta para este puesto?

- ¿Conoces a alguien que haya pasado de esta función (la que haces en este momento) a esta otra (la que quieres hacer)?
- ¿Crees que la empresa hace un esfuerzo para pagar lo mismo a todas las personas que hacen el mismo trabajo?
- Si alguien quisiera pedir *X* (lo que tú quieres), ¿cuál sería el mejor momento para hacerlo?
- Si quisieras el trabajo *X* (el que quieres), ¿cuál sería la mejor estrategia?

Incluso podrías intentar:

- Si un hombre hiciera mi trabajo (o el que quieres conseguir), ¿cuánto crees que cobraría?

De esta forma, en lugar de pedir información personal a los demás, les estás pidiendo que compartan contigo su experiencia, lo que la mayoría de gente está encantada de hacer. Estos contactos también te permitirán obtener una información táctica crucial, como saber si a tu jefe le impresiona que alguien tome la iniciativa de cierta forma o si tienes que gustarle a alguien más, aunque esa persona no te supervise directamente, para que tu solicitud prospere.

También deberías recurrir a los conocimientos de tus redes de contactos sociales y profesionales fuera del trabajo, y sacar el máximo partido de cualquier oportunidad que tengas de hacerlo. Y asegúrate de hablar tanto con hombres como con mujeres. Como los hombres suelen ganar más que las mujeres por hacer el mismo trabajo y suelen ascender con mayor rapidez que ellas, pueden tener un punto de vista más realista de la banda salarial o de los requisitos mínimos de lo que tú quieres.

Rita – Usa tus redes de contactos

Rita acababa de terminar un máster en ingeniería eléctrica y recibió una oferta de trabajo de una gran empresa de diseño de *software*, puntera en su campo, con 55.000 empleados en todo el mundo. La aceptó sin negociar nada porque había oído que la empresa pagaba bien a sus empleados y le pareció que el sueldo que le ofrecían era generoso. Seis meses después, se enteró de que tres personas más a las que habían contratado para el mismo puesto al mismo tiempo habían negociado sus ofertas y ganaban entre un 10% y un 15% más que ella. Esto la enojó y la desconcertó. ¿Cómo habían sabido ellos que podían negociar?

Rita se había apuntado a un club de atletismo cuando se hubo adaptado a su nuevo empleo. En él, había hecho amistad con una mujer que tiempo atrás había trabajado con su jefe. Al explicarle lo sucedido, su nueva amiga le preguntó si había pedido información antes de aceptar la oferta, porque mucha gente podía haberla ayudado. Al parecer, era más o menos de dominio público que la empresa ofrecía un sueldo bajo a todo el mundo, pero si presionabas, te pagaban más.

Rita alegó que acababa de llegar a la ciudad y no conocía a nadie, pero su amiga le replicó que la asociación de exalumnos de su universidad podría haberla puesto en contacto con personas que la habrían orientado, y que también podía haber consultado en Internet.

Si Rita hubiera sacado partido de las diversas fuentes de información de que disponía, habría sabido que la oferta era demasiado baja. Podría haber pedido más dinero y apoyar su petición argumentando que sabía que pagaban más a otras personas con sus cualificaciones y que, aunque le encantaría trabajar con la empresa, quería cobrar lo mismo que sus iguales.

Deena – Comprueba las cosas con gente conocedora

Deena llevaba trabajando cinco años como abogada en Kansas City cuando la empresa de su marido lo trasladó a Los Ángeles. Una vez allí, Deena solicitó empleo a seis bufetes de Los Ángeles que hacían la clase de trabajo que le gustaba. Los seis le pidieron que mencionara el sueldo que deseaba cobrar. Deena decidió pedir entre un 12% y un 15% más de lo que ganaba en Kansas City porque el coste de la vida era muchísimo más alto en su nueva ciudad, pero quiso asegurarse de que no fuera demasiado y llamó a un amigo de la facultad de derecho que trabajaba como cazatalentos.

Cuando Deena le contó lo que pensaba pedir, su amigo se echó a reír. Le comentó que, en sus catorce años de experiencia, había observado que las mujeres siempre se infravaloraban. Según él, un hombre pedía un 20% más de media que una mujer con mejores cualificaciones. También advirtió a Deena que pedir un sueldo más bajo podía perjudicarla porque los empleadores suelen imaginar que quien más pide, vale más. Deena, convencida, pidió un 33% más de lo que ganaba en Kansas City. Recibió ofertas de trabajo de tres de los bufetes, incluido su preferido. Ninguno de ellos hizo ninguna objeción al sueldo que había pedido.

Acude directamente a la fuente

No ignores una posible fuente útil de información: la persona que tiene autoridad para concederte lo que quieres. La mayoría de veces, si estás mal remunerada, tu jefe lo sabe; si le pides más, puede que acceda fácilmente a mejorarte el sueldo. En lugar de considerar que tu jefe es alguien que tiene poder sobre tu futuro, procura pensar en él (o en ella) como en un socio que tiene el mismo interés que tú en que rindas al máximo.

Georgiana – Mucho que hacer

Georgiana era arquitecta y trabajaba para un estudio importante de Nueva York. Pasados seis años, la ascendieron pero le advirtieron que los dos siguientes tenía que crear diseños arquitectónicos más originales si quería seguir allí y pasar a ser socia del estudio. Pero Georgiana formaba parte de un equipo que desarrollaba viviendas asequibles para personas con ingresos bajos en varios puntos de la ciudad y le iba a ser imposible realizar este trabajo y poder elaborar algún diseño original a la vez. Como no sabía muy bien qué hacer, fue a ver a su jefe, uno de los socios del estudio, y le pidió consejo. Juntos, priorizaron, reorganizaron y redujeron sus demás responsabilidades para los dos siguientes años, e identificaron algunos proyectos de pequeña escala que podía asumir. Así pudo realizar todas sus demás tareas profesionales, diseñar dos edificios pequeños (uno de ellos logró el segundo puesto en un premio nacional de diseño) y ser nombrada socia del estudio.

Los mejores directores saben que la gente rinde mejor cuando progresa regularmente en su carrera profesional y disfruta con lo que está haciendo. Estos directores reconocen que el negocio se beneficia cuando todo el mundo rinde al máximo. Así que di a tu jefe que te gustaría comentar con él tus objetivos profesionales y tu futuro en la organización. Pregunta si tus cualificaciones son equiparables a las de tus iguales y qué aptitudes debes adquirir para poder progresar. Si lo que más te interesa es conseguir un aumento de sueldo, trata de preguntarle qué lugar ocupas en la distribución salarial (en qué situación está tu sueldo en comparación con el de otros empleados de la organización con una formación, experiencia y aptitudes parecidos a los tuyos). No todos los jefes te dirán lo que quieres saber, pero te sorprenderá lo mucho que puedes averiguar simplemente preguntando.

7

¿QUÉ SABES DE LA OTRA PARTE?

En todas las clases de negociación, Linda muestra a sus alumnos un breve vídeo del Visual Cognition Lab de la Universidad de Illinois. En él, tres personas con camiseta negra y otras tres con camiseta blanca se lazan pelotas de baloncesto sin dejar de moverse de un lado a otro de un pasillo. Linda pide a sus alumnos que cuenten cuántas veces atrapa la pelota un jugador con camiseta blanca. El vídeo dura veinticuatro segundos, y eso sucede quince veces. En mitad de la secuencia, un hombre disfrazado de gorila se sitúa en medio del grupo de jugadores, se vuelve hacia la cámara, se da golpes en el pecho y se va. La mayoría de los alumnos que ve el vídeo no lo detecta. Están tan absortos en su objetivo (contar el número de veces que la pelota cambia de manos) que ni siquiera lo ven.

Linda utiliza este vídeo para ilustrar algo fundamental sobre una buena práctica negociadora: no te concentres excesivamente en tus objetivos o puede que se te escape algo importante que influya mucho en el resultado de las cosas. Es natural que cuando estés preparándote para una negociación, e incluso cuando estés en medio de ella, te concentres en ti misma (en lo que quieres y en cómo conseguirlo). Pero para que una negociación termine bien, es fundamental saber cómo ve el problema la otra parte. Tienes que estar bien informada sobre cómo toman ellos las decisiones e identificar lo que es más importante para ellos.

Twyla – Se le escapó lo importante

Twyla, una guionista que quería dar el salto a la dirección cinematográfica, estaba buscando el proyecto adecuado. Navegando por Internet, encontró una novela sobre las experiencias de una familia extensa durante el huracán *Katrina* que un escritor poco conocido de Luisiana había autoeditado. Le encantó la obra e imaginó que no tendría que pagar demasiado por los derechos de autor ya que era prácticamente desconocida. Antes de reunirse con el autor, preparó con su socio de producción un presupuesto provisional para la película. Decidieron qué deberían ofrecer, cuánto sería ideal pagar (su nivel de aspiraciones) y lo máximo que podían permitirse pagar (su valor de reserva). Cuando Twyla viajó a Nueva Orleáns, el autor se negó a venderle los derechos. Aunque la oferta era justa, le daba igual el dinero. Le interesaba mucho más saber cómo planeaba Twyla contar su compleja historia para asegurarse de que estaba de acuerdo con ella. Twyla no pudo cerrar el trato porque no se había preparado para comentar sus ideas creativas y dio la impresión de que no le apasionaba lo suficiente el contenido de la obra. Como no se había detenido a pensar qué podía importar más a la otra parte, no pudo conseguir lo que quería.

Holly – Lo que tú quieres, lo que ellos necesitan

Holly identificaba, entrevistaba y seleccionaba a los candidatos adecuados para participar en estudios clínicos de una gran compañía farmacéutica. Como su horario era de 8.30 h a 17 h, y muchos de los posibles candidatos sólo podían ir a verla al salir del trabajo o el fin de semana, Holly tardaba mucho en contratar a los participantes adecuados. Se sentía atrapada por las normas de la empresa, los resultados de su evaluación habían sido bastante flojos, y sabía que haría mucho mejor su trabajo si tuviera un horario más flexible.

Decidió explicar su problema al jefe del laboratorio de investigación. Éste le comentó que el laboratorio iba a presentar una propuesta a las autoridades sanitarias para obtener financiación para una serie de ensayos clínicos destinados a conseguir que se aprobara el uso público de un nuevo fármaco, y que en esta propuesta debían incluir los datos de sus estudios preliminares sobre el fármaco. Para la compañía, era muy importante lanzar el fármaco al mercado, y cuanto antes mejor. Holly informó de ello al director de recursos humanos y le aseguró que podría agilizar las cosas si adaptaba su horario. Y éste accedió de inmediato. La clave fue que Holly había reunido información suficiente sobre las necesidades de la organización para indicar que lo que pedía resolvería un asunto que ésta consideraba prioritario.

Ponte al día sobre las políticas internas

Averigua todo lo que puedas sobre lo que realmente importa a la otra parte; no hay nada como la información de radio macuto, o lo que comúnmente denominamos «cotilleo». ¿Quiere tu jefa impresionar a su jefe? ¿Han ofrecido un trabajo en otra ciudad a la esposa de uno de tus supervisores y corre el rumor de que se irá con ella? ¿Detesta uno de los directivos de tu oficina a uno de tus mentores? ¿Qué preocupa a tu jefe? ¿No ha alcanzado tu grupo el rendimiento esperado? ¿Ha cambiado últimamente algo en la empresa que te impida hacer bien tu trabajo?

Ya hablas con tus amigos del trabajo sobre los estados de ánimo de tu jefe. Profundiza un poco más y averigua lo que le fastidia de verdad. ¿Cuáles son sus manías? ¿Hay algún proyecto en el que esté particularmente implicado y considere suyo? ¿Tiene algún empleado favorito? Las respuestas a estas preguntas exceden el ámbito del cotilleo: pueden decirte mucho sobre los objetivos y los intereses de tu jefe, sobre las cualidades que valora en los empleados y sobre sus prioridades. Pueden servirte para averiguar si tus intereses y los suyos coinciden o entran en conflicto. Este tipo de información no suele aparecer en un informe financiero pero puede influir mucho en la forma en que abordes tu negociación.

Ericka – Conoce las interioridades de la empresa

Ericka trabajaba como ayudante de compras para un gran negocio familiar dedicado a la venta de equipos de cocina. Se sentía preparada para ascender a encargada de compras, pero cuando se lo comentó al propietario de la tienda, éste rechazó su petición sin prestarle ninguna atención. Últimamente, estaba muy irritable pero nadie sabía por qué. A Ericka se le ocurrió preguntárselo al superior de expediciones, que llevaba veinte años en la tienda y jugaba a póquer con él los viernes por la noche. Y así averiguó que la cadena nacional más conocida en su género iba a abrir un local a dos manzanas de distancia. Su jefe temía que eso acabara con su negocio y había decidido orientarlo al mercado de los productos de gama alta. Ericka aparcó su ascenso y se dedicó a familiarizarse con estos productos. Dieciocho meses después, cuando parecía que la nueva orientación de la tienda sería un éxito y Ericka había demostrado sus conocimientos en ella, pidió y obtuvo su ascenso.

Incluso en las negociaciones fuera del trabajo, es mejor que conozcas lo que importa a la otra parte. Linda sabe, por ejemplo, que su marido accederá a ir de vacaciones siempre que invite a sus hermanos y a su madre a acompañarlos (lo que hace encantada porque adora a su familia). Sara sabe que puede convencer a su atareado hermano para que la visite si consigue entradas para un partido de los Red Sox.

Asegúrate de saber cómo se toman las decisiones

A veces la información vital que necesitas guarda relación con las políticas y los precedentes de tu organización. Averigua quién toma las decisiones (sobre ascensos, aumentos de sueldo y gratificaciones) y también todo lo que puedas sobre los criterios que utiliza. ¿Tiene tu organización un sistema fijo para cubrir las vacantes que se crean? ¿Permite tu empresa los movimientos horizontales de los empleados? ¿Hay sólo una forma de llegar dónde quieres o puedes seguir un camino más tortuoso? Es asimismo importante saber cuándo se toman las decisiones. Tendrás mayor margen de maniobra si expones tu caso en el momento adecuado.

Una de las mejores formas de acceder a este tipo de información consiste en hablar con los vendedores, distribuidores, subcontratistas o asociados que trabajan desde hace mucho tiempo con tu organización. Ellos suelen tener un punto de vista interesante sobre cómo funcionan las cosas (o si no funcionan) y lo que realmente provoca la toma de decisiones. Los ayudantes administrativos de tu organización son otra buena fuente de información. Suelen conocer los aspectos prácticos de cómo y cuándo se toma cierta clase de decisiones, quién tiene realmente la última palabra sobre los asuntos que te importan y qué clase de excepciones o disposiciones especiales ha hecho la empresa en el pasado para los empleados más valorados. La gente que lleva tiempo en la organización puede proporcionarte información sobre cómo la historia de la misma puede influir en su estrategia actual o en su equilibrio de poder, y también suele conocer el impacto de complejas normas institucionales o políticas tácitas. Además de averiguar más cosas sobre lo que necesitas saber, reunir información de esta forma te permite cimentar los vínculos personales ya existentes y crear nuevas alianzas que pueden irte bien más adelante. Y no olvides pedir información directamente a tu jefe. Él o ella puede decirte más de lo que te imaginas.

¿Quién tiene la información que necesitas?

Ciertos tipos de información reveladora y útil no aparecen escritos en ninguna parte. Para averiguar qué saben otras personas, tienes que hablar con la gente adecuada. Uno de los primeros pasos a la hora de sentar las bases de tu negociación consistirá en deducir quién es esa gente.

- ¿Quiénes ostentan el poder en tu organización; aquéllos de quienes dependen realmente las cosas?
- ¿Quién tiene acceso a la información sobre cómo le va económicamente a tu organización?

- ¿Qué ayudantes de personas poderosas saben más sobre cómo funciona la organización?
- ¿Qué compañero de trabajo lleva más tiempo en la organización?
- ¿Qué subcontratistas o proveedores han trabajado con la organización desde hace varios años?
- ¿Quién parece estar siempre al día de los últimos cotilleos?
- ¿Quién alterna con el jefe?
- ¿A quién pide consejo tu jefe?
- ¿Qué personas suelen salir juntas después del trabajo?
- ¿Quiénes juegan al tenis o al golf, o van a pescar o a navegar juntos después del trabajo?
- ¿Van los hijos de alguien al mismo colegio que los del jefe?

Maggie – ¿Cuál es el sistema de concesión de gratificaciones?

Maggie era visitadora médica de una compañía farmacéutica en una amplia zona de la costa noroeste de Estados Unidos. Además de su sueldo, cobraba comisiones por las ventas que generaba. También recibía una gratificación anual, que, al principio, era bastante baja porque estaba aprendiendo el oficio. Y aunque pronto sus cifras de ventas aumentaron muchísimo, lo mismo que sus comisiones, su gratificación apenas se incrementaba un poco cada año.

Al pensar en ello, se dio cuenta de que no sabía cómo se determinaban las gratificaciones ni quién las decidía. La organización paraguas propietaria de su compañía era una gran multinacional. ¿Disponía de alguna fórmula para garantizar que se trataba de un modo justo a todo el mundo? No parecía probable. ¿Seguían normas diferentes las distintas divisiones o regiones? ¿Era todo arbitrario? Para averiguarlo, llevó a almorzar a uno de los visitadores más antiguos y le preguntó si podía explicarle cómo funcionaban las cosas. Este compañero le contó que cada año la empresa distribuía una cantidad de dinero que dependía de los beneficios anuales entre las distintas regiones, y los comités de dirección de cada región se dividían esa cifra de acuerdo con las peticiones que habían recibido de los supervisores para los empleados a su cargo.

También le explicó que todos los años muchos visitadores se reunían con sus supervisores para pedir las gratificaciones que querían y le advirtió que hablara con su jefe antes del quince de octubre o tendría que esperar al año siguiente. Con un poco más de preparación, Maggie confirmó que la gratificación que estaba recibiendo era muy inferior a las de los demás visitadores de su nivel. Como no había pedido nunca que se la aumentaran, al parecer su supervisor había concluido que no le importaba recibir menos. Pero esto iba a cambiar. Maggie se reunió con su supervisor el treinta de septiembre y le pidió un aumento del 50% sobre la gratificación que había recibido el año anterior y él aceptó sin pestañear. Como cuenta Maggie: «Se limitó a asentir y anotó la cifra que le dije. Tuve la sensación de que estaba pensando que, por fin, me había enterado de cómo iban las cosas. Debería haber pedido ese aumento hacía mucho tiempo.»

Lois – Elegir el momento adecuado puede ser vital

Una de las cosas importantes que Maggie supo gracias a su compañero visitador fue cuándo debía pedir su gratificación. Para elegir estratégicamente el momento de tu petición tienes que saber cuándo se toman las decisiones importantes: cuándo se elaboran los presupuestos, se plantean los ascensos, se distribuyen los aumentos salariales y se calculan las gratificaciones. Elegir el momento adecuado puede ser un factor vital a la hora de determinar si tu negociación será un éxito o un fracaso.

Lois trabajaba como ayudante en el gabinete jurídico del Ayuntamiento de una ciudad del suroeste de Estados Unidos. El municipio estaba creciendo rápidamente y el coste de la vida en él estaba aumentando, por lo que a Lois cada vez le costaba más llegar a fin de mes. Cuando llevaba tres años y medio en el puesto, decidió que necesitaba un incremento salarial superior al pequeño porcentaje que el municipio concedía a todos los trabajadores cada mes de julio. Preparó un memorándum en el que incluía los datos que obtuvo de las asociaciones de su sector y del propio municipio, describía los proyectos en los que había trabajado y su aportación a los mismos, y argumentaba sólidamente que deberían cambiarla a una categoría salarial superior.

Aunque Lois estaba segura de que merecía ese aumento, le incomodaba pedir más dinero y demoró la reunión con su jefe. Cuando por fin se armó de valor y le entregó su memorándum, éste le explicó que, aunque el siguiente año fiscal no se iniciaba hasta el uno de julio, los directores de departamento tenían que presentar sus presupuestos antes del quince de mayo. Como era la primera semana de junio y ya no podía incorporar ningún cambio, le pidió que volviera a entregarle el memorándum el mes de marzo siguiente y vería qué podía hacer.

Lamentablemente, cuando llegó marzo, Lois tenía un nuevo jefe, que prefirió esperar a conocer mejor a todos sus empleados antes de hacer cambios, y Lois tuvo que pasar otro año apretándose el cinturón.

¿Qué podría haber hecho de otra forma? Después de la conversación que mantuvo con su nuevo jefe, en la que éste rechazó su petición, Lois explicó el apuro en que estaba a la secretaria de dirección, que llevaba veinte años en ese cargo. La mujer se lamentó: «Ojalá hubiera sabido lo que pensabas hace dos años. Te habría avisado de que presentaras tu solicitud de aumento de sueldo antes del quince de mayo. Es así como se hace desde que yo estoy aquí.»

Preguntas que debes hacer sobre cómo se toman las decisiones

- ¿Cuáles son las políticas de contratación de tu organización? ¿Aparecen todos los puestos de trabajo en un sitio web del departamento o se anuncian en una publicación sectorial? ¿Debe anunciarse una vacante durante cierto período de tiempo antes de que se cubra? ¿Se cubren a veces las vacantes sin una búsqueda formal? ¿Es mucho más informal el sistema?

- ¿Cuándo se toman las decisiones sobre aumentos salariales en tu organización? ¿Cuándo es el mejor momento para proporcionar información a la persona que toma la decisión? ¿Y qué ocurre con los complementos como las gratificaciones, los fondos de jubilación, las opciones de compra de acciones o los días de vacaciones, por ejemplo? ¿Cuál es el proceso para concederlos?
- ¿Quién decide cómo se distribuye el trabajo? ¿Se encarga la misma persona de asignar los proyectos, establecer los horarios y determinar las responsabilidades o están divididas estas funciones? Si estas funciones no están en manos de una única persona, ¿cuál es la cadena de mando entre las personas implicadas? ¿Quién es la persona que ostenta más poder?
- ¿Cómo obtiene tu organización la información sobre el rendimiento? ¿Se evalúa a todos los empleados según un sistema conocido y estandarizado? ¿Qué datos se utilizan? ¿Quién obtiene los datos y cuándo? ¿Qué importancia tienen las evaluaciones personales (que pueden ser subjetivas) en el proceso?
- ¿Se conceden los ascensos de acuerdo con un calendario estricto o depende de cada caso? ¿Quiénes participan en la toma de la decisión y cuánto cuenta la opinión o la recomendación de cada una de esas personas?
- ¿Quién toma las decisiones sobre los beneficios sociales como la formación adicional o los horarios flexibles? ¿Hay normas escritas sobre cómo se distribuyen estos beneficios o se toman las decisiones caso por caso?
- ¿Cuáles son las normas sobre jubilación anticipada (cuándo puede tomarse, quién puede tomarla y qué beneficios conlleva)? ¿Se aplican estas normas de forma estricta y universal o se hacen excepciones?

¿Ofrece tu empresa incentivos y beneficios sociales ocultos?

Los acuerdos especiales y los beneficios discrecionales que las empresas ofrecen a sus empleados varían mucho de una a otra. De modo parecido, una organización puede distribuir generosamente incentivos (Sara empezó su carrera profesional trabajando en una revista de moda, donde se solía regalar maquillaje y complementos a las empleadas de modo regular) mientras que otras no ofrecen ninguno o lo hacen de manera muy esporádica. Para averiguar qué beneficios e incentivos hay, tienes que hablar con el departamento de recursos humanos, por supuesto. Pero no te detengas ahí. A menudo los beneficios que la gente recibe en la práctica son mucho más generosos que los que constan oficialmente en los libros.

Margot, una ejecutiva de una gran compañía de alquiler de automóviles, nos contó que había trabajado más de veinte años para su jefe, los últimos ocho como directora y vicepresidenta, sin saber que podía cobrar 1.500 dólares al año como reembolso de las cuotas de su gimnasio. ¡Y se enteró en una conversación informal con un colega, no leyendo ningún manual de personal!

Cuando Jesse, que era abogada interna de un importante centro médico de las montañas Rocosas, en Estados Unidos, se quedó embarazada, el departamento de recursos humanos le informó de que sólo dispondría de tres miserables semanas de baja cuando naciera su hijo. Si quería faltar más tiempo al trabajo, tendría que utilizar una combinación de incapacidad temporal, baja por enfermedad, vacaciones, días por asuntos propios y permiso no retribuido. Para ver si tenía alguna opción mejor, empezó a consultar una serie de enrevesadas normativas oficiales. Sin haber conseguido nada, asistió a un almuerzo con otras empleadas del centro. Entonces se enteró de que podría disfrutar de hasta doce semanas de permiso retribuido, pero que su supervisor tenía que presentar una petición especial para que se las dieran. Ir directamente a recursos humanos no le permitiría conseguirlo.

Eliza – Averigua qué hay disponible

Eliza era decoradora de una importante empresa de Atlanta. Su prometido, Greg, que era capitán del ejército, estaba a punto de volver a casa después de un destino de once meses en Afganistán, y planeaban casarse enseguida. No tenían demasiado dinero y no les importaba que la boda fuera sencilla, pero Eliza quería llevar a Greg a una luna de miel maravillosa para que pudiera empezar a recuperarse y a reintegrarse. Eliza sabía que su empresa tenía un piso en Miami porque tenía muchos clientes en Florida, y preguntó a su supervisor, que era uno de los socios de la empresa, si los empleados podían alquilarlo por un precio especial.

«¿Para tu luna de miel? ¿Qué tal París?», respondió el supervisor. Resultó que la empresa también tenía un piso en París para que lo utilizaran los decoradores cuando viajaban a Europa a comprar antigüedades. Al parecer, como entonces estaban de moda los interiores menos formales, no se usaba demasiado. Y, según le informó el supervisor, podían alojarse gratis en él. El departamento de viajes de la empresa le encontró una tarifa muy económica para el viaje de ida y vuelta, y Eliza y Greg fueron, encantados, de luna de miel a París.

¿Cómo le va a tu organización?

Ahora que has averiguado muchas más cosas sobre la persona con la que vas a negociar y sobre las políticas y los complementos salariales de tu empresa, ha llegado el momento de pensar en el contexto más general. Para las negociaciones laborales, esto significa averiguar la salud financiera de tu organización. ¿Está creciendo, se limita a seguir el ritmo de la competencia o se rezaga? Averigua lo que puedas sobre la estabilidad económica y los objetivos a largo plazo de tu organización, así como la situación actual de tu profesión. Hacer esta clase de investigación es particularmente importante para las mujeres porque cuando queremos un aumento de sueldo, a muchas de nosotras nos preocupa que nuestra empresa no pueda permitirse pagarnos más. La economía cambia continuamente, la competencia global amenaza diversos sectores de la industria y las externalizaciones y los recortes de personal se han vuelto habituales. En este clima, nos preocupa que si pedimos más dinero, nos despidan porque el dinero escasea. O no queremos presionar a nuestros supervisores cuando sabemos que tienen muchos problemas. Son preocupaciones legítimas, pero no permitas que determinen tu conducta hasta que averigües más cosas.

Empresas que cotizan en bolsa

¿Cómo puedes saber cómo le va realmente a tu empresa? Si trabajas para una empresa que cotiza en bolsa, puedes averiguar muchas cosas sobre sus finanzas en Internet. También puedes encontrar información sobre cuestiones que preocupan en tu sector y averiguar si tu empresa está planeando alguna adquisición, fusión o reestructuración. Si trabajas para una gran organización, deberías averiguar su salud financiera global, y también la de tu división o departamento concreto.

Existen muchos sitios web que proporcionan todo tipo de información empresarial. Sin necesidad de buscar demasiado, deberías poder encontrar un resumen reciente de la situación financiera de tu empresa, valoraciones de analistas de bolsa sobre la gestión de tu director general, comentarios sobre los problemas de tu empresa, iniciativas de la dirección, probables movimientos en el futuro próximo y mucho más. La cantidad de información disponible y el nivel de detalle pueden sorprenderte. Algunas veces, puedes incluso enterarte de lo que cobra tu jefe (un cotilleo divertido cuando vas a negociar tu futuro con él). Tal vez encuentres claramente expuestas en Internet decisiones que creías que eran secretas o informaciones que podrían resultar perjudiciales sobre los problemas de la empresa, y en muchos casos, analizadas por personas independientes.

También deberías empezar a leer lo que los analistas del sector dicen sobre las acciones de tu empresa. Sabrás así lo que los profesionales expertos opinan sobre cómo está dirigida y sobre sus perspectivas financieras a corto y a largo plazo. Muchos libros y sitios web te informarán sobre el funcionamiento de la bolsa si lo desconoces o si necesitas repasarlo. Tal vez quieras plantearte incluso asistir a algún curso básico sobre esta cuestión, lo que puede ser una excelente inversión a largo plazo si quieres conocer mejor la salud financiera de tu organización.

Betsy – Se adelanta al despido

Betsy trabajaba en la división de transporte de una enorme empresa alimentaria que distribuía sus comestibles a los supermercados que poseía en diez estados de Estados Unidos y a centenares de tiendas de terceros. El negocio aumentaba en su región, Betsy trabajaba más horas que nunca y creía merecer un aumento de sueldo y un ascenso. Pero la oficina central de su empresa había aparecido últimamente en las noticias, acusada de mala práctica contable, y decidió informarse un poco antes de ir a hablar con su jefe.

Descubrió que las acciones de la empresa, que habían estado cotizando al alza, habían bajado un 15% desde que habían salido a la luz esas irregularidades contables. La empresa seguía ganando mucho dinero, y obteniendo beneficios trimestrales más altos que en el mismo período del año anterior, pero para su sorpresa, la división de transporte perdía dinero. Varios analistas destacados del sector creían que no era eficiente que una empresa alimentaria se dedicara también al transporte y recomendaban que externalizara la distribución a un subcontratista. Betsy comprendió que podía estar a punto de perder su trabajo.

De modo que echó un vistazo a las vacantes que había en la empresa, y solicitó y obtuvo un puesto de gestión de existencias. Seis meses después, su empresa vendió la división de transporte y contrató sus servicios al comprador. Éste conservó los puestos de los conductores y los mecánicos, pero el resto del personal de la división se quedó sin trabajo. Betsy se sintió afortunada por haber tenido la precaución de informarse sobre los problemas y los planes de la empresa, lo que le permitió conservar su empleo y los beneficios que había acumulado con los años.

Empresas privadas

Si trabajas para una empresa privada será un poco más difícil, aunque no imposible, hacerte una idea exacta de su situación financiera. Las revistas económicas y las páginas de economía de los periódicos suelen informar bien de las vicisitudes de las empresas importantes. Internet también puede resultarte útil.

En cuanto a las empresas más pequeñas, puede que no sea posible obtener información de fuentes públicas, aunque tal vez puedas averiguar parte de lo que necesitas saber a través de la prensa local. Para todo lo demás, tus contactos internos serán tu mejor fuente de información a la hora de hacerte una idea general de la situación. Intenta averiguar qué personas pueden contarte qué preocupa a los directivos de tu organización. ¿Se ha resentido la productividad de una rotación de personal excepcionalmente alta? ¿Hay alguna iniciativa que pueda cambiar la estructura de la organización o el tipo de aptitudes que ésta necesita? ¿Está planeando expandirse algún competidor importante?

Liz – Hay que estar atenta

Liz era una de las tres altas directivas del departamento de nóminas de una empresa biotecnológica privada. Después de trabajar cinco años como ayudante, Liz se consideraba preparada para ascender, pero como no veía oportunidades de hacerlo en su empresa, pensó que tendría que cambiar de trabajo. Así que consultó varios sitios web para ver qué vacantes había en su región y también la prensa económica local para averiguar todo lo que podía sobre la salud financiera de las empresas de su zona porque quería trabajar en una donde pudiera ganar lo que creía valer. Seis semanas después de iniciar esta búsqueda, encontró un artículo en el que se mencionaba que su empresa estaba intentando incorporar a sus filas a un científico de fama mundial y planeaba contratar a doce investigadores para que trabajaran con él en su laboratorio.

Liz tenía amistad con la secretaria ejecutiva de uno de los socios de su empresa y le preguntó qué sabía al respecto. Resultó que la empresa ya había firmado un contrato con el científico y estaba buscando un edificio en el que ubicar su laboratorio. Cuando Liz se sorprendió de que necesitaran todo un edificio para instalar a doce investigadores, su amiga le explicó que, en realidad, era probable que fueran a trabajar en él cien científicos o más.

Liz fue entonces a ver a su jefe y le dijo que quería solicitar el puesto de directora de personal del nuevo edificio. Le contó que, aunque le gustaba mucho lo que estaba haciendo, había llegado el momento de progresar profesionalmente, pero le encantaba la empresa y no quería marcharse. Argumentó que ponerla a cargo del nuevo edificio sería la solución perfecta: la empresa podría asignar a una empleada experta el complejo proceso de reunir un equipo numeroso de investigación en muy poco tiempo; ella ascendería al siguiente nivel profesional. Todos salían ganando. Tras estudiar unas cuantas opciones, incluida la de gestionar los requisitos de personal del laboratorio desde la oficina principal, el jefe de Liz le dio el puesto.

Empresas sin ánimo de lucro

Si trabajas en una organización sin ánimo de lucro, puedes consultar Internet para obtener información. Muchas organizaciones de este tipo cuelgan sus memorias anuales en sus sitios web. Además de la información financiera, estos informes suelen incluir información sobre la dirección futura y los objetivos financieros de la organización, lo que te permite hacerte una idea de hacia dónde se dirige tu organización y de lo que tus jefes consideran retos clave.

Organizaciones gubernamentales

Internet es asimismo un recurso excelente para los funcionarios. Muchos sitios web de estas organizaciones contienen información sobre los presupuestos, los gastos, los salarios de los empleados (por categoría, y por nivel dentro de cada categoría), los desafíos y los problemas a los que se enfrenta la organización, así como las iniciativas y los cambios que se planeta de cara al futuro.

Janet – ¿Qué pueden permitirse realmente?

Janet trabajaba como analista de datos para el gobierno federal de Estados Unidos. Era una de las personas de más rango de su división, y la banda salarial de su nivel era elevada (63.000-89.000 dólares). Janet cobraba 77.500 dólares, de modo que se situaba a mitad de la banda. El año anterior, había empezado a dirigir un grupo de analistas que trabajaba en un nuevo conjunto de datos. Janet creía que, dadas sus nuevas responsabilidades, debería ganar más, y tras indagar un poco, se decidió a solicitar un aumento de entre 6.000 dólares y 8.000 dólares. Como su grupo trabajaba en un área nueva, quiso averiguar antes qué cantidad asignaba el gobierno federal a su división y, para su sorpresa, descubrió que su presupuesto había aumentado un 11% para el siguiente año fiscal. Provista de esta información y de la correspondiente a su valor de mercado, fue a ver a su jefe con mucha confianza, y obtuvo un aumento de 6.750 dólares.

Para preparar a conciencia cualquier negociación, Linda indica a sus alumnos que tienen que considerarse investigadores de datos. ¿Qué información que creían secreta pueden conseguir? ¿Qué actores principales (o fuentes anónimas) pueden convencer para que les confíen lo que saben? ¿Cuántos sitios web pueden consultar? ¿Cómo se las ingenian para encontrar las respuestas que necesitan? Les dice que tienen que reunir pruebas, armar el rompecabezas e interpretar lo que ven, como los investigadores de verdad. ¿Qué hay en juego y cuáles son las probabilidades de lograrlo? ¿Con que seguridad pueden predecir lo que pasará a continuación? ¿Cómo encajan sus planes en la situación general? Les explica que la clave es conseguir la información adecuada, analizar lo que descubres y deducir las implicaciones.

A veces, las noticias no son demasiado buenas (recuerda el caso de Betsy, de la división de transporte del supermercado). Tu empresa puede pasar un mal momento o planear externalizar tus funciones, o tal vez estar a punto de adoptar medidas rigurosas para reducir costes. Pero lo que averigües te permitirá adaptar tus planes en consecuencia. Y es probable que, la mayoría de veces, lo que averigües te anime a llevar a cabo tus planes. ¿Te imaginas la seguridad con que vas a pedir un aumento de sueldo si sabes que tu empresa acaba de superar una crisis? ¿O un ascenso si averiguas que tu jefe ampliará tu división? ¿O un horario más flexible si te enteras de que uno de los vicepresidentes con hijos también lo tiene? Lo primordial cuando se trata de negociar es que la ignorancia no es la felicidad. Cuanto más sepas, mejor te irá.

8

AUMENTA TU PODER DE NEGOCIACIÓN

En las últimas décadas se ha hablado mucho sobre las mujeres y el poder; cómo pueden las mujeres ejercer su poder sin provocar reacciones negativas, sentirse cómodas alcanzando más poder y beneficiarse de su creciente influencia económica. Sin embargo, muchas de nosotras suponemos que, cuando negociamos, no tenemos ningún poder real sobre el resultado: que la persona que tiene algo que queremos, la persona que tiene algo que dar, tiene todos los triunfos en la mano. Imaginamos que lo mejor que podemos hacer es pedir lo que queremos y que sea lo que Dios quiera. Pero ése no suele ser el caso. Es probable que tengas mucho más poder de lo que crees para influir en el rumbo de la mayoría de negociaciones. Ello se debe a que, en toda negociación, hay por lo menos dos partes, y cada parte posee algo que la otra parte necesita.

Identifica lo que tú aportas a la mesa de negociación

Linda suele tener la siguiente conversación con algún estudiante al que acaban de ofrecer un trabajo al terminar la universidad:

—Me da miedo negociar la oferta —comenta el alumno—. Es una empresa grande y próspera. ¿Por qué tendrían que negociar conmigo?

—¿Entrevistaron a muchos candidatos para el puesto? —pregunta Linda.

—Sí —responde el alumno—. A muchísimos. El proceso de selección fue durísimo.

—Y te eligieron a ti entre muchos candidatos, ¿verdad?

—Sí, pero...

—De modo que piensan que eres el mejor de todos. ¿No te da eso cierta influencia? ¿Por qué crees que te eligieron?

Tras indagar un poco, Linda suele identificar los atributos especiales (una destreza o una experiencia poco habituales, un fuerte compromiso con los objetivos de la empresa u otros factores) que hicieron que el alumno fuera el candidato elegido para ocupar el puesto de trabajo. De esta forma ha ayudado a centenares de alumnos a encontrar las fuentes de su poder de negociación y a calcular con exactitud el valor que aportan a la organización que quiere contratarlos.

Si estás solicitando un empleo, piensa en lo que puedes hacer que tu posible nueva empresa necesita: por qué estás cualificada para el puesto que quieres. No pienses sólo en los títulos, en las notas y en el relativo prestigio de la universidad en la que cursaste tus estudios, ni en los sitios en los que trabajaste antes, aunque todas estas cosas son importantes. ¿Exigirá el trabajo hablar en público y es éste uno de tus puntos fuertes? ¿Dirigirás una operación compleja y eres especialmente organizada y eficiente? ¿Has hecho mucho trabajo como voluntaria en algo que te ha permitido aunar los esfuerzos de los distintos participantes para obtener resultados? ¿Has colaborado con tu gobierno local y conoces los protocolos y las rivalidades políticas que influyen en la toma de decisiones sobre los proyectos públicos? ¿Sabes como crear alianzas provechosas? ¿Tienes hijos y exige tu puesto conocer cosas importantes para las familias? ¿Tienes alguna afición que te permita conocer mejor los desafíos a los que se enfrenta tu organización? ¿Te gusta hacer deporte y solicitas un trabajo en una empresa relacionada con los deportes? ¿O te encanta la playa y te interesa dedicarte al turismo? ¿Tiene tu futura empresa varias oficinas en el extranjero y hablas idiomas? ¿Has viajado mucho? ¿Estás dispuesta a desplazarte? ¿Cuenta la empresa con pocas mujeres y está ansiosa por cambiar esta situación? ¿Necesita la empresa más mujeres en marketing o en ventas (o en ambas cosas) porque su mercado objetivo ha cambiado e incluye ahora a muchas mujeres?

Si no estás buscando trabajo pero quieres cambiar tu situación actual, ¿sabes más cosas sobre las funciones de tu departamento que nadie, incluido tu jefe? ¿Tendría una gran repercusión tu marcha en la capacidad de la empresa de servir con eficiencia y rapidez a los clientes? ¿Tienes un importante capital intelectual que la empresa perderá si te vas? Tal vez eres la única que se ha mantenido al corriente de los requisitos que las autoridades exigen a las empresas de tu sector o que sabe cómo esquivar un problema técnico que hace vulnerable algún proceso de producción o alguna base de datos. Tal vez llevas muchos años en la organización y eres la depositaria de su «memoria institucional» (recuerdas lo que se ha hecho e intentado, así cómo los pasos que llevaron a tomar ciertas decisiones). ¿Te permite esto evitar que traten periódicamente de reinventar la rueda? ¿Eres la persona con quien prefiere trabajar un cliente importante o la única de tu grupo con don de gentes para resolver conflictos y tener a todo el mundo contento y rindiendo al máximo?

Si eres propietaria de una empresa y estás negociando una nueva sociedad, piensa en las cualidades especiales que aportas (tus dotes de mando y tu visión del futuro de la empresa, tus contactos en la comunidad empresarial de la zona, tu relación especial con los proveedores, tu popularidad entre la prensa local, los servicios que has prestado a la comunidad); cualquier cosa que pueda tener valor para la otra parte y ser una baza en la negociación.

Si bien hay algunas personas que sobrevaloran sus capacidades, las mujeres suelen cometer el error contrario: son demasiado modestas. Para evitar caer en esta trampa, busca alguna forma objetiva de valorar tus aptitudes. Pide ayuda a la gente que te conoce (dentro o fuera de tu organización) para identificar tus puntos fuertes. Recuerda incluir cualquier aspecto inusual de tu situación que pudiera no resultar obvio a la hora de negociar pero sí ser importante. Puede que la fuente de tu poder de negociación no sea algo que puedas detallar en tu currículum ni cuantificar de forma concreta. A veces, tu poder de negociación proviene de un valor que es difícil de medir pero, no por ello, menos real.

Lydia – Tranquila en el ojo del huracán

Lydia trabajaba como secretaria en un bufete de abogados de Detroit especializado en daños corporales. Los abogados del bufete estaban sometidos a mucha presión y algunos de ellos perdían a menudo los estribos y gritaban al personal administrativo, por lo que muchas secretarias duraban sólo unos meses, y las que se quedaban solían negarse a trabajar con los que tenían fama de difíciles. Pero Lydia conservaba siempre la calma, y el director de la oficina le confiaba los peores.

Cuando Lydia llevaba doce años en el bufete, su madre, que tenía entonces ochenta años, se rompió la cadera en una caída y quedó demasiado delicada para hacer gran cosa. Como Lydia era hija única y su padre estaba muerto, tuvo que encargarse sola de los trámites para vender la casa de su madre y trasladarla a una residencia de ancianos. Su madre vivía a tres horas de distancia y su casa necesitaba muchas reparaciones, de modo que Lydia se tomó tres semanas de vacaciones y dedicó después los fines de semanas a intentar organizarlo todo. Tras cinco meses agotadores, decidió dejar su trabajo hasta que su madre estuviera instalada y buscar otro empleo después.

Lydia nos contó que cuando dijo al director de la oficina que se iba, el hombre tropezó al levantarse de la silla y exclamó: «¡No puedes irte! ¿Qué necesitas? ¿Qué podemos hacer para ayudarte?» E, inmediatamente, le ofreció dos meses de permiso retribuido, y un tercero si era necesario. Si Lydia se hubiera percatado de lo valiosa que era para su jefe, podría haber negociado su situación mucho antes y se habría ahorrado cinco meses de estrés y de agotamiento.

Natalya – Una institución en la ciudad

Natalya enseñaba danza a niños pequeños en un próspero barrio residencial del centro de Estados Unidos desde hacía treinta años. Cuando el propietario del edificio donde se encontraba su estudio lo vendió y le dio treinta días para que lo desalojara, creyó que su carrera había terminado. Dados los elevados precios de los locales, no podía permitirse alquilar ninguno. El centro artístico de la ciudad disponía de un estudio, pero su uso estaba restringido exclusivamente a organizaciones sin ánimo de lucro.

Natalya avisó con tristeza a los padres de sus alumnos que tendría que dejar de dar clases a finales de ese mes y varios de ellos la llamaron enseguida, estupefactos. Al hablar con una de las madres, mencionó el estudio del centro artístico, y diez días después, la mujer, que resultó ser miembro de su junta, la llamó para decirle que podía usarlo todos los días de una y media a cinco de la tarde. Le cobrarían una cuota simbólica, y podría utilizar el teatro del edificio cuando estuviera disponible para presentar las actuaciones de los alumnos. De este modo, Natalya no tuvo que interrumpir sus clases ni un solo día.

Helen – Cuando el lugar importa

Helen trabajaba como subgerenta de la heladería de una empresa láctea de Nueva Inglaterra. Cuando la empresa abrió otra heladería a veinticinco kilómetros de la principal, solicitó el cargo de gerente del nuevo local. Los demás candidatos tenían más experiencia en dirección, pero Helen tenía varias ventajas sobre ellos: vivía a un kilómetro del nuevo local, era soltera y podía trabajar de noche. Así se lo indicó al director de la empresa, que buscaba a alguien que pudiera supervisar la nueva heladería las veinticuatro horas del día, y le dio el trabajo.

A diferencia de Lydia y Natalya, Helen sabía que aportaba algo especial a la mesa de negociación. Eran factores que no figuraban en su currículum pero que le permitían negociar y conseguir lo que quería.

Ellos te necesitan tanto como tú a ellos

En la actualidad, muchas de las empresas más rentables del mundo consideran que su personal es lo más valioso que tienen. Se ha citado muchas veces la frase de Jim Goodnight, director general de SAS Institute (una gran empresa de *software*): «El noventa y cinco por ciento de mis activos se va a casa por la tarde. Mi trabajo consiste en conseguir que vuelva.» Goodnight considera que es fundamental «conseguir que vuelva» porque es muy costoso reemplazar a un buen trabajador.

El compromiso de Jim Goodnight de tener contentos a sus trabajadores redujo la rotación anual de personal de SAS a un 3%, lo que le permitió ahorrar entre 60 millones y 80 millones de dólares al año. La mayoría de empresas de *software*, en cambio, deja que el 20% de sus trabajadores se vaya cada año. Estos trabajadores llevan su formación, sus conocimientos y sus aptitudes a otra empresa, y a la que dejan, le cuesta millones sustituirlos. El hecho de que a tu empresa le cueste o le resulte caro sustituirte si te vas te da poder de negociación; un poder que no sólo proviene del valor que aportas a la mesa de negociación sino del coste que supone para la otra parte perderte o perder lo que estás ofreciendo.

La tabla de la página siguiente, basada en un informe de Hay Group en Estados Unidos, ilustra el inmenso impacto que las bajas no deseadas tienen en el balance final de una empresa estadounidense.

Pero no se trata sólo del coste de las bajas no deseadas. Para que un director destaque, no puede limitarse a supervisar a sus grupos y asegurarse de que funcionen bien. También debe tener visión de futuro en lo que se refiere a su organización. Para ello, no basta con que conserve a los empleados y reduzca los costes

COSTE ANUAL DE LAS BAJAS NO DESEADAS EN UNA EMPRESA MEDIANA	
Número de empleados	5.000
Sueldo medio	35.000 dólares
Ingresos totales	500.000.000 dólares
Margen de beneficios	10%
Porcentaje de bajas no deseadas de administrativos	14%
Porcentaje de bajas no deseadas de altos cargos	12,5%
Coste anual de las bajas no deseadas	20.000.000 dólares
El coste de las bajas no deseadas es del 4% de los ingresos y del 40% de los beneficios	

de las bajas no deseadas. Ni tampoco que contrate a buenos empleados. También tiene que cultivar el talento y sacar el máximo partido de las aptitudes y de la experiencia del personal que contrata. Por este motivo, uno de los principios básicos de una buena gestión es saber qué quieren tus empleados: qué quieren ahora, qué quieren hacer en el futuro y cómo prevén pasar de una a otra situación. Saber que para tu jefe es muy importante tenerte contenta y favorecer tu progreso profesional te da también poder de negociación.

Mindy – Si las presiones del trabajo te incitan a dejarlo, tu jefe tiene que saberlo

Mindy trabajaba para una mujer llamada Claire que había montado un negocio de limpieza de domicilios particulares. Cuando diagnosticaron Alzheimer al padre de Claire, ésta tuvo que dedicar mucho tiempo a cuidar de él, lo que obligó a Mindy a asumir la mayoría de sus tareas. Como trabajaba entre quince y veinte horas más a la semana, y cargaba con muchas más responsabilidades, Mindy creía merecer un aumento de sueldo. Pero Claire no reconocía el trabajo adicional que estaba haciendo. Según Mindy: «Dejó el negocio en mis manos y ni siquiera se dio cuenta.» Le caía bien Claire y compadecía su delicada situación personal, pero se sentía atrapada entre dos soluciones poco satisfactorias: aceptar la situación o marcharse.

Lo cierto es que Mindy tenía una tercera opción, que era decir a Claire que quería más dinero porque estaba trabajando más. Claire necesitaba que Mindy se dedicara totalmente a la empresa; lo último que querría era que su mejor empleada estuviera descontenta porque se sentía tratada injustamente. Esto daba a Mindy mucho poder de negociación. Pero, en lugar de utilizarlo, esperó a que la presión que soportaba Claire se redujera un poco para marcharse; una solución nada satisfactoria. Mindy comenta: «Claire se sorprendió y se disgustó mucho cuando le dije que dejaba el trabajo, pero para entonces, estaba demasiado quemada para seguir.»

Las mujeres están muy solicitadas

Hoy en día, las mujeres se han convertido en un recurso muy valioso. Los líderes empresariales han empezado a darse cuenta de que tienen que esforzarse en retener a sus empleadas, muchas de las cuales abandonan las organizaciones antes de alcanzar los cargos superiores. Muy a menudo, las mujeres no se van porque dejen de trabajar para dedicarse a la familia sino porque consideran que la cultura de la organización es hostil a las mujeres o porque ven pocas oportunidades de ascender a los cargos de alta dirección. En el artículo titulado «Winning the Talent War for Women» («Ganar la guerra del talento para las mujeres») sobre los problemas de las bajas no deseadas de la firma Deloitte Consulting a principios de la década de 1990, Douglas M. McCracken planteaba el problema de la siguiente forma: «En las empresas de servicios profesionales... el "producto" es el talento, facturado al cliente por horas; y una gran parte del producto de nuestra firma se marchaba a un ritmo alarmante.» El descenso de matrículas de varones en la universidad ha disparado también las alarmas en algunos países. En Estados Unidos, por ejemplo, hoy en día el 57% de los estudiantes de primer curso son mujeres y sólo el 43% corresponde a varones. Como apuntan diversos autores de este país, en la actualidad no hay suficientes hombres capaces para satisfacer la demanda de puestos directivos y, dadas las tendencias de la demografía y del mercado laboral, las empresas que desarrollen políticas y prácticas para aprovechar el talento femenino a largo plazo disfrutarán de una notable ventaja competitiva.

Para asegurarse de que disponen de directores de gran calidad en cada nivel, las empresas tienen que cultivar el talento de las mujeres a las que contratan. J. Michael Cook, director general de Deloitte Consulting, empresa que creó la denominada Iniciativa de Mujeres, lo explicaba del siguiente modo a sus altos cargos:

> En la actualidad, la mitad de los empleados que contratamos son mujeres, y casi todas ellas se han ido antes de llegar a ser posibles socias. Sabemos que para tener socios suficientes para que nuestra empresa crezca, tendremos que rebuscar cada vez más en la bolsa de trabajo. ¿Estáis dispuestos a tener socios que procedan de una parte cada vez más inferior de la bolsa de trabajo? ¿Y a dejar que las mujeres con un rendimiento elevado se vayan a otra empresa?

El mundo empresarial ha descubierto también que facilitar que las mujeres logren sus objetivos profesionales y asciendan a cargos superiores es bueno para los negocios. Según han demostrado diversos estudios, el estilo de liderazgo de las mujeres, denominado a menudo «liderazgo transformacional», suele diferir del de los hombres de formas que impulsan el compromiso, aumentan la creatividad, mejoran el estado de ánimo y requieren más aportaciones, lo que proporciona a la dirección más información sobre la que basar las decisiones importantes. Otros estudios sugieren que conseguir una mayor paridad en los niveles superiores de una organización puede aumentar su productividad y su rentabilidad.

Por otra parte, conservar a las empleadas y facilitar su ascenso a los cargos superiores refuerza la imagen pública de una organización. Según Felice N. Schwartz, escritora y activista en defensa de la igualdad de la mujer trabajadora: «En la actualidad las empresas no sólo compiten mediante productos sino también mediante sus valores. Los clientes quieren saber con qué se identifica una empresa. Si ésta puede demostrar que contrata, forma, asciende, recompensa y valora a las mujeres, llegará a las personas de ambos sexos a quienes les importa mucho este tema.» Schwartz concluye que, para una empresa, la fama de tener unos buenos valores humanos es un activo tan valioso como los bienes de equipo.

Charlotte – Su valor no se ve reflejado en su nivel de responsabilidad

Charlotte era la única mujer de alto rango en una empresa de *software*. Sus compañeros y sus clientes la respetaban, y conocía todos los detalles del negocio. Todos los empleados le pedían consejo. Cuando su empresa se fusionó con otra más pequeña, el director general le consultaba cosas diariamente mientras duró el proceso. Sin embargo, tras diez años en la empresa, aunque Charlotte tenía mucha influencia, disponía de muy poca autoridad real ya que nunca le dieron un cargo y un sueldo que reflejara lo mucho que todos dependían de ella.

Enojada y dispuesta a dejar el trabajo, contrató a un entrenador personal o *coach* para que la orientara, y éste le aconsejó que utilizara el poder de ser la mujer que ostentaba el cargo más alto de la empresa y una figura fundamental en quien confiaba todo el personal de la misma para averiguar si podía conseguir lo que quería. Sin demasiadas esperanzas, fue a ver al director general, enumeró sus aportaciones a la empresa y pidió que la ascendieran a vicepresidenta. Su jefe, desconcertado, se lo pensó un día y le respondió que no sabría cómo sustituirla y menos aún cómo explicar su marcha al consejo de administración. Le comentó que no había tenido en cuenta sus objetivos profesionales y que quería hacer todo lo posible para tenerla contenta. A las pocas semanas, la nombró la primera vicepresidenta de la empresa y la puso al mando de un nuevo grupo que iba a trabajar con los distintos departamentos implicados en el desarrollo de productos para aumentar su base de clientes. Según Charlotte, era mucho más de lo que esperaba.

El poder de una buena alternativa

En el Capítulo 5, presentamos la idea de la MAAN (mejor alternativa a un acuerdo negociado). Una MAAN fuerte puede tener un enorme poder de negociación porque te da mucha libertad. No tienes por qué aceptar nada que sea peor que tu alternativa. Esto obliga a la otra parte a ofrecerte algo bueno para convencerte. Lo contrario también es cierto: si la otra parte tiene una mala MAAN, tu posición negociadora es más fuerte. En el caso de Charlotte, se cumplían ambas condiciones. Ella tenía una MAAN fuerte (estaba dispuesta a irse) y su jefe, débil (perderla sería un contratiempo importante). Es cierto que Charlotte estaba más que cualificada, pero aunque tus méritos o tu experiencia no sean tan extraordinarios, tu posición queda reforzada cuando la otra parte está en apuros y no tiene otras opciones buenas.

Al terminar sus estudios universitarios, Sara trabajó un breve período de tiempo como ayudante del productor de una telenovela estadounidense titulada *The Edge of Night*. Ella y la otra ayudante del productor se pasaban el día contestando el teléfono, fotocopiando guiones y leyendo la enorme cantidad de correspondencia que enviaban los televidentes. A Sara no le interesaba conseguir un empleo fijo en la televisión, pero la otra ayudante, que quería dedicarse a la producción televisiva, se moría de ganas de «subir al cuarto piso», donde se rodaba el programa. Al principio de una semana de rodaje intensivo, uno de los temperamentales protagonistas masculinos insultó a una ayudante de producción, que se marchó enojada. La compañera de Sara pidió al productor ocupar ese puesto. Aunque no tenía ninguna experiencia ni ninguna formación formal, sabía que el productor carecía de tiempo para buscar una sustituta ajena al equipo, y consiguió el puesto.

Debbie – Perfectamente contenta donde estaba

Debbie era socia directora en Chicago de una asesoría con oficinas en todo el mundo. Le encantaba su trabajo y le encantaba Chicago, donde había crecido. Un día recibió la llamada de un vicepresidente del Reino Unido que quería que solicitara un puesto en la oficina de Londres. Aunque el trabajo parecía interesante, Debbie no creía que fuera mejor que el que tenía. Pero el vicepresidente insistió tanto que al final aceptó solicitarlo y, después de muchas entrevistas y viajes transatlánticos, se lo ofrecieron. No sabía qué hacer. El sueldo era superior al que cobraba entonces y le apetecía pasar unos años en Gran Bretaña, pero Londres estaba muy lejos.

Así que decidió que la empresa tendría que hacer que le valiera la pena trasladarse. Pidió mucho más dinero, un piso porque la vivienda era cara en Londres, un coche con chófer porque no conocía bien la ciudad, un importe generoso para viajes y más días de vacaciones para poder ir a menudo a Estados Unidos a ver a su familia y a sus amigos. Como habría estado contentísima de seguir donde estaba y conocía el poder de su MAAN, consiguió todo lo que quería.

Fuentes del poder de negociación

- Educación
- Experiencias laborales anteriores
- Formación o aptitudes especiales
- Alcance de los conocimientos o de la experiencia
- Talentos únicos
- Excelencia demostrada
- Reputación en tu campo

- Don de gentes
- Capacidad de liderazgo o de trabajo en equipo
- Contactos con clientes
- Alianzas internas (si ya trabajas)
- Buenos contactos en el exterior (profesionales y sociales)
- Respaldo de un mentor poderoso
- Conocimiento de la cultura, los procesos, la historia de la organización
- Buenas alternativas (una MAAN fuerte)
- Opciones limitadas (una MAAN débil) de la otra parte

Cómo mejorar una MAAN mala

¿Qué puedes hacer si tu MAAN es mala, es decir, tu posición de repliegue es objetivamente inferior a lo que quieres conseguir? Es algo que suele pasar, claro. Pedimos más porque queremos algo mejor que lo que ya tenemos. Si estás negociando un ascenso y tu MAAN en caso de no obtenerlo es el statu quo (seguir en tu situación actual), no tienes una base demasiado sólida. Si no trabajas y estás buscando empleo, tu MAAN es bastante débil. En ambos casos, puedes mejorar tu MAAN consiguiendo otra oferta de trabajo, ya sea de otra organización o de otro departamento o división dentro de la misma organización. Si tu jefe, o tu posible nueva empresa, no quiere perderte, quizá esté más motivado para llegar a un acuerdo satisfactorio si sabe que tienes la posibilidad de aceptar otro trabajo. (Cuando sus alumnos acceden al mercado laboral, Linda les aconseja que consigan más de una oferta o su MAAN será volver a casa de sus padres.)

Ashanti – Muy solicitada

Ashanti trabajaba como directora general de la concurrida sucursal de un importante banco de Estados Unidos. Le gustaba su trabajo y sabía que se le daba bien, pero se consideraba mal pagada. Su trabajo era diez veces más estresante y exigente que cualquier otro de la sucursal pero no ganaba mucho más que algunos de sus empleados. Se lo dijo varias veces a su supervisor de la oficina principal e incluso le entregó la documentación de todos sus logros en la sucursal, pero no consiguió convencerlo. Se preguntaba si estaría equivocada; no sabía con certeza que no le estuvieran pagando lo que era justo.

Para averiguarlo, solicitó trabajo en otros tres bancos importantes de su zona. Recibió ofertas de los tres, y en cada una de ellas, el sueldo era alrededor de un 25% superior al que cobraba. Cuando se lo contó a su supervisor, éste inmediatamente dijo que iba a igualar esas ofertas. Ashanti contuvo el aliento y le pidió que las superara. Aseguró que le gustaría quedarse allí, pero que esos otros bancos estaban muy interesados en contratarla. Después de discutirlo un poco, su jefe aceptó subirle el sueldo un 30% en lugar del 25% que le ofrecían los otros bancos, y Ashanti aceptó quedarse, que era lo que quería hacer.

Tener esas otras ofertas aumentó el poder de negociación de Ashanti. Hicieron que su jefe se tomara la negociación de su sueldo en serio. Pero, ¿es siempre buena idea conseguir otra oferta? ¿Es deshonesto solicitar un trabajo, pasar todo el proceso de selección y convencer a otra organización de que te haga una oferta que no piensas aceptar? En absoluto. La mayoría de las organizaciones saben quién es bueno, quién está impaciente y preparado para dar el siguiente paso y quién tal vez no esté recibiendo el reconocimiento que se merece. También agradecen la oportunidad de captar buenos empleados. Y tal vez te sorprendas a ti misma y decidas cambiar de trabajo después de todo. Pero recuerda que no debes aceptar ningún empleo sin dar antes a tu jefe la oportunidad de efectuar una contraoferta. Y utiliza tu voluntad de quedarte donde estás para negociar las condiciones de tu nueva situación.

¿Qué ocurre si enojas a tu jefe al usar otra oferta como baza en la negociación? Es una preocupación lógica. Si la oferta es creíble (es buena y se la comentas a tu jefe si no quiere negociar para que te quedes), no corres ningún riesgo. Tu nueva oferta es mejor que tu MAAN (tu trabajo actual). Si tu jefe decide retenerte, mejor. Ahora bien, no es nunca una buena idea cerrarse puertas, así que haz siempre tu propuesta de forma amistosa. Lanzar ultimátums suele salir mal.

Si tu nueva oferta no iguala tu situación actual (si no la quieres realmente y sólo la usas para reforzar tu postura), no tienes una base tan sólida. Esto no significa que no debas conseguir la otra oferta ni guardarla en secreto si la tienes. Pero debes ir con cuidado al presentarla a tu jefe (no como una amenaza o como un arma para lograr que haga lo que quieres, sino como un factor que debe tenerse en cuenta en un proceso de toma de decisiones sobre tu futuro (este aspecto se comenta más extensamente en el Capítulo 14, «El factor agradabilidad»). Puedes abordar la discusión de varias formas:

- «No quiero que te enteres por medio de rumores de que he recibido una oferta de trabajo de otra empresa. No he decidido qué voy a hacer y me gustaría que me aconsejaras. ¿Te importaría que comentáramos mi sueldo?»
- «He recibido otra oferta y no sé qué hacer. Querría quedarme pero no estoy segura de si entro en los planes futuros de la empresa. Me gustaría comentarlo contigo.»
- «He recibido otra oferta pero me encanta trabajar aquí. ¿Qué posibilidad hay de hacer algunos cambios? ¿Podríamos hablarlo?»
- «Dudo si aceptar o no la otra oferta que he recibido. ¿Podría aconsejarme qué necesito para progresar aquí?»
- «Esta otra oferta tiene varias cosas atractivas. ¿Puede concederme la empresa algunas de ellas?»

Por desgracia, en algunas situaciones no funciona ninguna de estas tácticas. Aunque en algunos ámbitos conseguir ofertas de otras empresas como táctica negociadora es un método consagrado, respetado y sin importancia, en otros es una propuesta más arriesgada. Cuando una empleada les explica que ha recibido otra oferta, algunos supervisores señalan la puerta sin dudarlo y la despiden deseándole suerte (y con un «Y cierra la puerta al marcharte»). Los directores expertos suelen tener asimismo buen olfato, y saben cuándo esa otra oferta es una mera estratagema que se usa para tener una base más sólida para negociar pero que no se considera en serio. En estos casos, si en realidad no quieres irte, utilizar otra oferta puede ser una táctica arriesgada. Pero si otra empresa quiere contratarte y de verdad no sabes qué hacer, decírselo a tu jefe puede incitarle a intentar que te quedes. Tendrás que valorar cuidadosamente tus circunstancias y proceder en consecuencia.

Saca músculo

A veces no tienes suficiente poder de negociación para conseguir enseguida lo que quieres. Tal vez no tengas todas las cualificaciones necesarias o haya algo que te haya impedido demostrar lo que puedes hacer, de modo que pareces menos capaz de lo que eres en realidad. O no te falta ninguna aptitud ni cualificación, pero no has alcanzado los niveles de rendimiento necesarios para ascender. Incluso puede que no hayas logrado el rendimiento deseado debido a limitaciones inherentes a tu organización.

Para mejorar tu posición, retrocede desde donde quieres llegar hasta tu situación actual. ¿Necesitas más años de experiencia, otro tipo de experiencia o algún tipo de formación adicional? Averigua si puedes hacer algún curso, universitario o de cualquier otro tipo, que te permita redondear tu currículum. ¿Formas parte de un equipo que posee miembros poco eficientes, y se evalúa tu trabajo exclusivamente por vuestro rendimiento global? Habla con tu supervisor para que se establezcan criterios de evaluación que tengan en cuenta las aportaciones individuales de cada miembro del equipo. O reúne a tu equipo para pensar juntos formas de mejorar vuestra productividad global. Si crees que esto no funcionará, pide que te cambien a otro equipo en el que tengas más oportunidades de mostrar lo que puedes hacer. Si tienes que demostrar tu capacidad de liderazgo, ofrécete a llevar a cabo un proyecto impopular, acepta coordinar un evento especial u ofrécete como voluntaria para trabajar con un cliente difícil que es importante para tu empresa. Además de darte la oportunidad de demostrar lo que vales, harás méritos por tu compromiso adicional. Sé imaginativa, piensa en tu futuro a largo plazo y no sólo en el inmediato, y recuerda que cualquier forma en la que puedas aumentar lo que vales para tu empresa aumenta también tu poder para negociar lo que quieres, sea lo que sea.

Sandy – La empleada emprendedora

Sandy era directora de desarrollo de una organización sin ánimo de lucro de un pequeño estado del sur de Estados Unidos. Su trabajo consistía en solicitar subvenciones a organismos oficiales y donaciones a personas individuales y a empresas. Le había ido bastante bien, pero jamás había conseguido cantidades realmente importantes. Le daba la impresión de que su carrera profesional se estaba estancando.

Tras hablarlo con algunos colegas, llegó a la conclusión de que su principal problema era que poseía unos contactos limitados fuera de su región y muchas de las organizaciones que hacían las donaciones más elevadas estaban muy lejos. Para obtener esos importes, tenía que visitarlas y comentarles en persona las necesidades de su organización. Así que preguntó a su jefe si podía invertir una pequeña cantidad de dinero del presupuesto en viajes, aduciendo que las ganancias de lograr subvenciones y donaciones más grandes compensarían con creces su coste. A su jefe le pareció buena idea, pero no disponía de recursos suficientes.

Sandy le dio vueltas a la idea y decidió invertir dinero y tiempo propios en viajes. Se tomó una semana de vacaciones y se fue a Nueva York, donde, además de ver a su hermana, dedicó cuatro días a visitar fundaciones antes de desplazarse en tren a Washington para reunirse con varios organismos oficiales. Unos meses después, visitó a su mejor amiga de la primaria, que vivía en Seattle, y se puso en contacto con un par de empresas que efectuaban donaciones. También se fue de vacaciones a Los Ángeles y combinó la playa con unas cuantas visitas a posibles fuentes de financiación. Después de cada reunión, efectuaba llamadas de seguimiento y enviaba correos electrónicos y recortes de prensa sobre la aportación de su organización a la comunidad. A los catorce meses de su primer viaje a Nueva York, había conseguido una cantidad total de ingresos que doblaba el presupuesto de su organización. Entonces, Sandy convenció a su jefe de que incluyera una partida para viajes en el presupuesto del año siguiente y negoció un ascenso y un aumento salarial para ella. En menos de tres años, aumentó un 27% su sueldo y empezó a recibir ofertas de trabajo de otras organizaciones sin ánimo de lucro.

Ileana – Se vuelve fundamental

Ileana trabajaba como diseñadora en una pequeña empresa de diseño gráfico. Los dos socios fundadores de la empresa se encargaban de todos los diseños importantes y le dejaban a ella el trabajo rutinario: maquetar propuestas y diseñar los catálogos y las memorias anuales de la empresa. Ileana se planteaba buscar otro trabajo, pero no sabía muy bien lo que quería. Un día, al hojear la cartera de clientes en busca de información sobre contactos perdidos, algo captó su atención. Varios clientes habían pedido hacía poco el diseño de un sitio web, pero como la empresa no disponía del personal técnico necesario para este tipo de trabajo, los socios los habían remitido a un consultor.

A Ileana le entusiasmaba la informática. Estaba suscrita a varias revistas especializadas, era una de las primeras en adoptar las últimas novedades tecnológicas y le encantaba revisar a fondo los programas informáticos y descubrir todo lo que podía hacer su ordenador. También le gustaba comprar y navegar por Internet, y tenía una opinión formada sobre lo que hacía que un sitio web fuera eficaz y fácil de usar. Creía que no le costaría nada aprender a convertir un diseño en un sitio que funcionara.

A través de Internet, Ileana averiguó que los presupuestos para el diseño y el mantenimiento de sitios web aumentaban más deprisa que los de cualquier otra categoría de diseño, y que cada vez más empresas de diseño gráfico se dedicaban a este lucrativo trabajo. También encontró un curso de programación de sitios web, de dos semestres de duración y que parecía excelente, en una escuela politécnica de su localidad. Ileana preguntó a los socios si le pagarían la matrícula aduciendo que, con ello, ampliarían los servicios que ofrecía la empresa y que el coste sería mucho menor que externalizar este tipo de trabajo cada vez que lo pedía un cliente. Los socios aceptaron, y todo fue tan bien que al cabo de un año, la habían nombrado directora de programación de diseños web mientras que la empresa ofrecía activamente el diseño de sitios web como una de sus especialidades. (No nos dijo cuánto, pero también le aumentaron mucho el sueldo.)

Aumento de poder

Una parte fundamental de sentar las bases de una negociación consiste en determinar las diversas formas en que aportas valor a un empleador, un socio o un cliente. Eugene Carr, fundador y presidente de Patron Technologies, una empresa estadounidense de marketing por e-mail para organizaciones artísticas, asegura que, a lo largo de su carrera, ha tenido en su empresa a muchas más mujeres que hombres que valoren «la satisfacción laboral, el crecimiento personal, el compañerismo, un jefe al que respeten y un objetivo en el que creen» como aspectos importantes de su trabajo. Eugene está convencido de que el compromiso de las mujeres con estos intangibles las convierte en unos empleados excelentes: es más fácil trabajar con ellas, es más probable que disfruten con lo que hacen y muestran una mejor actitud hacia el trabajo en equipo. Para Eugene, sin embargo, pocas mujeres son conscientes del valor de estas características y, debido a ello, subestiman su valor para la empresa. Cuando determines tu poder de negociación, es crucial que recuerdes que el valor procede de una combinación de factores cuantificables (lo que aparece en tu currículum) y de intangibles como los que describe Eugene Carr. Y no olvides que el poder no es estático. Puedes trabajar activamente para aumentar el tuyo, y deberías hacerlo cuando sea posible.

Tercera fase

Prepárate

9

Apunta alto

Gwen trabajó seis años como directora comercial de unas bodegas del estado de Nueva York. En ese tiempo, las ventas de vino se multiplicaron por tres, el personal fijo pasó de once a veintiséis personas, y las bodegas ganaron dos premios en concursos vinícolas internacionales. Dado lo bien que le iba a la empresa y lo mucho que habían aumentado sus responsabilidades, Gwen creía que podía pedir un aumento de sueldo del 10% en lugar del 3% que le concedían cada año. Pero le gustaba el trabajo y no quería arruinar las cosas pidiendo un sueldo absurdo. Como no sabía qué hacer, investigó un poco en Internet y llamó a algunos de los contactos que había hecho en los concursos vinícolas. Averiguó así que los directores comerciales de bodegas californianas pequeñas, comparables a las suyas, ganaban más del doble que ella.

Como los vinos de Nueva York no son los de California, le pareció que pedir el doble sería excesivo. Así que, tras dudarlo mucho, decidió pedir un aumento del 25%. El propietario no lo dudó: «Tienes toda la razón. Haces muchas más cosas que aquéllas para las que te contratamos. Prácticamente diriges la empresa.» (Muchísimas mujeres nos han contado que su jefe les dijo que prácticamente dirigían la empresa.) Aunque el cumplido y el aumento la colmaron de satisfacción, al ver que el propietario aceptaba tan gustoso aumentarle un 25% el sueldo, Gwen se preguntó si le habría concedido más si se lo hubiera pedido.

Pide más y obtendrás más

El temor a sobrevalorar lo que valen, a deteriorar una buena relación o a hacer un ridículo espantoso limita lo que muchas mujeres intentan conseguir al negociar. Los estudios efectuados demuestran sistemáticamente que existe una correlación directa entre tus expectativas (lo que pides en una negociación) y lo que obtienes. Por lo general, las mujeres apuntan demasiado bajo. Este fenómeno se produce en todas las profesiones y a todos los niveles. Incluso las mujeres más exitosas suelen subestimar el valor de sus aptitudes y su experiencia.

Se trata de algo sencillo pero fundamental: una de las cosas más determinantes en el éxito de una negociación ocurre antes de que abras la boca, antes incluso de que entres en la habitación. Así que si tu voz interior te dice que lo que quieres es «demasiado», asegúrate de que no está muy por debajo de lo que es realista y adecuado. Si no te has fijado unas expectativas lo bastante altas, habrás perdido media batalla antes de empezar a hablar. Si empiezas con la aspiración de conseguir menos, seguro que conseguirás menos.

Los negociadores que establecen expectativas más altas obtienen mejores resultados, en primer lugar porque sus peticiones iniciales son superiores a las de las personas que fijan expectativas más bajas, de modo que no descartan ellas mismas lo máximo que es posible conseguir. Si Gwen hubiera pedido el aumento del 10% como había planeado al principio, es difícil que el propietario de las bodegas hubiera insistido en concederle el 25%. Si pides menos, no es nada habitual que tu jefe te conceda más.

Hacer una petición inicial más elevada define asimismo los parámetros del resto de la negociación. Si estás negociando la compra de un coche y empiezas ofreciendo al vendedor 500 dólares por debajo del precio marcado, le indicas que estás dispuesta a pagar un precio bastante próximo a ése. Si, en cambio, le ofreces 3.000 dólares menos, le indicas que quieres conseguir un trato mejor. Es probable que un vendedor rebaje sólo 100 o 150 dólares a un comprador que ofrece 500 dólares menos que el precio marcado, y que le asegure que no puede descontarle más. Si el comprador hace una primera oferta más agresiva, el vendedor sabe que si no hace una buena contraoferta, se arriesga a que el cliente se vaya a otro concesionario. Pero ofrecer 10.000 dólares por un vehículo de 30.000 dólares no es una estrategia efectiva, por supuesto. Tus expectativas deberían ser ambiciosas, pero no imposibles. Unas expectativas poco realistas no te permitirán llegar demasiado lejos.

Apuntar alto a lo largo de la vida

Dos colegas abordan las negociaciones de forma distinta: uno establece siempre expectativas altas al negociar su aumento anual de sueldo, y el otro, más bajas. El que siempre apunta alto obtiene aumentos del 4,3% de media al año. El que establece expectativas más bajas, logra aumentos del 2,7% de media. Si los dos empezaron ganando 35.000 dólares a los veintidós años, cuando cumplan sesenta y cinco, el que apuntó alto ganará 213.941 dólares mientras que el que siempre fijó expectativas más bajas sólo ganará 110.052 dólares (103.889 dólares menos). Además, la persona que siempre apunta alto habrá ganado 1.485.603 dólares más entre los veintidós y los sesenta y cinco años. Si invirtió la diferencia a un interés del 3%, habrá ahorrado 2.120.730 dólares adicionales.

Jan – No tenía ni idea de lo que valía

Jan era la gobernanta de un hotel de lujo en las Bermudas. Este trabajo es fundamental para un hotel de esta categoría, e implica la supervisión de cientos de trabajadores poco cualificados, largas jornadas de trabajo, horarios ajustados, inventarios enormes (ropa blanca, jabón, champú, loción para las manos, productos de limpieza, uniformes) y poco, o ningún, margen de error. El sector de los hoteles de lujo es reducido en las islas Bermudas, y cuando alguien es bueno todo el mundo lo sabe. Y Jan era muy buena, de modo que los hoteles rivales intentaban contratarla. Como estaba contenta donde estaba (tenía una MAAN muy fuerte), sólo aceptaría cambiar de trabajo a cambio de un aumento importante de sueldo. Así que cada vez que le hacían una oferta, aseguraba que iba a pedir una cantidad desorbitada de dinero por encima de lo que cobraba entonces, y cada vez su marido, que era director general de un hotel, le aconsejaba que pidiera el doble. Cada vez, Jan seguía el consejo de su marido, y cada vez conseguía lo que había pedido. Y siempre que decía a su jefe que se iba a otro hotel, éste igualaba la oferta y la convencía para que se quedara. En seis años, aumentó su sueldo en 36.000 dólares. (Un director general le dijo que ganaba más que él.) Jan, que era una auténtica estrella en su profesión, seguía subestimando lo que valía, y por lo tanto, lo que debía pedir. Incluso cuando se reunió con Sara para contarle su historia, no podía creerse que le remuneraran tan bien su trabajo.

Eres buena, estás preparada, lo mereces

Tal vez te preguntes por qué estamos dedicando un capítulo entero a la importancia de establecer unas expectativas altas. Parece una idea bastante evidente: cuanto más altas son las expectativas, mejor resultado se obtiene. Lamentablemente, no es tan sencillo para muchas mujeres. Somos inteligentes y trabajadoras, y sabemos que hacemos un buen trabajo, pero seguimos encontrando toda clase de motivos para cuestionar si merecemos más de lo que ya tenemos.

La molesta vocecita nos dice: «Si realmente merecieras más, ya te lo habría dado alguien.»

Nos dice: «Sí, es verdad que trabajas mucho, pero mucha gente lo hace.»

Nos dice: «¿Por qué crees que deberías tener más que los demás?»

Casi nadie, hombre o mujer, es inmune a la falta de confianza en uno mismo, por supuesto. Todos, en algún momento, nos cuestionamos si merecemos lo que queremos. Pero las mujeres suelen hacerse esta pregunta con mucha más frecuencia que los hombres. En los estudios efectuados, se demuestra que las mujeres poseen un nivel bajo de lo que los psicólogos denominan sentimiento de merecimiento.

Así por ejemplo, en un estudio se pidió a estudiantes de empresariales que predijeran el sueldo que ganarían al iniciar su carrera profesional y en su momento cumbre, es decir, el año que ganaran más. Aunque las mujeres del grupo estaban igual de cualificadas que los hombres, el sueldo inicial que esperaban ganar era un 11,5% inferior al que los hombres calculaban obtener, y el sueldo máximo que esperaban percibir, un 24% inferior al de los hombres. Y, en otro estudio, los investigadores compararon lo que los hombres y las mujeres calculaban que sería un sueldo justo para diversos trabajos, y averiguaron que los cálculos de las mujeres eran un 4% inferiores a los de los hombres para el primer trabajo y un 23% inferiores para el sueldo en el momento cumbre de su carrera. No es que las mujeres creyeran tener menos talento ni potencial. Simplemente, subestimaban el valor de sus capacidades y lo que sus posibles empleadores estarían dispuestos a pagarles.

En el Capítulo 6, describimos un estudio en que se pidió a diversos estudiantes universitarios que repasaran expedientes ficticios de solicitud de ingreso y se pagaran después a sí mismos por el trabajo que habían hecho, y vimos que el resultado era que los hombres se pagaban un 63% más de media que las mujeres. Pues bien, se han efectuado estudios parecidos con colegiales. En ellos, se pedía a los niños que hicieran alguna tarea sencilla y se pagaran después lo que creían merecerse (los de seis años, cobraban chocolatinas). Los resultados demostraron que las mujeres empiezan muy pronto a tener un nivel bajo de sentimiento de merecimiento. Las niñas de seis a dieciséis años se pagaron entre un 30% y un 78% menos que los niños varones.

Petra – No sabía si su jefa creía que estaba preparada

Petra trabajaba para su amiga Naomi, que poseía una empresa dedicada a organizar bodas y eventos en las zonas residenciales del norte de la ciudad de Washington. El negocio iba muy bien, y Petra sabía que su aportación era importante: Era meticulosa, organizada y tenía un gran don de gentes, lo que facilitaba el trato con los clientes y con los contactos de los distintos locales (hoteles, salones de banquetes, edificios históricos) donde Naomi y ella montaban los eventos.

Después de trabajar cinco años para Naomi, Petra se casó y se trasladó al sur, a una ciudad de Virginia situada a una hora en coche de la oficina. Se le ocurrió entonces que Naomi podría abrir una segunda oficina en Virginia y, tras indagar un poco, se convenció de que había suficiente demanda. Y creía que ella podría dirigirla, porque había montado más de cien eventos y había llevado la oficina cuando Naomi estaba de vacaciones. Pero le daba miedo preguntárselo.

Naomi podía pensar que no era el momento adecuado o que no tenía suficiente dinero, pero lo que más angustiaba a Petra era que Naomi le dijera que no confiaba en que pudiera encargarse ella sola de la oficina. Entonces se sentiría humillada, tendría que dejar el trabajo, se echaría a perder su amistad y su carrera se iría al garete. Y, aunque Naomi no era la clase de persona que humillaba a los demás, no hizo nada.

Cuando llevaba catorce meses viviendo en Virginia, conoció en una fiesta a alguien que le pidió que organizara un evento enorme en Richmond. Al comentárselo a Naomi, Petra añadió, vacilante, que deberían abrir una oficina en Virginia y que tal vez ella podría dirigirla.

No tuvo que insistir. Naomi exclamó encantada que ampliar el negocio era su siguiente meta. A Petra le había preocupado tanto que no la creyera suficientemente cualificada que no se había planteado la posibilidad de que su idea permitiera a Naomi lograr un objetivo personal, de modo que pudiera agradecer su sugerencia en lugar de rechazarla.

Tamlyn - ¿Haces más? Cobra más

Tamlyn trabajaba en las oficinas administrativas de una gran prestadora de servicios sanitarios. Cuando su jefa, Marie, se tomó la baja por maternidad, el supervisor de la oficina pidió a Tamlyn que ocupara su puesto sin dejar de hacer su trabajo. Para ello, Tamlyn se veía obligada a quedarse a trabajar hasta muy tarde, incluidos los fines de semana. Como dedicaba tantas horas y asumía tantas responsabilidades, pensó que podría pedir una gratificación, o tal vez una o dos semanas de vacaciones adicionales cuando su jefa volviera al trabajo. Según tenía entendido, la organización solía recompensar a los empleados que tenían un rendimiento elevado. Pero su supervisor no le ofreció ninguna retribución adicional, y sospechaba que era porque su rendimiento no era lo bastante bueno. Sabía que no hacía el trabajo de Marie tan bien como ella, ni como lo haría ella misma si las exigencias de su propio puesto no le quitaran tanto tiempo. Y, por la misma razón, tampoco hacía su trabajo tan bien como de costumbre. Así que decidió olvidarse del asunto. Después de todo, Marie volvería en pocos meses.

Como Tamlyn, muchas mujeres se exigen unos niveles de rendimiento muy poco realistas. Evidentemente, hacer un buen trabajo es admirable, importante, y constituye un objetivo general. Pero, a veces, se nos pide otra cosa: que hagamos más en lugar de mejor. Esto era así en el caso de Tamlyn, y se merecía una recompensa por asumir más responsabilidades y trabajar tantas horas adicionales. Como no era una situación permanente, no podría haber negociado un aumento de sueldo permanente, pero habría sido perfectamente adecuado pedir algún tipo de gratificación como recompensa por los seis meses en que tuvo que desempeñar las dos funciones.

Básate en los hechos

En muchos casos, las mujeres no piden todo lo que pueden obtener porque desconocen el mercado: no saben lo que reciben los demás. Este problema es especialmente grave en sectores que carecen de criterios salariales fijos y conocidos. Una de las alumnas de Linda descubrió que la diferencia entre el sueldo medio de los hombres y de las mujeres en sectores sin una estructura salarial estandarizada es más de tres veces mayor que la existente en sectores cuyas escalas salariales son públicas y conocidas. Las mujeres también corren un mayor riesgo de infravalorarse cuando trabajan en situaciones únicas en las que puede ser difícil establecer comparaciones.

En todos los casos, la solución consiste en reunir toda la información posible. Si trabajas en un sector sin estructuras salariales estandarizadas ni datos fácilmente disponibles, averigua en quién puedes confiar, invita a algunas personas a almorzar e ingéniatelas para averiguar lo que necesitas saber. (Consulta los Capítulos 6 y 7.) Pero asegúrate de que te comparas con las personas adecuadas. No caigas en la trampa de compararte sólo con otras mujeres (seguimos ganando sólo tres cuartas partes de lo que ganan los hombres) o con mujeres que son tus iguales socialmente pero que no tienen por qué estar profesionalmente a tu mismo nivel. Averiguar lo que reciben personas con las que te puedes comparar (que hacen un trabajo parecido con una experiencia similar a la tuya) te permitirá combatir la tendencia a infravalorarte. No hay nada como las pruebas sólidas para incitarte a establecer unas expectativas adecuadas e iniciar la negociación segura de que te mereces lo que quieres.

Necesitas más información

En un estudio se pidió a los participantes que negociaran por parejas el precio de un objeto, de modo que un miembro de la pareja hacía de comprador y el otro, de vendedor. Entre los compradores que carecían de información sobre el precio típico del objeto, las mujeres pagaron un 27% más de media que los hombres. Pero cuando los compradores poseían información sobre el valor aproximado del objeto, la diferencia se redujo considerablemente (aunque no del todo), y las mujeres pagaron sólo el 8% más de media que los hombres.

Nina – Mejor currículum pero pide lo mismo

Nina era psicóloga infantil y pedagoga. Mientras buscaba un trabajo de jornada completa, aceptó un trabajo temporal en una escuela de primaria como sustituta de una profesora de párvulos que iba a estar tres meses de baja por una intervención quirúrgica. Como las clases eran sólo por la mañana, y la profesora habitual había preparado el programa curricular, Nina tenía las tardes libres. Para completar su sueldo, que no era demasiado bueno, respondió al anuncio de una amiga de Sara en que solicitaba una niñera a tiempo parcial para que recogiera a sus dos hijos en el colegio, jugara con ellos, los ayudara con los deberes y les diera la cena antes de que su marido y ella llegaran a casa a las siete. Nina llevó a la entrevista su expediente universitario y las recomendaciones de sus profesores y de otras familias para las que había trabajado. Gustó inmediatamente a los niños, y la amiga de Sara le ofreció el trabajo al instante. Entonces preguntó a Nina cuánto quería cobrar. Como Nina no sabía qué cobraban las niñeras, pidió lo que le pagaban por hacer de canguro: 10 dólares la hora. La amiga de Sara se echó a reír y le comentó: «Volvamos a intentarlo. Las niñeras suelen cobrar 15 dólares la hora, y la mayoría no tiene ninguna formación. Tú eres psicóloga infantil y profesora titulada, y tienes que conducir una hora para venir aquí. Vas a hacer los deberes con mis hijos, no sólo a cambiarles los pañales. Por lo general no insisto en pagar a la gente más de lo que pide, pero no quiero aprovecharme de ti.» Nina, desconcertada, pidió 20 dólares la hora, y la madre sentenció: «Mucho mejor. ¿Qué te parecen 17?»

Negocia para ti como lo harías para otra persona

Cuando se publicó *Las mujeres no se atreven a pedir*, nuestro editor nos envió de gira para promocionar el libro. A lo largo de cinco semanas, visitamos ocho ciudades. Hablamos con asociaciones profesionales de mujeres, hicimos lecturas en librerías y hablamos sobre el libro por radio y televisión. Cuando llegamos a Los Ángeles, Linda estaba agotada, se había quedado sin voz y tenía fiebre. Por suerte, se había criado en Pasadena, cerca de esa ciudad, y se quedó con su madre durante esa parte de la gira. La mañana después de nuestra llegada, la madre de Linda llamó a su médico para que recibiera a Linda en su consulta. La recepcionista que contestó dijo que el doctor tenía todas las horas ocupadas e iba a serle imposible atenderla. En lugar de aceptar esta negativa, la madre de Linda pidió hablar con la enfermera. Ésta le explicó que uno de los médicos de la consulta estaba fuera ese día y que era imposible hacerle un hueco a Linda. Pero la madre de Linda, se siguió negando a aceptar esta respuesta y pidió hablar con el médico. La enfermera le pasó la llamada a regañadientes y, como la madre de Linda era paciente suya desde hacía muchos años, el médico accedió enseguida a visitar a Linda. La madre de Linda se había mantenido agradable y educada durante todas las fases de este proceso, pero no había cedido.

Linda está segura de que si quien hubiera estado enferma hubiera sido su madre, la negociación se habría interrumpido en cuanto la recepcionista le dijo que no al principio. Pero como era su hija quien estaba enferma, había insistido hasta convencer a alguien de que hiciera lo que quería.

Hay otra cosa importante en este relato. A la madre de Linda no le preocupaba que Linda no tuviera derecho a recibir un trato especial. Pero seguro que se lo habría planteado si la visita hubiera sido para ella misma.

Las mujeres saben lo que valen los demás

En un estudio se pidió a un grupo de estudiantes que anotaran una serie de opiniones sobre cuestiones relacionadas con el campus. La mitad tenía que indicar cuánto creía que debería cobrar por el trabajo, la otra mitad cuánto creía que otra persona debería cobrar por hacer el mismo trabajo. Las mujeres se pagaban mucho menos que los hombres (un 19%). Pero pagaban más a los demás (más o menos lo que los hombres se pagaban a ellos mismos). Esto nos indica que las mujeres suelen determinar con exactitud el valor de una tarea siempre que la realice otra persona. Pero cuando intentan calcular el valor de su propio trabajo, se inmiscuye la falta de confianza en ellas mismas.

En *Las mujeres no se atreven a pedir* incluimos la siguiente historia, que queremos repetir ahora porque es muy reveladora. Gabriella, de cincuenta años, era directora general de una destacada orquesta sinfónica. Solía negociar en nombre de la orquesta con sindicatos de músicos, fundaciones benéficas, compañías discográficas y salas de conciertos. Era conocida y respetada como una negociadora dura y hábil. Sabía que se le daba bien su trabajo y que era muy valiosa para la organización. Aún así, era incapaz de pedir al consejo de administración de la sinfónica lo que creía que sería un aumento justo de sueldo. Cada año presentaba al consejo una lista con los salarios que ganaban los directores generales de otras orquestas, y cada año aceptaba lo que se le ofrecía. Aunque creía que la respetarían más si les dijera algo (imaginaba que se preguntaban si sería buena negociando para la orquesta cuando no sabía negociar para ella misma), era incapaz de hacerlo.

Puede que esta historia resulte difícil de creer, pero Gabriela no es la única que se angustia al tener que negociar cosas para ella. Muchas mujeres negocian de forma mucho más eficaz para otras personas (establecen expectativas más altas, defienden los aspectos positivos de su caso y se resisten a hacer concesiones) que para ellas mismas. Esto es válido tanto para las mujeres jóvenes, menos expertas, como para las mujeres muy prósperas que se hallan en la cumbre de su carrera. Uno de los estudios de Linda analizaba específicamente a altas ejecutivas del sector privado y público (presidentas, directoras generales, supervisoras de operaciones, directoras de finanzas, jefas de sucursal). Cuando negociaban para otra persona, cerraban acuerdos que eran un 18% mejores de media que los que aceptaban cuando negociaban para ellas mismas. Los hombres, en cambio, negociaban acuerdos igual de buenos para ellos que para los demás.

Cuando eres consciente de tu capacidad de fijar expectativas más adecuadas para los demás, es más fácil que lo hagas para ti. Pregúntate qué objetivos fijarías si estuvieras negociando para tu hermana o para tu mejor amiga. ¿Cuánto creerías que merecería? Si estuvieras negociando para tu hija, para una colega a quien respetas o para una protegida tuya, ¿te parecería distinta la situación? ¿Cuánto creerías entonces que sería justo? Es probable que apuntaras mucho más alto. Detente a analizar objetivamente tu situación. Si te resulta difícil, pide a una amiga o una colega que admira tu trabajo que intervenga. De este modo deberías poder hacerte una idea más precisa sobre lo que merece una persona con tus aptitudes, años de experiencia y cualificaciones. Deberías sentirte con derecho a pedir más de lo que quieres, decidirte a establecer expectativas más altas y poder mantenerte firme e insistir para lograr lo que te mereces.

Eleanor – Está bien para mi marido pero no para mí

Eleanor estaba casada y tenía dos hijos. Su marido y ella trabajaban a jornada completa: Eleanor, que era pediatra, trabajaba hasta muy tarde dos días a la semana y estaba de guardia un fin de semana al mes, y su marido, asesor de dirección, trabajaba entre sesenta y setenta horas a la semana, y viajaba sin cesar. Todos los años, en agosto, el marido de Eleanor se iba tres semanas a pescar con sus hermanos a Canadá. Y aunque esos días eran más difíciles para ella, Eleanor lo aceptaba porque siempre volvía de un humor excelente, mucho más relajado y lleno de energía.

Pero cuando un grupo de amigas de la universidad propuso a Eleanor pasar cinco días en un *spa* de Arizona, la situación no le pareció tan clara. Le apetecía ir, y sabía que le iría bien un respiro. Pero le sabía mal dejar a su marido solo con los niños, y el *spa* era caro. ¿Cómo podría justificar semejante despilfarro? Y, sobre todo, no quería alejarse tanto tiempo de sus hijos, que siempre ansiaban pasar más rato con ella. Así que decidió no ir.

Eleanor consideraba que su marido trabajaba mucho y merecía practicar su deporte favorito, la pesca, durante unos días, como todos los años. Además, esas pequeñas vacaciones no sólo eran buenas para él, sino para toda la familia. Pero no veía que ella también merecía y necesitaba un respiro, y que toda la familia se beneficiaría si prestaba atención a su salud física y emocional de vez en cuando.

No se trata de cuánto necesitas; se trata de cuánto vales

Pero ¿y si tus necesidades son modestas o te va bien con lo que ya ganas? ¿Tienes que establecer unas expectativas altas? ¿Es realmente necesario conseguir todo lo que puedas? En la mayoría de casos, la respuesta sigue siendo sí. Deberías apuntar alto al negociar tu sueldo porque no es sólo cuestión de dinero. Tu sueldo, además de permitirte pagar las facturas, sirve para medir tu progreso profesional y es una fuente importante de información sobre tus capacidades. Las empresas utilizan las retribuciones de las personas que solicitan un trabajo para valorar su talento y su potencial. Si hay dos candidatos con cualificaciones parecidas, la empresa puede llegar a la conclusión de que la persona que siempre ha cobrado más es mejor. Como la mayoría de nosotras, las empresas suelen suponer que la opción más «cara» es superior a la más «barata». (Una profesora particular de matemáticas nos contó que cuando subió sus tarifas de 40 a 80 dólares la hora, la cantidad de alumnos que tenía se multiplicó por dos. Como era más cara, los padres de la zona suponían que era mejor.) Si no ganas lo que vales, te arriesgas a no comunicar con exactitud cuáles son tus capacidades. Si aceptas cobrar de forma permanente menos de lo que debes, puedes estar, sin darte cuenta, impidiéndote aprovechar las oportunidades que se te presenten.

Frances – Tengo mucho

Poco después de terminar un posgrado en planificación urbanística, Frances recibió una oferta de trabajo de una organización sin ánimo de lucro dedicada a desarrollar y gestionar viviendas para personas con ingresos bajos. Cuando el director ejecutivo de la organización le propuso un sueldo inicial de 48.000 dólares, Frances lo aceptó sin negociar.

Poco después de empezar a trabajar, la secretaria del director ejecutivo fue a verla a su despacho y, tras cerrar la puerta, le explicó que Evan y José, dos empleados contratados al mismo tiempo que ella, cobraban mucho más.

La secretaria contó a Frances que los dos hombres habían negociado para conseguir un sueldo más alto antes de aceptar el empleo, y la animó a hablar con el director ejecutivo para que le equiparara el sueldo con el de ellos dos. Pero Frances no estaba convencida. Creía que su sueldo estaba bien para empezar al salir de la universidad. Podía vivir bien, y le parecía que pedir más a una organización que se dedicaba a ayudar a gente pobre era pecar de codiciosa. Quizás Evan y José estaban mejor cualificados y merecían cobrar más que ella.

La secretaría insistió en que no era así. Puestos a decir, Frances era la más cualificada de los tres. Sin duda, su contratación era la que más entusiasmo había despertado en el director ejecutivo. Y sentenció: «Creo que es simplemente que ellos pidieron más y tú no.»

Frances le dio vueltas a esta información durante semanas sin saber qué hacer. Al final, decidió no pedir la revisión de su sueldo. No se le ocurrió pensar que, cuando solicitara su siguiente trabajo, el sueldo que había aceptado en éste figuraría entre los datos que tendría en cuenta su futura empresa.

Da igual lo que te baste para vivir, ¿qué te encantaría conseguir?

Una de las consecuencias agradables de escribir nuestro último libro es que recibimos mucha correspondencia de mujeres que quieren contarnos negociaciones que fueron un éxito. Estas singulares historias han revelado la amplitud de cuestiones que las mujeres han intentando cambiar, y nos han permitido atisbar las formas en que nuestras lectoras han rehecho sus vidas al liberarse de sus antiguas limitaciones y dudas. Todos los aspectos de tu vida son susceptibles de ser transformados a través de la negociación. Así que en lugar de preocuparte por si pides demasiado, empieza a pensar en lo que realmente quieres. Reflexiona sobre lo que te encantaría, no en lo que estás dispuesta a aceptar, en lo que te haría sentir estupendamente bien, no en lo que sabes que es una apuesta segura. Repasa las esperanzas y los objetivos que identificaste en el Capítulo 2. Plantéate si puedes revisar al alza algunos de esos objetivos, si algún deseo que te parecía descabellado al empezar este proceso representa, en realidad, menos de lo que puedes conseguir. La clave está en que seas ambiciosa y te comprometas a lograr tu objetivo.

NO	SÍ
«Me las arreglaré con un poco más al mes.»	«Voy a pedir el doble porque es lo que valgo.»
«Es probable que no pongan objeciones a un 5% más.»	«Voy a pedir un 10% más porque eso me haría sentir que reconocen mi trabajo y mi dedicación.»
«Sé que puedo conseguir este ascenso sin herir susceptibilidades.»	«Quiero un cargo que me permita demostrar todo lo que puedo hacer.»
«Solicitaré ese trabajo; todo el mundo sabe que puedo hacerlo.»	«Estoy preparada para avanzar; ¿qué me gustaría intentar?»
«Es probable que acepten hacer el trabajo por un 5% menos de lo que piden.»	«A ver si me descuentan un 15% del precio.»
«Estoy segura de que mi pareja hará la compra de vez en cuando si se lo pido.»	«Voy a encontrar un reparto realmente justo de las tareas del hogar.»
«Se me da bastante bien este trabajo.»	«¿Dónde puedo aportar más valor? Eso es lo que quiero hacer.»
«Estoy bien remunerada. Mi cargo no importa.»	«¿Qué cargo describiría mis responsabilidades reales y transmitiría la autoridad que necesito para hacer mi trabajo?»
«No puedo pretender que me guste mucho mi trabajo. Por algo lo llaman trabajo.»	«¿Qué sería realmente divertido?»

Comprométete con tu objetivo

Para comprometerte con un objetivo, tienes que creer en él. Puede parecerte imposible pedir un aumento de sueldo del 25% (como Gwen en las bodegas) cuando la mayoría de gente sólo recibe el 3% o 4% al año. Pero no tomes tus decisiones sobre lo que mereces basándote en lo que recibe la mayoría de la gente. Parte de la premisa de que tú no eres la mayoría de la gente. Tú eres tú, tu situación es única, y deberías cobrar lo que vales. Y es probable que sea más de lo que recibes ahora. Repasa las fuentes de tu poder de negociación y recuérdate todas las razones por las que mereces lo que quieres. Estas razones podrían incluir:

- «Llevo cinco años trabajando aquí. Ya no les debo nada.»
- «El sueldo habitual de alguien con mi experiencia es un 10% superior al que recibo.»
- «Soy la única de mi oficina que posee estas aptitudes. Nadie más sabe hacer lo que yo hago.»
- «Tardarían meses en formar a alguien para que hiciera mi trabajo.»
- «Mis clientes me adoran. Siempre encuentro una forma de conseguirles lo que necesitan.»
- «Antes de que yo llegara, mi trabajo tenían que hacerlo dos personas.»
- «Todo el mundo me pide consejo porque sé más que los demás.»
- «Tengo dos títulos universitarios, contactos en mi campo profesional y una excelente reputación.»
- «Soy la única persona del equipo que puede ver tanto la perspectiva global como los detalles de las cosas.»
- «Sentirme culpable no es bueno para mí ni para mis hijos.»

Concéntrate en los aspectos positivos (tus cualificaciones y tu experiencia) y resiste la tentación de dudar de ti misma. Solicita ascensos cuando los merezcas, pide más dinero cuando te pidan que asumas más responsabilidades, y recuerda que la perfección no puede ser el objetivo. Haces todo lo que puedes, y es probable que mucho mejor de lo que crees.

10

EL PODER DE LA NEGOCIACIÓN COOPERATIVA

Hacer preguntas, escuchar atentamente, ser creativa y trabajar conjuntamente para resolver problemas son aptitudes que muchas mujeres poseen. También son aptitudes que permiten a una persona ser un negociador excelente. Cuando la gente colabora para encontrar una solución mutuamente satisfactoria, es más probable que se sienta comprometida con las condiciones de ese acuerdo. Cuando los negociadores se abstienen de competir por el dominio y se dedican a trabajar conjuntamente para solucionar problemas, su relación suele mejorar en lugar de resentirse. Nadie se siente intimidado ni maltratado, y nadie se va enojado de la negociación. Ambas partes (o todas si hay más de dos) acaban conociéndose mejor, se demuestran que están dispuestas a ser flexibles y adquieren confianza mutua.

Pero cuando nos imaginamos negociando, muchas de nosotras pensamos en la clase de interacción descrita en el Capítulo 5. Creemos que, para tener éxito, debemos adoptar una postura extrema, ocultar información a la otra parte y tirar faroles. Tenemos que ser capaces de soportar las intimidaciones, las evasivas y la ira de la otra parte sin titubear. Deberíamos estar preparadas para lanzar ultimátums y mantenernos firmes incluso cuando consideramos que, con nuestra actitud, estamos haciendo que la otra parte se sienta frustrada o descontenta. Muchas de nosotras decidimos no pedir nada en lugar de utilizar estas estrategias implacables y arriesgarnos a arruinar nuestra relación con la persona sentada al otro lado de la mesa de negociación.

La buena noticia es que no tenemos que elegir entre lo que queremos y las relaciones que deseamos proteger. No tenemos que adoptar el estilo «yo gano; tú pierdes» para tener éxito en la negociación. El estilo implacable dista mucho de ser la única forma, o incluso la mejor forma, de lograr lo que quieres. Los últimos treinta años de experiencia negociadora han demostrado que abordar las negociaciones con una actitud de colaboración y de resolución de problemas genera mejores acuerdos que abordarlas como guerras que deben ganarse. Puede que hayas oído hablar de esta estrategia como de una búsqueda de soluciones «gana-gana» o con el nombre de «negociación cooperativa». Aunque no se trata de una idea nueva, es importante y valiosa, y especialmente útil para las mujeres.

Gana-Gana

¿Por qué es mejor la negociación cooperativa que la negociación competitiva? Puede que, sobre todo, porque la negociación cooperativa suele dar mejores resultados, no sólo para ti, sino para ambas partes. Cuando dos personas abordan una negociación con una actitud de colaboración y de resolución de problemas, ambas de ellas obtienen más de lo que cualquiera de las dos obtendría si adoptaran una postura agresiva e intentaran «ganar» la negociación. ¿Cómo es eso posible?

Imagina que un matrimonio joven, Sophia y James, que viven en Los Ángeles, planean juntos su semana de vacaciones en verano. Sophia quiere alquilar una casa en la playa cerca de San Diego, pero James prefiere ir de camping a las montañas de Sierra Nevada. Abordan esta diferencia como una disputa gana-pierde: O bien «gana» Sophia y van a la playa o bien «gana» James y se van de camping. Al final llegan a una solución intermedia: pasarán tres días en la playa e irán después de camping.

Aunque esto pueda ser beneficioso para su matrimonio, no será tan relajante como pasar toda la semana en un mismo sitio. Y ninguno de los dos conseguirá lo que quiere, que es una semana entera en un lugar con todas las características de sus vacaciones soñadas. Supón que, en cambio, Sophia explica a James que quiere ir a la playa porque le encanta nadar, navegar y leer una novela tumbada en la arena. James le cuenta a Sophia que él prefiere las montañas porque hay menos gente y le gusta hacer senderismo. Juntos pueden investigar un poco en Internet y encontrar un lugar de Costa Rica donde ambos pueden tener lo que quieren: una playa (pero no concurrida), nadar, navegar y hacer senderismo. Con esta solución, tanto Sophia como James pueden pasar las vacaciones que desean; ambas partes «ganan». La decisión que toman es mejor para cada uno de los dos que dividir la semana de vacaciones entre dos sitios.

Una vez se han decidido a trabajar juntos para encontrar una solución mutuamente satisfactoria, los negociadores suelen encontrar formas de abordar los intereses de todos. También pueden identificar más recursos, oportunidades y concesiones que pueden utilizar para llegar a un acuerdo que les convenga a ambos. Los expertos en negociación lo denominan «agrandar el pastel».

A continuación encontrarás un ejemplo de cómo funciona. Imagina que Lilly, que es veterinaria, posee y dirige un pequeño hospital veterinario en Estados Unidos. Una cadena nacional del sector le hace una oferta de compra. A Lilly le encanta su consulta, siente que debe ser leal con sus clientes, y no quiere dejar de trabajar. Pero, por otro lado, nunca puede hacer más de una semana seguida de vacaciones porque no encuentra quién la sustituya, y también está harta del papeleo, al que dedica sus horas libres. Si consiguiera el precio adecuado, podría dejar la consulta y llevar a sus hijos, ya adolescentes, un mes a Europa, o a China.

Si Lilly y la cadena nacional negocian únicamente el precio de venta, podrían darse dos casos. Si Lilly vendiera la consulta por su precio mínimo (su valor de reserva), la cadena «ganaría», ya que obtendría su consulta a un buen precio. Si Lilly consiguiera que aumentaran el precio, «ganaría» ella.

¿Pero y si abordan la negociación de otra forma? ¿Podrían «ganar» tanto Lilly como la cadena? ¿Podrían llegar a un acuerdo que ambas partes prefirieran? ¿Y si, a cambio de vender la consulta por un buen precio, Lilly pidiera que la contrataran como su veterinaria principal? De este modo, podría hacer unas vacaciones más largas porque la cadena se encargaría de sustituirla, podría seguir haciendo el trabajo que le gusta y ganando un buen sueldo, y podría olvidarse de las preocupaciones de llevar el negocio. La cadena, por su parte, podría dejar la consulta en manos de una veterinaria experta que conoce a los clientes sin que la venta ocasionara interrupciones en el servicio. Con esta solución, ambas partes «ganarían» claramente, ya que ambas conseguirían todo lo que quieren. En lugar de negociar una sola cosa (el precio), podrían llevar todas esas otras cuestiones a la mesa de negociación. Al agrandar el pastel, podrían negociar un acuerdo que es mejor para todos.

Lamentablemente, mucha gente desconoce las ventajas de este tipo de negociación, ya que no sabe que es posible agrandar el pastel y supone que toda negociación implica dividir una cantidad finita de recursos entre los negociadores. Este supuesto es tan habitual que los expertos lo han llamado «el error del pastel fijo». Las técnicas que describimos en este capítulo pueden parecer demasiado «blandas» a las personas que creen en el pastel fijo. Estas personas consideran que abordar una negociación con una actitud cooperativa demuestra debilidad o desvela demasiada información. Pero se equivocan. Tras décadas de investigación, se ha demostrado concluyentemente que un planteamiento cooperativo genera mejores resultados que un planteamiento combativo. Antes que nada, aumenta las probabilidades de que obtengas lo que quieres y reduce el riesgo de que tu negociación termine en un *impasse*, sin que ninguna parte quede contenta. Una negociación cooperativa provoca un mayor compromiso y seguimiento. Además, adoptar este planteamiento puede contribuir a salvaguardar e incluso a mejorar tu relación con la otra parte. Y la negociación cooperativa hace asimismo que el proceso negociador sea más agradable al reducir el conflicto y favorecer la resolución conjunta de problemas.

Intereses, no posiciones

En su revolucionario *best seller* de 1981 *Obtenga el sí*, Roger Fisher y William Ury describen cómo puede utilizarse una negociación basada en los intereses más que en las posiciones para llegar a acuerdos satisfactorios. En la negociación basada en las posiciones, los negociadores anuncian lo que quieren o lo que están decididos a que ocurra y se pasan el resto de la negociación defendiendo esa posición. En la negociación basada en los intereses, los negociadores intentan conocer los intereses (las necesidades, los objetivos, las limitaciones y las presiones) existentes detrás de cada posición y buscan después diversas formas de satisfacer esos intereses. Como bajo las posiciones enfrentadas suele haber intereses compatibles, los negociadores que intentan conocer los intereses de la otra parte suelen encontrar varias soluciones que los complacen a ambos.

A modo de ejemplo, el jefe de Linda (el decano de la Heinz School) quería que ésta presidiera un comité de planificación estratégica que iba a plantearse el futuro de la facultad. Linda quería negarse porque tenía que terminar este libro y sus tareas docentes ya limitaban la cantidad de tiempo que tenía para trabajar en él. Cuando el decano y ella hablaron sobre sus intereses subyacentes, el decano se ofreció a reducirle las tareas docentes hasta que hubiera terminado el trabajo del comité. Eso permitiría a Linda disponer del tiempo que necesitaba dedicar al libro, de modo que accedió a presidir el comité.

Sheila – Lo que ellos querían, lo que ella quería

Otro ejemplo más. Sheila, una periodista estadounidense, trabajó cuatro años como directora de un semanario alternativo dirigido a estudiantes universitarios y profesionales jóvenes, y dos años como reportera de un sitio web dedicado a descubrir casos de corrupción en el gobierno de su estado. Cuando la contrató el periódico local de una gran ciudad, estaba eufórica; por fin había accedido al periodismo de investigación con mayúsculas. Pero el primer día de trabajo, para gran consternación suya, su jefe le dijo que, de momento, iba a trabajar en la sección de Moda. En la industria periodística estadounidense, como en la de muchos otros países, las secciones de Moda han sido consideradas durante mucho tiempo un «gueto femenino», en el que no tienen cabida los periodistas serios. Sheila se pasó toda la mañana echando chispas, dispuesta a ir al despacho del jefe a quejarse, pero sabía que no era buena idea. Así que llamó a Sara, a la que había conocido cuando trabajaron juntas para el *Boston Phoenix* unos años antes, y ésta le sugirió que le preguntara a su jefe cuáles eran sus intereses subyacentes, es decir, por qué la había destinado a la sección de Moda.

El jefe de Sheila le explicó que el consejo de redacción quería animar la sección de Moda con la esperanza de atraer a lectores jóvenes, que en muchos casos, rara vez leían algún periódico. La idea era que Sheila se dirigiera a estos lectores jóvenes e hiciera que la sección fuera más dinámica. La anterior redactora iba a jubilarse, y el consejo de redacción quería que la sección pasara a manos de una reportera de verdad que investigara y localizara las tendencias emergentes en cuanto surgieran. Sheila era la combinación perfecta de buena periodista y de persona en contacto con la cultura juvenil.

Sheila comprendió estas razones, pero aseguró que ella creía que la habían contratado para cubrir noticias, y eso era lo que realmente quería hacer. Su jefe le sugirió entonces que llegaran a una solución intermedia. Le ofreció ser la directora de la sección de Moda (algo excepcional para una persona acabada de contratar) a cambio de que se comprometiera a estar dieciocho meses en ella. Le pidió que trabajara con el director artístico del periódico para rediseñarla, que colaborara con algunos de los demás reporteros culturales y que consiguiera una base sólida de buenos escritores *free lance* para el periódico Le dijo que contrataría a un subdirector para que le echara una mano y que cuando la sección estuviera bien consolidada, podría dejarla en sus manos y trasladarse a la sección de noticias.

A Sheila le gustó saber que el consejo de redacción valoraba sus aptitudes y que su jefe conocía sus objetivos. Aceptó esta solución intermedia con sólo dos modificaciones. Pidió a su jefe que se reuniera con ella cada seis meses para comentar el rumbo que seguía la sección y cambiarlo si era necesario, y que quedara constancia por escrito de esa conversación por si él se iba. Su jefe le aseguró que le enviaría un e-mail en el que resumiría lo que habían comentado y que lo incluiría en su expediente personal.

La negociación basada en las posiciones puede convertir el proceso en un tira y afloja en el que ninguna parte renuncia al objetivo que ha indicado y acabar en un *impasse*. Si Sheila hubiera insistido en que sólo escribiría artículos sobre noticias y su jefe le hubiera dicho que lo lamentaba pero que necesitaba que hiciera otra cosa, lo más probable es que el resultado hubiera disgustado a uno de ellos, o a ambos (con casi toda seguridad, a Sheila). La negociación basada en los intereses permite a las partes buscar soluciones creativas. Para ello, es necesario que des información y hagas muchas preguntas, te concentres en los intereses y en los objetivos que las dos partes tenéis en común, intercambies cosas que te importan menos por otras que te importan más, y pienses en ti y en la otra parte como en compañeros que intentan resolver juntos un problema.

Negocia de forma imaginativa

La tercera semana de cada curso de negociación que imparte, Linda pide a sus alumnos que realicen una negociación en la que una parte vende algo que otra intenta comprar. Da a cada alumno instrucciones detalladas sobre su valor de reserva, sus expectativas, su MAAN y sus intereses subyacentes en la negociación. Lo que no les dice es que ha preparado el caso de modo que no hay zona de posible acuerdo (lo máximo que el comprador está dispuesto a pagar es menos que el importe mínimo que el vendedor aceptará). La única forma de que sus alumnos lleguen a un acuerdo es hablando sobre los intereses subyacentes de cada parte, que Linda ha detallado en la documentación del caso, y aumentar los temas que se ponen sobre la mesa de negociación. Sin embargo, el 95% de sus alumnos terminan sin llegar a ningún acuerdo porque inician la negociación suponiendo que sólo se trata del precio. No se replantean su suposición inicial ni utilizan la documentación del caso para ampliar el ámbito de la negociación.

Objetivos comunes

En una conversación con el editor de nuestro primer libro, Sara comentó que el objetivo de un editor al comprar un libro era siempre pagar lo menos posible al autor. Nuestro editor la corrigió: «Mi objetivo es pagar lo suficiente para que el autor pueda escribir el libro.» Aunque los editores quieren mantener bajos sus costes y los escritores siempre necesitan más dinero, unos y otros tienen también un interés común: hacer realidad un proyecto. De modo parecido, en casi todas las negociaciones, las partes tienen objetivos comunes además de objetivos opuestos. A menudo, destacan estos últimos: tú quieres un sueldo más alto y tu jefe quiere mantener bajos los costes; tú quieres que tu hermano cuide más de tus padres, ya mayores, y él quiere hacerlo menos; tú quieres que tus hijos adolescentes lleguen a casa pronto y ellos quieren volver tarde. Pero todas estas situaciones contienen asimismo intereses compartidos. Tú y tu jefe queréis que tú te sientas valorada y que seas lo más productiva que puedas. Tú y tu hermano os preocupáis por la salud de vuestros padres. Tú y tus hijos deseáis su seguridad.

Hace unos años, Linda dirigió un taller de negociación para los directores ejecutivos de grandes organizaciones artísticas con empleados afiliados a sindicatos. Encargó a la mitad de directores que hicieran de ellos mismos y a la otra mitad, de negociadores sindicalistas que intentaban resolver ocho cuestiones. Proporcionó información privada a cada parte sobre sus prioridades en cada cuestión: lo que les importaba más y lo que les importaba menos. Había preparado el caso de modo que ambas partes querían, de hecho, lo mismo en dos de las cuestiones, que definiríamos como compatibles. Pero los directores supusieron que los sindicalistas querían lo contrario de todo lo que ellos querían, y viceversa. Ambas partes supusieron que no tenían intereses comunes. Como consecuencia de ello, la mayoría de las parejas negociadoras llegó a malos acuerdos (sin coincidir en cuestiones que ambos querían). Cuando te concentras demasiado en las discrepancias existentes entre los objetivos respectivos, puede que no alcances a ver los puntos en que coinciden.

Marissa – Resuelve su problema y el de todos los demás

Marissa era una de los cinco dependientes que trabajaban en una tienda que vendía joyería artesanal. La propietaria, Eliza, organizaba los horarios, que colgaba una semana antes del primero de cada mes, de modo que hubiera dos dependientes en cada turno. No había dos meses, ni dos semanas de un mismo mes, iguales, por lo que a los empleados les resultaba difícil compaginar sus horarios personales con los de la joyería. Como consecuencia de ello, solían cambiarse los turnos y, cuando alguna vez había una confusión y sólo se presentaba uno a un turno, Eliza se subía por las paredes.

Un día Marissa decidió que tenía que hablar con Eliza. Sabía que no podía decirle que su forma de organizar los horarios causaba problemas a todo el mundo y que ella lo haría mucho mejor, de modo que le comentó: «Todos queremos que la joyería vaya bien. Tú no quieres que haya un solo dependiente, pero nosotros tampoco. Nadie quiere estar solo en la tienda cuando hay mucho trabajo.»

Para lograr su objetivo común (garantizar que la joyería tuviera el personal suficiente en cada turno), Marissa se ofreció a organizar los horarios. Propuso elaborar un horario semanal fijo que se adaptara a los compromisos personales de cada dependiente. Éstos podrían cambiarse los turnos si los dos se ponían en contacto con Marissa con veinticuatro horas de antelación como mínimo, y cada dependiente estaría «de guardia» un día a la semana que no trabajara por si alguien se ponía enfermo o tenía una urgencia personal.

En lugar de sentirse atacada por su ineptitud para organizar los horarios, Eliza estuvo encantada de delegar esa responsabilidad en Marissa. La joyería funcionó mejor, Eliza pasó a tener menos motivos para irritarse, y Marissa y los demás dependientes obtuvieron lo que querían.

Como esta historia demuestra, tus deseos y los intereses de tu jefe pueden ser muy próximos, o incluso coincidir. A veces, para obtener lo que necesitas, basta con indicar un descuido, identificar un problema o dar una información clave a tu jefe.

Suparna – Todo el mundo quiere lo mismo

Suparna era administradora de un organismo de ayuda internacional que coordinaba el reparto de alimentos a poblaciones hambrientas de África. Pero su sistema de distribución era ineficiente, y muchos de los alimentos que se enviaban a los países del Tercer Mundo no llegaban nunca a las personas a las que se quería ayudar. Suparna creía que el director de distribución del organismo estaba desbordado de trabajo, y aunque ella tenía muchas ideas para mejorar el sistema, carecía de tiempo y de autoridad para ponerlas en práctica. Pensar que había gente que se moría de hambre y que ellos tenían comida que no lograban enviarle la deprimía, de modo que pensó que tal vez debería buscar trabajo en otro sitio. Pero decidió hacer un último intento. Propuso a su jefe que le diera un puesto de nueva creación destinado a eliminar algunos de los problemas del sistema de distribución. Imaginaba que su jefe le diría que no tenía recursos suficientes, pero no fue así. El organismo acababa de recibir una gran donación privada, y el director decidió utilizar parte de ese dinero para crear un nuevo puesto a media jornada. Suparna tendría que seguir dedicando la mitad del día al trabajo administrativo, pero pasaría la otra mitad con el director de distribución y podría probar algunas de sus ideas. Aunque no obtuvo todo lo que quería (un puesto de jornada completa), sí fue lo suficiente para que decidiera quedarse.

Para Suparna, la clave fue que ella y su jefe compartían dos objetivos importantes: ambos querían que el programa de distribución de alimentos fuera lo más eficiente posible, y ninguno de los dos quería que ella se fuera.

Compartir información

¿Y si no sabes lo que quiere la otra parte? ¿Y si ni siquiera sospechas los intereses que motivan sus posiciones? Lo mejor que puedes hacer en ese caso es preguntar. Pregunta qué quieren realmente, por qué lo quieren, por qué creen que lo que quieren es justo y por qué creen que su solución es mejor que cualquier alternativa. Mucha gente cree que compartir información en una negociación facilitará que la otra parte la explote, de modo que dice lo menos posible sobre sus motivos subyacentes. Eso es un error. Hacer preguntas, y escuchar atentamente las respuestas, es una de las técnicas clave de la negociación cooperativa. Sacarás el máximo partido de tus preguntas si son abiertas. En lugar de preguntar a la otra parte si le gusta tu propuesta, por ejemplo, pregunta sobre su reacción a lo que has dicho. Esto te dará más información útil. Si la otra parte no abre la boca, una táctica efectiva puede ser que tú reveles primero información sobre ti sin pedir ninguna información a cambio. Lo normal en esta situación es que la reciprocidad sea muy alta, y puede que tu franqueza provoque que la otra parte también te dé información importante.

En un estudio, se pidió a los participantes que formaran parejas para intentar una negociación múltiple. Se hizo lo siguiente: se dijo a uno de los negociadores de algunas parejas que hiciera preguntas para averiguar las preferencias de la otra parte, se indicó a uno de los negociadores de otras parejas que ofreciera información sobre sus preferencias sin que se lo pidieran y no se dio ninguna instrucción a un tercer grupo de parejas. Aquellas parejas en las que uno de los negociadores había pedido o dado información valoraban las preferencias de la otra parte con mucha más precisión y alcanzaban mejores acuerdos que aquellas otras en las que ninguna de las dos partes ofrecía o pedía más información. El impulso de compartir información, ya fuera haciendo preguntas u ofreciendo explicaciones, favorecía la reciprocidad entre los negociadores.

Esto no sólo demuestra que intercambiar información sobre las preferencias y las prioridades genera mejores resultados (para ambas partes), sino que también indica que no es necesario que ambas partes lo sepan. Basta con que una parte adopte una actitud cooperativa en la negociación. Dicho de otro modo, iniciar las negociaciones dispuesta a cooperar aumenta las probabilidades de que llegues a un mejor acuerdo tanto si la otra parte conoce las ventajas de este planteamiento como si no.

Si ofrecer información no propicia que, a cambio, te revelen cosas, intenta hacer algunas preguntas que no resulten nada amenazadoras para que la otra parte se abra. A continuación encontrarás algunas ideas:

- «Me gustaría tener una idea clara de las presiones con las que se enfrenta. ¿Podríamos hablar de ello?»
- «Entre los temas que comentaremos hoy, el precio es lo más importante para mí. ¿Lo es también para usted o hay otro que le importe más?»
- «Sé que debes sopesar muchos intereses opuestos. ¿Me los puedes describir para poder hacerme una idea mejor de cuáles son?»
- «Me doy cuenta de que concederme lo que quiero podría plantearte algunas dificultades, pero no me hago una idea exacta de cuáles. ¿Te importaría esbozármelas?»

Hacer este tipo de preguntas suele encarrilar el proceso hacia una interacción cooperativa. Cuando la otra parte percibe que realmente te importa su punto de vista, suele relajarse y compartir más información. Y cuando las dos partes conocen mejor sus necesidades y sus intereses mutuos, hay más probabilidades de que encuentren puntos de coincidencia. Averiguar que ambas partes tienen en común más de lo que creían favorece asimismo la sensación de que son aliadas y no adversarias en el proceso.

Masha – ¿Por qué se negaba?

Masha recibió una oferta de trabajo como vicepresidenta de una empresa que importaba calzado italiano para el mercado estadounidense. El presidente de la empresa acordó con ella el cargo, el sueldo y las responsabilidades que tendría, así como su fecha de incorporación, pero se negaba a remodelar el despacho que iba a ocupar, que estaba destartalado y tenía poca luz. A pesar de que los demás lo habían sido hacía bastante poco y que Masha iba a tener que reunirse en él con personas ajenas a su empresa, el presidente no cedía. Masha se estaba planteando renunciar al trabajo cuando se le ocurrió preguntarle por qué se negaba: ¿era una cuestión presupuestaria o había otra razón? El hombre le explicó tímidamente que su hermana, que era decoradora, había remodelado todos los demás despachos de la empresa, pero acababa de tener un hijo y estaría seis meses de baja. No quería herir sus sentimientos utilizando a otro profesional.

Masha sugirió una solución a su jefe: si se comprometía a remodelarle el despacho en un año, empezaría el día que habían acordado y lo ocuparía tal como estaba. El acuerdo satisfizo a ambas partes, lo que propició que sus interacciones posteriores estuvieran marcadas por una buena relación.

Hagamos un trato

Por supuesto, a veces lo que quieres entra en conflicto con lo que la otra parte necesita, y es imposible presentar tu petición como algo mutuamente beneficioso. Cuanto esto ocurre, puedes intentar otra táctica cooperativa: ofrecerte a hacer un intercambio. Puedes renunciar a algo que no sea especialmente importante para ti, pero que importe mucho a la otra parte, a cambio de algo que tú quieres más. En este sistema de concesiones mutuas, ambas partes intercambian aquello que les importa menos por cosas que quieren más.

Si estás negociando el sueldo de un nuevo trabajo, y la empresa no puede pagarte todo el dinero que quieres, podrías pedir un cargo mejor a cambio de aceptar un sueldo más bajo. En muchos casos, darte un cargo mejor no costará nada a la empresa, y podría resultarte valioso a la larga. Si quieres conseguir pronto un ascenso, podrías ofrecerte a pasarte seis meses enderezando un departamento que no funciona bien a cambio de que te lo concedan. O podrías ofrecerte a cubrir una vacante, de modo que básicamente hicieras dos trabajos, a cambio de que te ascendieran al cargo que quieres en cuanto se cubriera esa vacante. Si tu jefe necesita cubrir una vacante en otra ciudad y a ti no te importa trasladarte, podrías ofrecerte para el cargo a cambio de un ascenso en poco tiempo.

Pero no olvides nunca que en un sistema de concesiones mutuas tienes que negociar diversos temas a la vez. Si los negocias por separado, te encontrarás con una serie de interacciones competitivas del tipo gana-pierde. Comentar varios temas a la vez y relacionarlos entre sí hace que el proceso sea más recíproco. Recalca siempre que estás dispuesta a hacer una concesión en una cosa a cambio de algo que quieres. No cedas en un tema y esperes después una concesión de buena fe en otra cosa. Tienes que negociar ambas cuestiones a la vez. Deja claro que te ofreces a dar algo a la otra parte a condición de obtener algo que tú quieres.

En algunos casos, sin embargo, quizá no sepas lo suficiente como para proponer intercambios atractivos. Si es así, haz preguntas. Si quieres pedir a tu jefe un aumento de sueldo pero sabes que su presupuesto es ajustado, puedes intentar las siguientes:

- «¿Hay alguna forma en que pueda ayudar a la organización a ahorrar dinero y hacer posible que me conceda este aumento de sueldo?»
- «¿Crees que podríamos controlar mejor los costes en esta área?»
- «¿Facilitaría las cosas si trabajara unas horas más cada semana?»
- «¿Necesita a alguien para que forme a las personas que acaban de ser contratadas?»
- «Si pudieras dedicar más recursos a reducir costes, ¿qué sería lo primero que harías?»

Formular preguntas abiertas como éstas te proporcionará materia con la que trabajar. Si consigues averiguar formas de reducir costes, incluso puedes lograr más de lo que esperabas. Al mismo tiempo que le ayudas a resolver sus problemas, puedes mejorar su opinión sobre tus capacidades y crear el marco ideal para que las siguientes negociaciones te reporten grandes beneficios. Pero recuerda que puede ser difícil lograr que algunas personas cambien su actitud negociadora. No te rindas enseguida, y formula siempre tus preguntas con intención de «resolver juntos el problema». La conversación no debería parecer nunca un interrogatorio. Una actitud cooperativa positiva fomenta la colaboración, mientras que una actitud negativa suele provocar que la otra parte se ponga a la defensiva.

Sistemas de concesiones mutuas

- Relaciona los temas que hay que negociar.
- Establece tus prioridades. ¿Qué es lo más importante para ti? ¿Qué te importa menos?

- Piensa en las prioridades de la otra parte. ¿En qué se diferencian de las tuyas? ¿Puedes identificar fácilmente algo que sea muy importante para la otra parte pero que no lo sea tanto para ti, y viceversa? Recuerda que tener distintas prioridades es positivo; tienes más cosas para negociar.
- Piensa en lo que estás dispuesta a intercambiar para conseguir lo que quieres. ¿Qué puedes hacer o a qué puedes renunciar que tenga valor para la otra parte?
- ¿Puedes añadir algo a la negociación que facilite las concesiones mutuas (posibilidades que no están sobre la mesa pero que podrían resultar atractivas a la otra parte)?
- Esboza varias formas diferentes de encajar vuestras distintas prioridades, y asegúrate de negociar varios temas a la vez y de hacer concesiones en ciertas cuestiones a cambio de recibir concesiones en otras.

También puedes utilizar el sistema de concesiones mutuas en tu vida personal. Cuando estás negociando con un profesional para que te haga unas reformas en casa, tu primera prioridad será acordar un precio justo y razonable por el trabajo que va a hacer. Pero también pueden importarte otras cosas, como cuándo lo hará. Quizá te gustaría que lo hiciera mientras tu familia y tú estáis de vacaciones. De modo que puedes intercambiar algo valioso para el profesional (más dinero) por algo valioso para ti y tu familia (el momento).

O supón que tu compañero de piso y tú estáis decidiendo cómo repartiros las tareas domésticas. Lo ideal sería hacerlo de modo que ninguna de las dos partes tenga que hacer algo que no soporta ni se sienta explotada. Una vez hayáis pensado qué tareas tenéis que hacer, pide a tu compañero que diga cuáles no soporta y cuáles no le molestan tanto, y haz tú lo mismo.

Imaginemos que él no soporta limpiar el baño y que siempre se le olvida sacar la basura mientras que no le importa pasar la aspiradora y le gusta tener limpia la cocina. Tú, en cambio, darías lo que fuera para no tener que limpiar la nevera. De modo que podrías ofrecerte a limpiar el baño y sacar la basura a cambio de que él limpie la cocina, incluida la nevera, y pase la aspiradora. Deberías comentarle que pasar la aspiradora lleva más tiempo que sacar la basura pero limpiar el baño es más desagradable que limpiar la cocina, y cerciorarte de que le parece justo.

Haz preguntas hasta que tengas toda la información que necesitas y estés convencida de que a tu compañero de piso le gusta el plan. Será más fácil, desde luego, si te llevas bien con él. En otras situaciones, especialmente cuando estás negociando con alguien a quien no conoces, puede ser más difícil. Pero las ventajas son muchas, de modo que sigue intentándolo hasta que reúnas la información suficiente para poder llegar a un buen acuerdo.

Un apunte rápido sobre astucia negociadora. Cuando utilices el sistema de concesiones mutuas, puedes caer en la tentación de exagerar lo que te cuesta hacer determinada concesión con la esperanza de obtener así a cambio una concesión mayor. Pues bien, aunque esta táctica pueda resultar eficaz en situaciones en las que no tienes una relación duradera con la otra parte, tiene algunos inconvenientes y puede salirte mal. En primer lugar, la otra persona puede saber que lo que estás ofreciendo no te supone demasiado sacrificio, y tu exageración le sugerirá que no estás negociando de buena fe. En segundo lugar, si exageras demasiado, la otra parte puede decidir que te está pidiendo demasiado, cambiar de táctica y pedirte otra cosa, algo que en realidad te resulte más costoso. Además, si más adelante el otro negociador descubre que has exagerado, vuestra relación podría verse afectada. Y si comenta tu engaño, podría perjudicar tu reputación.

Resolución creativa de problemas

Adoptar un planteamiento cooperativo tiene otra ventaja importante. Cuando la gente no teme reacciones airadas ni conflictos, está muy incentivada a resolver algo conjuntamente y ha identificado varios intercambios posibles, suele ser más creativa. A veces, una negociación que podría haber terminado en un *im-*

passe termina con una solución inesperada e imaginativa que es satisfactoria para todos.

Si estás en una situación en la que no surge ninguna solución evidente, intenta organizar una tormenta de ideas.

- Reúne a todas las partes en una habitación con una pizarra o un rotafolios.
- Ofrécete para anotarlo todo.
- Define el problema que hay que solucionar.
- Anima a los presentes a aportar ideas, aunque sean radicales, para resolver el problema.
- Anota todas las ideas.
- No permitas que nadie valore, comente o critique todavía las ideas. El objetivo es favorecer la resolución creativa de problemas y eximir a los participantes de preocuparse por los detalles, las limitaciones o, de momento, la equidad de las propuestas.
- Asegura a los participantes que ninguna idea es demasiado tonta ni está fuera de lugar. Tienes que separar el proceso de pensar en soluciones del proceso de decidir entre ellas.
- Pide a todo el mundo que imagine soluciones que puedan habérsele escapado. ¿Habéis planteado la negociación en un único sentido y podría haber otras formas de encajar las piezas del rompecabezas?
- Una vez hayas anotado las ideas de todo el grupo, repasadlas de una en una. ¿Es ésta factible? ¿Suena bien pero es imposible llevarla a la práctica? Reduce la lista a cuatro o cinco posibilidades. Analiza después los distintos elementos de cada propuesta. ¿A quién le gusta esta idea? ¿Cuáles son sus pros y sus contras? ¿Quién tiene algo importante en contra? ¿Qué se lo compensaría? ¿A cambio de qué estaría dispuesta una parte a ceder en algo? ¿Sugiere este intercambio algún otro? Seguid hablando hasta que hayáis esbozado dos o tres alternativas sólidas para resolver el problema. Una vez hayáis encontrado unas cuantas propuestas factibles, procurad aceptar conjuntamente una

solución determinada. Si no es posible, ¿hay alguna solución claramente inferior? Si no coincidís sobre qué solución es la mejor, ¿podéis encontrar alguna forma de modificar una de las soluciones para que satisfaga los intereses básicos de todas las partes?

Joyce – No es perfecto pero sí bastante bueno

Joyce trabajaba como secretaria ejecutiva de uno de los vicepresidentes de una importante empresa de servicios financieros con sede en la ciudad de Nueva York. Cuando llevaba ocho años en este puesto, la empresa de su marido le propuso trasladarlo un año a China. Era una gran oportunidad profesional para él, y una aventura apasionante para toda la familia (tenían dos niños gemelos de once años). Pero a Joyce le encantaba su trabajo y no quería perderlo.

Así que preguntó a su jefe si podía tomar un año de excedencia y recuperar su trabajo con él al volver, pero éste le comentó que, lamentablemente, no podía tener un año ese puesto sin cubrir ni contratar a un empleado temporal para sustituirla. Pero como valoraba su trabajo y creía que sería una pérdida para la empresa que se fuera, le propuso que pensaran en ello unos días para ver si se les ocurría una solución.

La semana siguiente hicieron una tormenta de ideas, y descartaron varias opciones: que Joyce trabajara a distancia, que volviera una vez al trimestre, que se encargara de algo que no exigiera su presencia diaria en la oficina. Finalmente, su jefe creyó haber encontrado una solución. Hablaría con el departamento de recursos humanos para que se comprometiera a darle el primer puesto de secretaria ejecutiva que quedara vacante cuando volviera y a pagarle el mismo sueldo. Como la empresa tenía más de treinta vicepresidentes y muchos otros altos cargos, seguro que habría alguien que necesitara una secretaria entonces.

Esta solución no daba a Joyce ni a su jefe todo lo que querían. Ambos querían trabajar juntos cuando Joyce volviera. Pero los dos obtenían mucho. Su jefe conservaba a una empleada valiosa en la empresa y Joyce iba a China con la seguridad de poder trabajar en una empresa que conocía y quería cuando volviera.

Joyce y su jefe pudieron negociar esta solución porque se negaron a darse por vencidos cuando parecía que sus intereses eran totalmente incompatibles. Juntos encontraron una forma en la que cada uno de los dos conseguía parte de lo que quería. Este tipo de planteamiento flexible, abierto e imaginativo puede resultar muy útil a la hora de resolver *impasses* y de llegar a acuerdos que satisfagan a ambas partes.

Negociación cooperativa: estudio de un caso

Hace cuatro años, Laura fundó una pequeña compañía de danza con sede en Nueva York. Un teatro de Chicago la invitó a llevar parte del repertorio de la compañía a esa ciudad en una breve gira veraniega, lo que sería un escaparate espléndido para la compañía, además de la oportunidad de establecer una buena relación con ese teatro.

El teatro ofrecía a Laura el siguiente contrato:

- Una gira de tres días que incluirían cinco actuaciones, una el jueves por la noche, dos el viernes y dos más el sábado (tarde y noche).
- Pago de 7.000 dólares por actuación.
- Reembolso de los gastos de viaje a los sesenta días (para un autobús, las dietas del reparto y del equipo, y los gastos del hotel), con un límite máximo de 8.000 dólares.
- Fecha de inicio: el segundo jueves de julio.

Laura hizo esta contraoferta:

- Una gira de cinco días con sólo una actuación al día: miércoles, jueves, viernes y sábado por la noche, y domingo por la tarde.

- 11.500 dólares por actuación.
- Gastos de viaje pagados por adelantado.
- Fecha de inicio: el tercer miércoles de julio (seis días después de lo que proponía el teatro).

Laura y el director general del teatro mantuvieron varios contactos por teléfono y correo electrónico en los que repitieron sus propuestas iniciales sin llegar a ninguna parte. Necesitaban otro enfoque.

Laura no podía aceptar dos actuaciones en un solo día porque los contratos de algunos de sus bailarines estrella contenían cláusulas que establecían que no se les exigiría actuar más de una vez al día. Podía empezar antes las actuaciones, pero prefería no hacerlo ya que quería dar antes un breve descanso a sus bailarines. Además, su compañía tenía un problema perpetuo de caja, típico de las pequeñas organizaciones artísticas, y no podía permitirse pagar el transporte por adelantado. Y estaba convencida de que el elevado precio por actuación estaba plenamente justificado ya que en Nueva York se habían agotado las entradas de todas sus actuaciones, y estaba segura de que en Chicago ocurriría lo mismo.

Laura se reunió en Chicago con el director general para encontrar una solución. Empezó preguntando por qué el teatro prefería contratarlos esa semana antes. La respuesta fue sencilla: la semana siguiente ya tenían contratado otro espectáculo. Preguntó entonces si el teatro estaría dispuesto a abonar dinero por adelantado para el viaje a cambio de que ella accediera a empezar la semana anterior. El director aceptó.

El siguiente asunto que trataron fue la cantidad de actuaciones. Laura propuso llegar a una solución intermedia: empezarían el jueves, como quería el teatro, a cambio de hacer una sola actuación al día, pero añadiendo la de la tarde del domingo. Eso significaría que el viaje a Chicago le sería menos rentable, pero le permitiría cumplir la cláusula de los contratos de sus estrellas. Pero el director del teatro no aceptó.

Cuando Laura le preguntó los motivos, el director le explicó que uno de sus principales donantes era una fundación local que quería que ofrecieran una función de tarde por lo menos un día laborable a la semana para poder invitar como público a grupos de escolares e introducirlos así al arte. Entonces Laura preguntó si, dadas las características de estas actuaciones de tarde, podría utilizar a suplentes en ellas. El director del teatro no tuvo ningún inconveniente.

El único escollo que quedaba era el precio por actuación. Laura necesitaba un mínimo de 8.500 dólares por actuación (42.500 dólares en total) para que el viaje le fuera rentable. Éste era su valor de reserva, y su nivel de aspiraciones era de 10.000 dólares.

El director del teatro aumentó su oferta a 8.000 dólares por cada actuación. Como no era suficiente, Laura le entregó un montón de críticas muy favorables de las actuaciones de la compañía en Nueva York y le aseguró que la gira de Chicago sería igualmente un éxito de taquilla, pero no lo convenció.

Y Laura sugirió entonces una solución imaginativa: el teatro les pagaría 8.500 dólares por actuación. Ahora bien, si se vendía menos del setenta y cinco por ciento del aforo en alguna de las actuaciones, Laura aceptaría cobrar 1.000 dólares menos en esa función. A cambio, el teatro aceptaría pagarle una prima de 2.000 dólares por cualquier actuación cuya venta de entradas superara el noventa y cinco por ciento del aforo. El director general lo aceptó sin problemas. El acuerdo era bueno para el teatro porque reducía su riesgo, y bueno para Laura, porque estaba segurísima de la venta de las entradas.

Gracias a que hizo preguntas, utilizó un sistema de concesiones mutuas y fue imaginativa, Laura pudo llegar a un acuerdo que era bueno para ambas partes. ¿Pero podría haber obtenido algo mejor? Tanto Laura como el director del teatro querían vender muchas entradas. ¿Qué podrían haber añadido al contrato para favorecer aún más este interés compartido? ¿Acaso una fiesta especial para vips con los bailarines después de la actuación del viernes por la noche para atraer a mecenas y lograr publicidad boca a oreja? O Laura podría haberse ofrecido a invitar a bailarines destacados de la escuela de danza para que dieran una clase maestra un sábado por la mañana si el teatro lo organizaba todo para que la prensa cubriera el acto. Ya que sus intereses eran tan coincidentes, ¿podrían haber encontrado otras formas de mejorar su acuerdo de modo que ambas partes obtuvieran mayor valor de él?

Cuando las personas trabajan bien juntas, se informan más sobre lo que necesitan y lo que esperan. Valoran los riesgos y las incertidumbres que inducen a la otra parte a rechazar determinadas medidas, y comprenden las distintas formas que cada una de las partes tiene de valorar su iniciativa conjunta. Esto les permite correr riesgos imaginativos pero medidos, y apoyar y participar a la otra parte en sus logros. El proceso facilita que se creen fuertes alianzas personales y profesionales que enriquecerán sus posteriores encuentros y proporcionarán beneficios inesperados en el futuro.

11

Perfecciona tu estrategia

Has reunido información y establecido unas expectativas ambiciosas. Conoces las ventajas de la negociación cooperativa y estás preparada para empezar. ¿Cuál es tu siguiente paso? ¿Cómo inicias la negociación? ¿Deberías usar el correo electrónico, escribir una carta formal, dejar un mensaje telefónico o abordar el tema en persona? ¿Qué debes decir? ¿Deberías hacer la primera oferta y esperar la reacción de la otra parte? Si haces la primera oferta, ¿qué deberías proponer? ¿Y cuándo deberías hacerlo? ¿Hay momentos adecuados para negociar? ¿Lugares adecuados?

¿En persona? ¿Por teléfono? ¿Vía e-mail?

Tu primera elección estratégica debería ser cómo vas a comunicarte. Siempre que sea posible, lo mejor es relacionarse en persona. La comunicación cara a cara facilita usar las tácticas de negociación cooperativa que describimos en el capítulo anterior y te garantiza una reacción inmediata (aunque no necesariamente la respuesta final), lo que te ahorra pasarte horas o días esperando un e-mail o una llamada telefónica. También captas mejor la información que te proporcionan el tono de voz, las expresiones faciales y el lenguaje corporal del otro negociador. Si te dice que pensará en lo que le pides mientras te mira a los ojos y te sonríe, sabrás que tus probabilidades de conseguir lo que quieres son mayores que si se recuesta en la silla y mira de reojo su ordenador. Si asiente y parece interesarse en lo que le estás diciendo, puedes estar bastante segura de que te comprende. Pero si parece ausente y no deja de mirarse el reloj, es probable que no te preste demasiada atención. Al mismo tiempo, tú también puedes usar técnicas no verbales (mirar a los ojos, adoptar una postura relajada, sonreír) para presentar tu petición de forma positiva y colaboradora.

Hacer tu petición en persona permite asimismo que la conversación fluya entre las dos (o más) partes. Si observas las claves no verbales de la otra persona, puedes adaptar tu presentación en consecuencia. Si frunce el ceño, lo que te indica que no acaba de entender lo que estás diciendo o que está desconcertada, puedes darle más información o reformular la frase. Si sacude la cabeza, lo que sugiere que no está de acuerdo con lo que has dicho, puedes detenerte y preguntarle por qué. Si hace un gesto de impaciencia, sabrás que debes acelerar el ritmo o quedar para seguir hablando en otro momento. También puedes parar para hacer una pregunta si eres tú quien no está segura de entender algo.

En las negociaciones cara a cara también pueden surgir malentendidos, por supuesto. Linda pide siempre a sus alumnos que escriban los acuerdos a los que llegan durante las negociaciones que efectúan en clase (un ejercicio útil, ya que muy a menudo describen las condiciones de su acuerdo de forma bastante distinta, aunque acaban de cerrarlo apenas un momento antes). La intención de Linda es recalcar la necesidad de confirmar regularmente lo que se dice con la otra parte, resumir lo que se ha acordado y esbozar lo que se planea hacer a continuación.

Si es imposible negociar cara a cara, lo mejor es hacerlo por teléfono. Esto permite que siga habiendo una conversación fluida con la otra parte, aunque se pierde la información adicional que proporcionan las claves no verbales. Las conversaciones telefónicas pueden ser asimismo engañosas porque el comportamiento de las personas es distinto al hablar por teléfono. Algunas lo hacen bien y con claridad mientras que otras suenan bastante monótonas y son difíciles de interpretar. El suegro de Sara, que murió en 2004 a los noventa y dos años, era así: aunque era encantador, simpático y cortés en persona, por teléfono parecía distante, distraído y apurado por colgar. El marido de Sara siempre intentaba hablar con él de los asuntos importantes en persona.

Remitir tu petición por escrito, ya sea en papel o por e-mail, es la forma más difícil de lograr que una negociación tenga éxito. Aunque esta vía pueda atraerte porque te permite presentar tu propuesta en su totalidad, detallando tus argumentos de forma organizada y precisa, ésa es también su mayor debilidad. No sólo te arriesgas a abrumar a la otra parte con demasiada información de golpe, sino que en una petición escrita, te limitas básicamente a exponer tu posición y a esperar una respuesta sin dejar demasiado margen a las concesiones mutuas que son fundamentales para una buena negociación cooperativa que facilite llegar a buenos acuerdos. Si haces tu propuesta en persona, puedes adaptar tus argumentos según cómo reaccione la otra parte: cambiar los puntos en los que haces hincapié, destacar algo especialmente importante o demorar la presentación de ciertos aspectos hasta que llegue el momento adecuado para hacerlo. Por escrito, suelen perderse las sutilezas del lenguaje (y el humor), lo que a menudo provoca malentendidos.

Por supuesto, puede que aunque sea posible, la comunicación cara a cara no sea la mejor opción para ti. Una amiga de Linda se estaba preparando para una negociación y quería presentar su petición por escrito. Linda le describió las ventajas de un planteamiento cara a cara, pero a ella le preocupaba no poder presentar sus argumentos de modo tan convincente en persona, y nada de lo que dijo Linda consiguió convencerla de lo contrario. Linda comprendió que el nerviosismo de su amiga era un obstáculo tan difícil de superar que podía reducir las ventajas de una reunión cara a cara. (Su amiga presentó su propuesta por escrito.) En los Capítulos 12 y 13, te proporcionamos instrumentos para controlar o mitigar tus nervios en las reuniones cara a cara, pero si aún así crees que ésta no es la mejor opción para ti y no te sientes cómoda hablando por teléfono, quizá sea preferible que envíes un e-mail o un memorándum por escrito.

También tienes que tener en cuenta lo que sabes sobre las preferencias de la persona o las personas a quienes estás haciendo tu petición. Algunos jefes quieren una propuesta o una breve exposición previa por escrito antes de reunirse contigo. Otros no tienen tiempo de leer los muchísimos correos electrónicos que reciben con peticiones de sus empleados. También los hay que establecen unas horas concretas a la semana para que quien quiera vaya a verlos. Otros prefieren que sus empleados pidan hora para reunirse con ellos. Durante la fase de investigación de tu negociación, procura averiguar qué prefiere la otra parte.

¿Deberías hacer tú la primera oferta?

Cuando te ofrecen un trabajo, tu posible futura empresa suele hacer la primera oferta, y tú tienes que hacer entonces una contraoferta. Sin embargo, no es extraño que las organizaciones pidan antes a sus candidatos cuáles son sus requisitos salariales. ¿Qué haces entonces? Si no estás segura de lo que están dispuestos a pagar y no quieres pedir demasiado poco (ni excederte), puedes intentar «echar balones fuera» (aplazar la respuesta y esperar que la otra parte dé el primer paso). A continuación encontrarás algunas formas elegantes de evitar comprometerte demasiado pronto:

- «Me gustaría averiguar más cosas sobre el puesto y sobre las responsabilidades que conlleva antes de darle una respuesta en firme sobre el sueldo.»
- «No me siento cómoda hablando sobre mi sueldo en una fase tan inicial del proceso. ¿Podríamos aplazar esta parte de la conversación?»
- «Para mí es un poco pronto para calcularlo.»

- «No estoy preparada aún para hablar de dinero. ¿Podríamos hablar antes un poco más sobre el trabajo?»
- «¿Podría hablarme más sobre el trabajo antes de que hablemos sobre el sueldo?»
- «¿Cuál es la banda salarial de este cargo?» (Le devuelves así la pelota.)

Si te presionan para que les digas una cifra, de modo que te obligan a hacer la primera oferta, di algo muy flexible, como:

- «Tengo en cuenta las ofertas de trabajo cuyo sueldo oscila entre *A* y *B*.»
- «Sé que lo que se paga en el mercado por personas con mis aptitudes oscila entre *A* y *B*.»
- «Estoy buscando trabajos cuyo sueldo oscile entre *A* y *B*, y aspiro a lograr el máximo, claro (y ríes).»

El margen que indicas debería ser amplio, de modo que *A* sea lo bastante bajo para que no te descarten y *B* lo bastante alto para indicarles que conoces tu valor y no eres fácil de convencer.

Pero, ¿y si la situación es ambigua y no está claro quién debería hacer la primera oferta? Si estás hablando con un vendedor que te ofrece un producto que necesitas, podrías pedirle que diga el precio o hacerle tú una oferta. Lo mismo puede decirse si quieres conseguir un negocio: podrías preguntar cuánto pagan por el trabajo o podrías proponer tú una tarifa. ¿Cuáles son entonces los pros y los contras de dar el primer paso? Si ambas partes reconocen que va a haber una negociación pero no está claro quién hará la primera oferta, dar el primer paso puede resultar a veces ventajoso. Las ventajas de dar el primer paso proceden de lo que se denomina anclaje, es decir, influir en la percepción que tiene la otra parte sobre lo que quieres y lo que aceptarás (tu valor de reserva).

Cuando Sara se trasladó hace cuatro años, a su marido y a ella les gustaba una casa en Lincoln, Massachusetts, pero les parecía demasiado cara. Sara comprobó el valor estimado de otras casas que se vendían en Lincoln y observó que los propietarios habían fijado su precio en unos 50.000 dólares más que su valor estimado. El precio de la casa que les gustaba superaba en 350.000 dólares este valor. Sara sabía lo que intentaba hacer la propietaria: al pedir ese precio tan superior, intentaba influir en la percepción que los posibles compradores tenían sobre el valor de la casa, lo que les obligaba a hacer una contraoferta a este precio inflado. También les indicaba que no estaba dispuesta a aceptar un precio que estuviera más en consonancia con el valor estimado de la casa.

Del mismo modo, al dar el primer paso y hacer la primera oferta en una situación ambigua, estableces el punto donde quieres que empiece la consiguiente negociación e influyes en la percepción que la otra parte tiene sobre tu valor de reserva. Si tu valor de reserva para un trabajo de asesoría es de 60.000 dólares pero das el primer paso y pides 70.000, como tu cliente llegará a la conclusión de que tu valor de reserva es más alto de lo que es en realidad, podría ofrecerte 65.000 dólares aunque inicialmente planeara ofrecerte 60.000.

En cuanto a la casa de Lincoln, Sara intentó reanclar la negociación haciendo una contraoferta por 50.000 dólares más que el valor estimado de la casa y 300.000 dólares menos que el que pedía la propietaria, lo que le parecía justo y adecuado. La propietaria, ofendida, rechazó la contraoferta, y Sara y su marido compraron otra casa en una ciudad cercana, donde son muy felices. Después de esperar dieciocho meses, la propietaria de la casa de Lincoln encontró un comprador dispuesto a pagar el precio que pedía. Su estrategia de anclaje le había dado frutos.

La conveniencia de dar o no dar el primer paso para anclar la negociación en una situación ambigua depende de la información que tengas. Si conoces el valor de reserva de la otra parte, y ella no sabe el tuyo, deberías, sin duda, dar el primer paso, porque sabes qué tienes que pedir exactamente: una cantidad superior a su valor de reserva que te deje margen suficiente para bajar hasta la cantidad máxima que sabes que aceptará. Si, en cambio, no tienes idea de lo que pagará la otra parte, hacer la primera oferta puede ser complicado. Si estás segura de que pagará por lo menos 50.000 dólares pero crees que podría llegar hasta 80.000 (aunque de hecho no tienes ni idea), podrías asegurarte y hacer una oferta baja, de unos 55.000 dólares, pero entonces descartas la posibilidad de obtener más dinero. O podrías ser osada y pedir 75.000 dólares, pero si su valor de reserva real se acerca a 50.000, perderás credibilidad al tener que rebajar el precio de 75.000 a 55.000 dólares.

Por esta razón, si no posees demasiada información sobre las intenciones o los recursos de la otra parte, suele ser buena idea dejar que inicie ella la negociación si es posible. La primera oferta te dará una idea aproximada de su valor de reserva y te permitirá valorar tu contraoferta. Pero si la otra parte no tiene idea de lo que quieres, puede presionarte para que des el primer paso con la esperanza de que te infravalores. En ese caso, sigue el consejo anterior y menciona un margen amplio, con un mínimo que no sea demasiado bajo y un máximo que no sea imposible.

En ciertas situaciones, tendrás que dar el primer paso porque has sido tú quien decidió iniciar una negociación. Quieres un cambio y la otra parte está contenta con el statu quo, lo que significa que te corresponde a ti proponer algo diferente. Tienes que empezar tú.

¿Cuándo es el mejor momento para pedir algo?

¿Importa cuándo pides algo? ¿Puedes aumentar tus probabilidades de éxito eligiendo estratégicamente el momento de negociar? Por supuesto, aunque no hay normas sencillas que te permitan elegir el momento ideal. ¿Es mejor el lunes por la mañana que el viernes por la tarde? ¿Es mejor después del almuerzo que al final del día? ¿Te irá mejor después de Navidad o después del primer día del año? ¿En septiembre, cuando todo el mundo ha vuelto de sus vacaciones o en mayo, cuando las cosas empiezan a calmarse? Cualquiera de estos momentos puede ser bueno según las circunstancias. Lo fundamental es hacerlo cuando tu poder de negociación sea alto y cuando los demás negociadores estén más dispuestos a escuchar tu propuesta. Pero no lo demores innecesariamente. Cuanto antes hables, mejor te irá y más fácil te será.

Pide las cosas cuando tu poder de negociación sea alto

Tu proyecto más reciente fue todo un éxito, acabas de recibir un premio prestigioso por tu trabajo, un artículo que publicaste en una destacada revista especializada está teniendo una gran repercusión. Pedir lo que quieres a renglón seguido de situaciones como éstas puede resultar especialmente provechoso porque tu talento es entonces muy evidente. También son momentos propicios aquéllos en los que perderte resultaría especialmente costoso a tu empresa (si tu departamento está creciendo rápidamente o si acaba de incorporarse un nuevo jefe que necesita que le enseñes como funciona todo, por ejemplo). No tienes que jactarte de tus logros ni que poner a tu jefe contra las cuerdas cuando las cosas están difíciles, pero si puedes presentar argumentos convincentes para pedir lo que quieres en momentos así, tus probabilidades de lograrlo aumentan.

Grace – El momento perfecto

Grace, agente comercial de una gran empresa de *software*, sabía que estaba mal remunerada. Aunque cobraba una comisión por cada venta y su retribución anual era grande, su sueldo base había aumentado muy poco desde que había empezado a trabajar allí. Seis semanas antes de que llegara la fecha de renovación de los contratos de dos de sus clientes más importantes, Grace pidió a un aumento salarial del 15% que igualaría su sueldo base al de los de demás agentes con cifras de ventas anuales parecidas a las suyas, y una gratificación única de 30.000 dólares como reconocimiento por el valor que aportaba a la empresa y como compensación por los años en que su sueldo base debería haber sido más alto. Aunque parecía mucho, sabía que su jefe no podía permitirse perderla justo antes de que se renovaran esos dos contratos tan importantes. Se planteó conseguir otra oferta de trabajo para reforzar aún más su posición, pero decidió que no era necesario. Su jefe le concedió tanto el aumento de sueldo como la gratificación.

Fíjate en los indicios

Un segundo factor que hay que tener en cuenta es si el momento es bueno para la otra parte. No es oportuno soltar tu petición justo cuando tu jefe está asediado por exigencias o sometido a demasiada presión como para concentrarse en tu situación. No puedes pedir algo relativamente pequeño en mitad de una emergencia grave. Encuentra un momento en el que sepas que los demás negociadores no estarán impacientes por pasar a otro tema y en el que sea probable que estén de buen humor y no hambrientos, agotados, malhumorados o decepcionados por algo que no guarde la menor relación contigo.

Leticia – Cuando te percatas de que no es el momento oportuno

Leticia era la encargada de vestuario de una importante compañía regional de ópera de Estados Unidos. Tras hablar con sus homólogos de otras compañías, estaba convencida de que estaba mal remunerada, de modo que, una vez hubo terminado la mayor parte de su trabajo para la siguiente temporada, decidió hablar con el director general para pedirle un incremento salarial del 15%. Creía que tenía muchas probabilidades de conseguir un 10%, pero tenía esperanzas de conseguir un 12%.

Cuando Leticia fue al despacho de su jefe, éste acababa de tener una reunión con el jefe del sindicato de músicos, que amenazaba con hacer huelga justo antes del inicio de la temporada. Y, en cuanto empezó a hablar, su jefe le gritó: «¿También usted me pide más dinero? ¿Pueden decirme de dónde quieren que lo saque?»

Leticia se dio cuenta de que había elegido el peor día posible para pedir un aumento de sueldo. No había visto nunca perder así los nervios a su jefe, pero en lugar de disculparse y echarse atrás, como estaba tentada de hacer, le pidió que hablaran de ello en otro momento.

Un mes después, cuando se había firmado el contrato con la orquesta y era evidente que la nueva temporada iba a ser todo un éxito, Leticia volvió a ver a su jefe. Éste le explicó que no tenía suficiente dinero para aumentarle el sueldo un 15%, pero le concedió un 10%, lo que, dadas las circunstancias, Leticia consideró todo un éxito. Su rapidez de reflejos la había rescatado de una negociación presentada en el momento más inoportuno.

Cuanto antes mejor

Una vez estés preparada para negociar, ¿pierdes algo por esperar un poco mientras te armas de valor y procuras encontrar el momento perfecto? Sí, por varias razones. En primer lugar, es difícil reconocer por adelantado los momentos perfectos, que suelen haber terminado antes de que nos demos cuenta de que se producen. En segundo lugar, y más importante, esperar demasiado puede afectar a tu capacidad de negociar bien. Si no dejas de aplazar una negociación, tal vez con la esperanza de que los que mandan te concedan lo que quieres por iniciativa propia, cuando por fin te decidas a pedirlo puede que estés tan decepcionada con tu organización que ya no vuelvas a estar nunca contenta en ella. La frustración y los sentimientos reprimidos no son una buena mezcla para el éxito.

Sara – Nada valorada y cansada de esperar

Menos de dos años después de licenciarse en literatura inglesa, Sara recibió una oferta para trabajar como directora de adquisiciones de un pequeño club de lectores. El puesto implicaba seleccionar los mejores libros de ensayo y de ficción de las editoriales más prestigiosas, y se sintió afortunada al conseguirlo. El primer día, sin embargo, se encontró con muchos problemas. Había un montón de contratos pendientes de firma, libros que deberían haber llegado al almacén y no lo habían hecho, y el catálogo mensual del club llevaba seis o siete semanas de retraso. Sara controló enseguida la situación. Puso al día los contratos, localizó los libros que faltaban, estableció un calendario regular para elegir los libros y aceleró la producción del catálogo mensual, que volvió a publicarse en las fechas previstas. Al mismo tiempo, gracias a una buena promoción, aumentó la cantidad de socios y de pedidos. Por primera vez en mucho tiempo, el club ganaba dinero e iba sobre ruedas.

Evidentemente, los propietarios del club estaban muy satisfechos, y Sara esperaba un buen aumento salarial como reconocimiento por su trabajo. Pero pasó el tiempo, hasta que empezó a impacientarse. El sueldo que le habían ofrecido al principio era bajo, pero lo había aceptado porque era joven e inexperta, y porque el trabajo era sensacional. Pero después de veintiún meses, las dificultades de vivir con tan poco dinero (en Manhattan) empezaban a pasarle factura. Quería un aumento de sueldo, lo necesitaba, y sabía que lo merecía.

Un mes antes de cumplirse su segundo año en el trabajo, los propietarios del club concedieron un aumento del 3%, correspondiente al incremento del coste de la vida, a todo el personal. Sara pasó a cobrar entonces 19.800 dólares (un importe realmente bajísimo), y le molestó particularmente que ni siquiera se hubieran dignado a subirle el sueldo hasta 20.000. Sin detenerse a pensar, fue a ver a su jefe y le soltó: «¡Lo menos que podían haber hecho era redondear la cantidad a 20.000 dólares!» Al día siguiente, su jefe le envió una nota indicándole que su nuevo sueldo sería de 20.000 dólares. Era evidente que no había entendido nada. Lo que Sara había querido decirle era que no habían valorado en absoluto lo importante que su trabajo había sido para que el club fuera tan bien.

El error de Sara lo cometen muchas mujeres. Esperó y esperó a que le aumentaran el sueldo, y cuanto más tiempo pasaba, más frustrada estaba. Cuando por fin sucedió, estaba demasiado furiosa para explicar lo que quería de una forma clara o racional. Habría sido mejor que, mucho antes de enojarse tanto, hubiera reunido documentación que demostrara cómo había mejorado el funcionamiento interno del club y lo había transformado en un negocio eficiente y profesional. Podría haber identificado el mejor momento para ir a hablar con su jefe y presentar sus argumentos de modo tranquilo y convincente. Esperar hasta que estás harta y enojada suele llevarte a pedir las cosas mal cuando por fin lo haces.

Jane – Demasiado enojada, demasiado tarde

A veces, las consecuencias de dejar que pase demasiado tiempo pueden ser más graves todavía. Jane era ejecutiva del servicio de atención al cliente de una empresa de telefonía móvil. Cuando llevaba más de dieciocho años trabajando, la empresa lanzó un exitoso programa publicitario que empezó a atraer clientes nuevos sin cesar. El departamento de recursos humanos tenía que contratar deprisa a más comerciales, pero no daba abasto ni encontraba ejecutivos suficientes para formarlos y supervisarlos. Jane empezó a hacer turnos dobles, a formar a nuevos ejecutivos y a nuevos comerciales, y a menudo a responder ella misma las llamadas de los clientes. Cada noche llegaba a casa exhausta.

Los hijos de Jane eran mayores y su marido, que acababa de jubilarse, había esperado pasar más tiempo con ella. Pero, en cambio, no la veía nunca, lo que creaba tensiones en su matrimonio. La salud de Jane también se resentía debido a la falta de sueño, las peleas con su marido y el estrés. La dirección de la empresa no parecía darse cuenta del problema y no adoptaba las medidas necesarias para enderezar un sistema que estaba a punto de venirse abajo. No había reconocido con gratificaciones, aumentos salariales, ni siquiera con un sencillo gesto de agradecimiento, como un vale de regalo para un día en un *spa* local o un ramo de flores, el enorme sacrificio que habían hecho personas como Jane.

Finalmente, Jane llegó al límite. Una de las sobrinas de su marido se casaba en Florida y él la estaba presionando para que se tomara una semana de vacaciones para relajarse tomando el sol después de la boda. Pero no se decidía a pedir los días de fiesta porque no sabía cómo la oficina podría pasar una semana entera sin ella. El jueves anterior a la boda, no pudo aplazarlo más. Así que fue a hablar con su jefa. Ésta, que también tenía muchas dificultades, se sintió amenazada y desautorizada. Era imposible que encontrara a alguien en tan poco tiempo. Enojada, dijo a Jane que si no trabajaba la semana siguiente no hacía falta que volviera.

Jane la obedeció: se marchó y no volvió. Dejó un empleo con casi dos décadas de antigüedad en un momento en que muchas compañías similares estaban externalizando ese servicio al extranjero, donde los empleados cobraban menos. Dejó un empleo en el que esperaba jubilarse. Su error fue esperar a que la empresa cambiara una mala situación en lugar de intentar promover los cambios necesarios. Sólo con que hubiera pedido antes la semana de vacaciones, podría haber encontrado una solución mejor. Sin duda, su jefa habría preferido que Jane siguiera trabajando a que se fuera.

Nuestras dos protagonistas aplazaron actuar y tuvieron que sufrir las consecuencias. Sara no logró el aumento de sueldo que se merecía y actuó de una forma algo embarazosa y poco profesional. Jane perdió su empleo. Aunque quieras dar a tu organización la posibilidad de arreglar las cosas, puede que cuando «ya no puedas más», estés demasiado enojada para pedir lo que quieres de una forma tranquila y convincente.

Aplazar las cosas las empeora

En los últimos estudios sobre cómo viven el temor las personas, los científicos averiguaron que posponer algo desagradable puede hacer que lo que se teme parezca peor cuando por fin sucede. Al parecer, nuestro cerebro impone costes cuando nos preocupamos por algo, y cuanto más tiempo nos preocupamos, mayor es el coste. Aunque pueda parecer lo contrario, cuanto antes pidas lo que quieres, más cómoda te sentirás durante la negociación. Si te preocupa la negociación y la vas aplazando, tu ansiedad hará que el proceso te resulte más difícil. Arrancar despacio una tirita duele más que hacerlo rápido. «Quitarse algo de encima» facilita, en realidad, la experiencia.

Millie – Hazlo ahora

Millie, fundadora de una organización sin ánimo de lucro que presta servicios a adultos con problemas auditivos, necesitaba modernizar su sitio web. Su prima se había ofrecido a hacerlo gratis, pero no empezaba nunca. Millie encontró una empresa de diseño que estaba dispuesta a hacer el trabajo por una tarifa reducida, pero sabía que antes tenía que llamar a su prima. Un viernes por la tarde, después de aplazarlo toda la semana, descolgó y la llamó. De hecho, que Millie la descartara para el proyecto fue un alivio para su prima: tenía demasiado trabajo; por eso tardaba tanto. La conversación fue bien, no hubo resentimientos y Millie pasó el fin de semana mucho mejor que si la hubiera pospuesto hasta el lunes.

¿Importa el lugar?

En la película *¡Qué bello es vivir!*, el señor Potter, el siniestro banquero, invita a George Bailey a su oficina para ofrecerle un trato: pagará a George 20.000 dólares al año (una fortuna en 1946, cuando se rodó la película) para que trabaje para él. Potter, sentado detrás de un gran escritorio, pide a George que se siente en una silla que está tan cerca del suelo que la barbilla apenas le llega a la mesa. Esta disposición dice mucho de la actitud de Potter respecto a la negociación: se cree más listo, duro e importante que el poco práctico George Bailey, y está seguro de que éste no podrá resistirse a su oferta. George echa un vistazo alrededor de la habitación y enseguida se da cuenta de que no desea esta desigual relación profesional, una relación que no se parece en absoluto a las prácticas más cooperativas que él favorece en la compañía de préstamos de su familia.

Aunque es probable que Potter no hubiera convencido a George para que aceptara su trato en ningún caso (George conoce a Potter demasiado bien para confiar en él), la distribución física y el ambiente del sitio que eliges para negociar contribuye a fijar el tono e indica cómo quieres que vaya la negociación. Si sientes que estás en desventaja en la oficina de tu jefe debido a la disposición del mobiliario, pide reuniros en una pequeña sala de reuniones o en la cafetería, si es posible. Si quieres tener una conversación cooperativa con un compañero de trabajo, no deberías hacerlo sentados en lados opuestos de una larga mesa, sino en un ambiente más informal: una sala de la oficina, tomando algo o sentados de lado en un escritorio, consultando documentos. Para las negociaciones en las que intervienen más de dos partes, plantéate una mesa redonda o una sala de reuniones cuya distribución no implique una sutil (o no tan sutil) jerarquía. Procura no situarte en la parte delantera, lo que puede dar la impresión de que estás diciendo a todos los demás lo que tienen que hacer. Evita los espacios que sean demasiado grandes para la reunión. Las personas tienen tendencia a relacionarse mejor cuando están cerca físicamente (aunque no demasiado). Invitar a alguien a almorzar, a un partido o a un acto benéfico puede crear un ambiente favorable al establecimiento de alianzas y al intercambio de información.

Para las negociaciones que tienen lugar en casa, suprime todas las distracciones que puedas. Apaga el televisor, asegúrate de que los niños están ocupados en algo y no trates de hacer la colada al mismo tiempo. Sí, sí, ya sabemos que si tu casa se parece a la nuestra, eso es pedir mucho. Pero haz todo lo que puedas para reducir interrupciones que puedan desconcentrarte.

¿Qué deberías pedir?

Has elegido el momento adecuado e identificado un buen sitio. Ha llegado la hora de negociar. ¿Cómo deberías empezar? ¿Deberías ir al grano y dar tu cifra? ¿Deberías limitarte a decir lo que realmente quieres? Por desgracia, eso es casi siempre un error. Por definición, negociar implica hacer una serie de ofertas y contraofertas en las que ambas partes hacen concesiones. Por este motivo, los negociadores expertos jamás empiezan a negociar haciendo su mejor oferta (aunque pueden intentar convencerte de lo contrario). Tampoco esperan que pidas lo mínimo que vas a aceptar. Suponen que pedirás más de lo que quieres, que ellos harán una contraoferta por menos, que tú rebajaras un poco y que llegaréis a un acuerdo intermedio.

Así, si contratas personal, no ofreces a un candidato tu valor de reserva (el importe máximo que estás dispuesta a pagar). Te gustaría pagarle menos si puedes, y (como esperas que haya una negociación) quieres dejarte cierto margen de maniobra. Si posees una empresa pequeña que va a hacer una compra importante (o alquilar una oficina o contratar los servicios de alguien), no ofreces de entrada el importe total que has presupuestado. Empiezas con una cifra más baja que esperas que te permita ahorrar dinero y que te deja margen para negociar.

Por supuesto, tal vez la negociación que estás planeando sea con un negociador inexperto o sea muy informal, o quizá sepas con certeza que no habrá demasiado intercambio. Pero hasta en las negociaciones menos formales, a no ser que pidas demasiado poco, no suele aceptarse tu primera propuesta. Si no dejas margen de maniobra suficiente entre lo que pides y lo que realmente quieres, corres el riesgo de tener que quedarte por debajo de tu objetivo real.

Puede que pienses: «Pero ya me dijisteis que estableciera un objetivo muy alto. ¡No puedo pedir más!» Sin embargo, si fijaste el objetivo adecuado (tras investigar un poco y hablar con tus colegas y amigos), eso es exactamente lo que deberías hacer.

A continuación te presentamos un ejemplo sobre la importancia que tiene pedir más de lo que quieres:

Pide más de lo que quieres

- Una empresa ofrece a Abby un sueldo de 48.000 dólares, lo que se sitúa en el extremo inferior de la banda salarial de ese trabajo en su zona.
- A partir de su investigación, de sus gastos y de otras ofertas, decide que debería cobrar por lo menos 50.000 dólares para aceptar el trabajo. Éste es su valor de reserva.
- Pero en realidad, Abby quiere 54.000 dólares, y según su investigación, los vale y la empresa se lo puede permitir. Su nivel de aspiraciones (o expectativas, es decir, el objetivo de su negociación) es de 54.000 dólares.

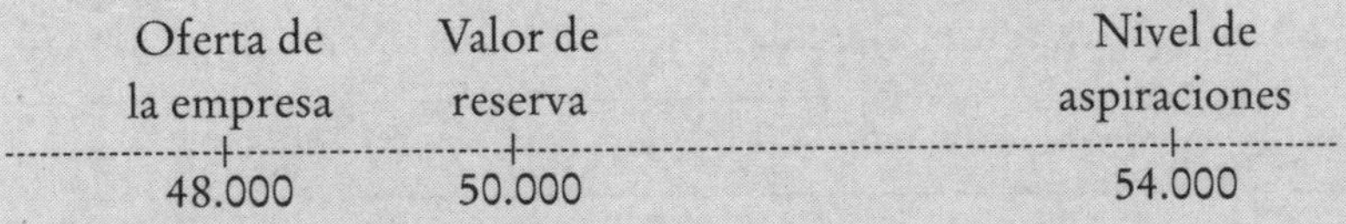

Oferta de la empresa	Valor de reserva	Nivel de aspiraciones
48.000	50.000	54.000

Escenario 1: Abby pide lo que quiere

• Abby pide 54.000 dólares, su nivel de aspiraciones. La empresa hace una contraoferta por 51.000 dólares (la mitad entre 48.000 y 54.000 dólares).

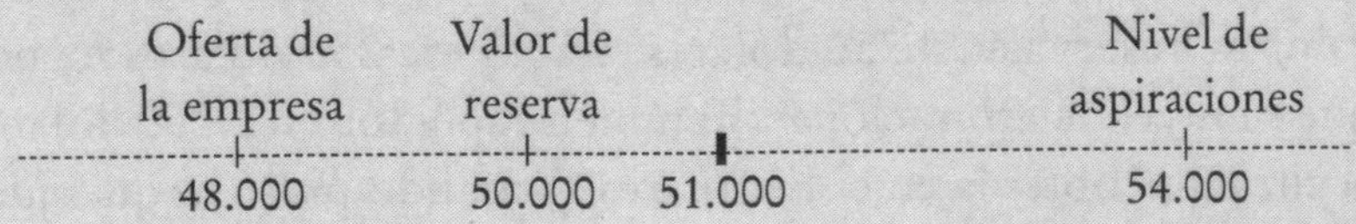

Oferta de la empresa	Valor de reserva		Nivel de aspiraciones
48.000	50.000	51.000	54.000

• Abby cede 2.000 dólares y pide 52.000. La empresa ofrece repartir la diferencia y acuerdan 51.500 dólares.

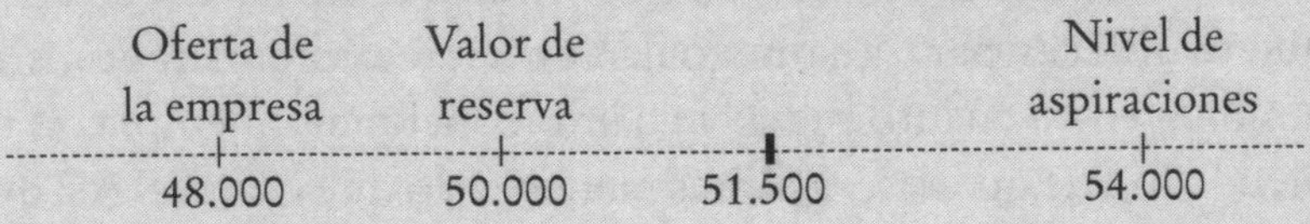

Oferta de la empresa	Valor de reserva		Nivel de aspiraciones
48.000	50.000	51.500	54.000

Escenario 2: Abby pide más de lo que quiere

- Abby pide 57.000 dólares, que son 3.000 dólares más que su nivel de aspiraciones (54.000 dólares). La empresa le hace una contraoferta por 52.500 dólares (la mitad entre 48.000 y 57.000 dólares).

Oferta de la empresa	Valor de reserva		Nivel de aspiraciones	
48.000	50.000	52.500	54.000	57.000

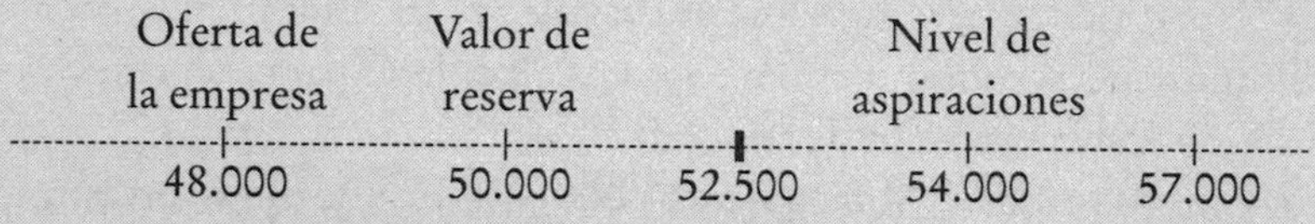

- Abby cede 2.000 dólares y pide 55.000. La empresa ofrece repartir la diferencia y acuerdan 53.750 dólares.

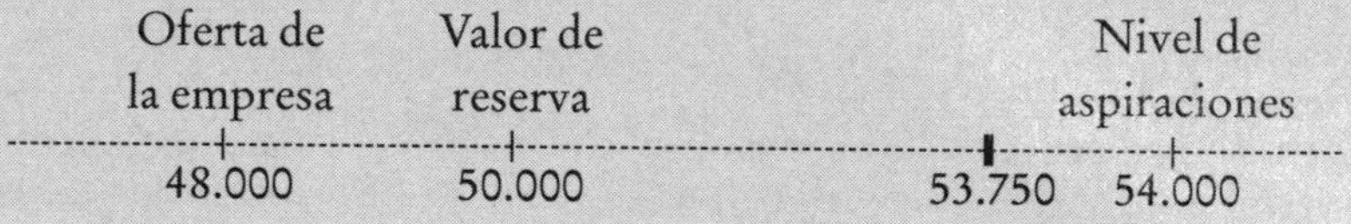

Oferta de la empresa	Valor de reserva		Nivel de aspiraciones
48.000	50.000	53.750	54.000

En el Escenario 1, en el que Abby pedía exactamente lo que quería, logró elevar 3.500 dólares la oferta de la empresa, lo que superaba su valor de reserva en 1.500 dólares, pero era 2.500 dólares menos que su nivel de aspiraciones (54.000 dólares). En el Escenario 2, en el que pedía más de lo que quería, Abby logró elevar 5.750 dólares la oferta de la empresa, lo que superaba su valor de reserva en 3.750 dólares, y sólo era 250 dólares menos que su nivel de aspiraciones. También superaba en 2.250 dólares la cifra que obtenía en el Escenario 1, cuando pidió lo que quería en lugar de pedir más.

Empezar una negociación pidiendo tanto puede darte miedo o vergüenza, o simplemente parecerte una locura, pero no lo es, créenos. De hecho, es habitual, y en ciertas situaciones, es la norma.

No sólo existe una correlación directa entre las expectativas que estableces para una negociación y cuánto consigues, sino también entre cuánto pides y cuánto consigues. Si empiezas pidiendo lo que quieres, recibirás menos de lo que quieres. Así que, si vas a negociar tu sueldo u otra cosa, si has establecido un objetivo alto, pero razonable, opta por pedir más.

Marnie – Dijo su cantidad demasiado pronto

Marnie, una amiga de Linda, estuvo años buscando una mesa de estilo victoriano que le quedara bien en el comedor de su casa. Cuando por fin encontró una que le encantaba, costaba 5.000 dólares, 1.000 dólares más que su presupuesto y de lo que creía que valía.

Sin pensárselo, dijo al vendedor que no quería pagar más de 4.000 dólares por la mesa. El hombre le hizo una contraoferta de 4.600 dólares, y Marnie comprendió al instante que había cometido un error, ya que se vio obligada a aumentar su oferta a 4.200 dólares.

El vendedor le pidió entonces 4.300 dólares, y Marnie decidió aceptar. Puede que pagar 300 dólares más por algo que te encanta no te parezca un error demasiado grande, pero esta cifra equivale a un 7,5% de diferencia, y si pagas ese mismo porcentaje de más en cada compra importante que hagas a lo largo de toda tu vida, la cantidad total de dinero que al final podrías haberte ahorrado o gastado en otra cosa será enorme.

¿Y si es más complicado?

Al negociar un solo tema (como el precio de la mesa de Marnie), tus principales decisiones estratégicas serán si debes hacer o no la primera oferta y lo alta (o baja) que debería ser esa oferta. Una negociación múltiple exige un planteamiento totalmente diferente.

Antes de concentrarte en las ofertas, tienes que identificar los temas que van a comentarse. Y, en lugar de exponer tu posición desde el principio, es mejor que empieces con una discusión general de los intereses subyacentes de ambas partes. Al abordar la cuestión de un ascenso, por ejemplo, en lugar de pedir directamente el cargo, las responsabilidades, el aumento de sueldo, la fecha de inicio y todo lo demás que quieres, podrías decir. «Creo que puedo aportar más a la empresa y estoy preparada para asumir nuevos retos. ¿Podemos comentar a qué puedo aspirar?» De este modo, expresas lo que quieres en líneas más generales y creas el marco idóneo para comentar de modo más amplio tus planes profesionales y el futuro de la empresa. En lugar de empezar de entrada con una negociación tradicional en la que se intercambian o se rechazan ofertas, empiezas con tus objetivos (estoy preparada para pasar al siguiente nivel) y aplazas tener que concretar formas para conseguirlos. Esta clase de conversación introductoria te permite además explorar la situación e identificar los temas que más preocupan a la otra parte. Al iniciar la negociación sin hacer una oferta o propuesta tradicional, dejas margen para que se comenten abiertamente los intereses y las alternativas.

Irma – Muchas cosas que aclarar

Los padres de Irma tenían desde hacía cuarenta años una casita en la playa de una isla preciosa en la costa de Georgia, en Estados Unidos. En ese tiempo, la isla se había convertido en uno de los centros turísticos más atractivos de esa zona, y el valor de la casa había aumentado muchísimo. Tras la muerte del padre de Irma, ella y su marido, Roy, asumieron cada vez más el mantenimiento de la casa. Vivían relativamente cerca, en Savannah, y pasaban la mayor parte de los veranos en ella con sus dos hijos. El único hermano de Irma, Andrew, que era soltero, vivía más lejos, en Atlanta, y no iba tan a menudo. Todos los veranos, aparecía tres o cuatro veces sin avisar, normalmente acompañado de una novia, y no aportaba nada al cuidado ni a los gastos de la casa.

Irma sabía que, en su testamento, su madre les dejaba la casa a ella y a su hermano a partes iguales aunque ella y Roy se habían encargado de todas las reformas necesarias (habían reparado el techo, el porche y la escalera, y renovado la cocina y el acabado de los suelos). Y le preocupaba que Andrew quisiera vender la casa ya que se había vuelto tan valiosa.

Pensó en pedir a su madre que incluyera una cláusula en su testamento que les prohibiera vender la casa, o mejor aún, que lo cambiara y dejara la casa a sus dos hijos.

Se planteó pedir a Andrew que firmara un contrato prometiendo no vender la casa para que, más adelante, pasara a manos de sus hijos. Se preguntó si su madre podría venderle la casa por un precio favorable (era justo después de todo el trabajo que habían hecho en ella) y legar el dinero de la venta a Andrew. Pero ninguna de estas soluciones era ideal, y todas ellas le granjearían la animadversión de su hermano.

Así que se fue a Atlanta e invitó a su hermano a almorzar para hablar del asunto. Le dijo que ella no quería vender la casa porque sus hijos la adoraban, pero que tal vez él quisiera o necesitara el dinero, y que, de todos modos, a Roy y a ella les gustaría alguna compensación por todas las reformas que le habían hecho. Le comentó también que quería saber qué opinaba y cuál sería la solución ideal para él.

Andrew admitió que se había planteado la posibilidad de vender la casa, pero quería a sus sobrinos y guardaba recuerdos muy felices de ella. Como no quería decidir nada sin saber cuánto dinero podrían obtener con su venta, acordaron hacer tasar la casa. El resultado los sorprendió. Valía tanto que Irma y Roy no podían comprarle su mitad a Andrew. Así que decidieron tasar las mejoras que Irma y Roy habían hecho en la casa, y una vez tuvieron toda esta información, llegaron a un acuerdo: Irma y Roy compraron el derecho de su hermano a heredar la mitad de la casa por un precio inferior al del mercado como compensación por su trabajo en ella, y Andrew tenía acceso total a la casa las tres semanas que eligiera cada verano (aunque tenía que avisar con antelación). Como Irma había querido en todo momento colaborar con su hermano en lugar de lanzarle amenazas o hacerle exigencias, ambos pudieron encontrar juntos una solución que no deterioró su relación, y que incluso puede que la fortaleciera.

¿Cuál es la norma de las contraofertas?

Una de las alumnas de Linda le mencionó una oferta de trabajo quc acababa de recibir y le comentó que iba a preguntar a la empresa que se la había hecho si el sueldo era negociable. Linda puso el grito en el cielo y, acto seguido, le explicó que ésa es la peor forma de iniciar la negociación puesto que sugiere que te conformarás con lo que te ofrecen si no es negociable. De modo que la primera norma de las contraofertas es no preguntar nunca si algo es negociable. Supón siempre que lo es y obra en consecuencia.

Esto es especialmente válido cuando la otra parte da el primer paso y pone un paquete, es decir, una propuesta detallada sobre varios temas, sobre la mesa. No supongas que es o todo o nada, y no creas que tienes que hacer inmediatamente una contraoferta. Intenta obtener más información. A continuación encontrarás algunas ideas para hacerlo:

- «Son muchas cosas a la vez. Antes de que les responda, ¿podríamos hablar sobre cuáles son sus objetivos generales en este proceso?»
- «Tenemos muchos intereses en común, y quiero asegurarme de que coincidimos en cuáles son.»
- «¿Podrías comentarme un poco en qué te basaste para preparar esta oferta?»
- «¿Podrías explicarme qué motivos tienes para dividir los temas de esta forma?»
- «Su propuesta incluye muchas cosas. ¿Podría explicarme algunos de los detalles?»
- «Quiero asegurarme de entender tus prioridades antes de empezar a hablar sobre las mías. ¿Qué es lo que más te importa?»
- «No quiero que se me escape nada. ¿Podríamos repasar la letra pequeña?»
- «¿Hay algún otro asunto que debamos comentar antes de seguir adelante? ¿Hay algo que no hayas incluido?»

Las respuestas a estas preguntas te permitirán elaborar una buena contraoferta, hacer intercambios estratégicos y abordar los intereses básicos de la otra parte. Asegúrate de que tu contraoferta te deje un margen suficiente de maniobra (y te deje el mayor margen posible en los temas que más te importan). Hacer una concesión importante en un tema mientras te mantienes firme en otro da a entender algo sobre tus prioridades en estas cuestiones y sobre cuánto estás dispuesta a ceder en ambas. Supón, por ejemplo, que estás negociando el alquiler de unas oficinas, y que el propietario del edificio quiere 3.000 dólares al mes y un contrato por tres años. Si tu objetivo es pagar 2.850 dólares al mes y no quieres comprometerte más de dos años (y la duración del contrato es más importante para ti que el precio), una buena contraoferta sería 2.750 dólares y un año de contrato. Esto sitúa tu nivel de aspiraciones en el punto medio de las dos ofertas. Si el propietario hace una contraoferta de 2.900 dólares y un contrato de tres años, sigues teniendo suficiente margen de maniobra para hacer concesiones y alcanzar tus expectativas. Podrías, por ejemplo, ofrecer aceptar el precio si él acepta un contrato de dos años.

¿Cuántas «rondas» de negociación cabe esperar? Depende mucho del contexto. Las negociaciones complejas que implican la fusión de dos empresas, acuerdos armamentísticos internacionales y prolongadas negociaciones sindicales pueden tener muchas rondas en las que se efectúen propuestas de una parte a otra y viceversa durante años. Las negociaciones de trabajo suelen tener, por lo general, dos o tres rondas, lo mismo que las negociaciones del precio de un coche o de una casa. (Una conocida de Linda tardó varios meses, y muchas rondas, en negociar la compra de una casa, pero eso no es lo habitual). Si no estás segura sobre qué esperar en una negociación concreta, habla con personas que hayan realizado negociaciones parecidas para hacerte una idea aproximada.

Ten presente esta información y empieza a preparar tu plan de concesiones. Para ello, analiza qué indicarán tus concesiones a la otra parte. Si pones a la venta un coche de cinco años por

14.500 dólares, por ejemplo, y un comprador te ofrece 12.000 dólares, podrías hacer una contraoferta en la que rebajaras el precio a 14.300 dólares. Esto indicaría que ya estás cerca de tu valor de reserva y es probable que no reduzcas mucho más el precio. Si, en cambio, lo rebajas a 13.000 dólares, lo más seguro es que el posible comprador deduzca que habías fijado un precio inicial excesivo, que realmente quieres vender el coche y que bajarás aún más el precio. Ceder demasiado al principio puede hacer que la otra parte adopte una postura intransigente porque espera que tú hagas la mayoría de las concesiones.

A medida que avanzan las rondas de una negociación, el volumen de las concesiones suele reducirse. Tenlo en cuenta cuando elabores tu plan de concesiones, de modo que éstas sean menores a medida que te vayas acercando a tu objetivo. Supón que ves un cuadro en una pequeña galería de arte. El precio en la guía es de 1.000 dólares, pero tú decides que no pagarás más de 900 dólares y que te gustaría comprarlo por 825 dólares (tu nivel de aspiraciones o expectativas). Ofreces 700 dólares y el artista hace una contraoferta por 900 dólares. Es una buena señal, puesto que ya has conseguido tu valor de reserva. Tu siguiente oferta podría ser de 750 dólares, inferior aún a tus expectativas. Es probable que el artista no la acepte, ya que su segunda concesión debería ser menor que la primera. Pero no pasa nada, porque tu nivel de aspiraciones sigue estando en el punto medio de las dos ofertas que hay sobre la mesa. El artista te hace una tercera oferta por 850 dólares. Entonces, puedes pedirle repartir la diferencia. Si acepta, conseguirás el cuadro por 800 dólares (por debajo de tus expectativas). Ofrecerse a repartir la diferencia es una táctica que suele ir muy bien porque apela al sentido de la justicia de la otra parte. ¿Qué podría ser más justo que cerrar el acuerdo en el punto medio? La clave de esta táctica consiste en asegurarte de que el punto medio es el que a ti te conviene.

Fija el día

Una vez hayas decidido qué pedir y hayas elaborado tu plan de concesiones, escribe tu plan en un tarjetón que puedas llevar a la negociación. Reúne las demás notas, documentos o proyecciones que te gustaría tener contigo. Si necesitas tiempo para investigar un poco más, fija un calendario para acabar de prepararte. Controla tus progresos y no te demores sin una buena razón. Si te ves obligada a reducir el ritmo, no lo dejes. Vuelve a empezar donde lo dejaste e insiste hasta finalizar este trabajo previo.

Cuando estés preparada y hayas identificado el mejor momento para pedir lo que quieres, establece un calendario para la negociación (si va a ser una negociación con varias fases, establece un calendario para los pasos intermedios así como la fecha límite). Programa la reunión con la otra parte (u otras partes, si hay más de una) y, si es necesario, reserva una sala de reuniones u otro sitio. Decide si sería útil disponer de una pizarra o de un rotafolios para que ambas partes puedan escribir las ideas que van a comentarse. Si te parece adecuado en el marco y el contexto de la negociación, también puedes planear tomar apuntes durante el proceso. Eso puede servirte para seguir el rumbo de la discusión y captar lo esencial de lo que se comentó. En la mayoría de casos, no es buena idea llevar un portátil. Puede crear una barrera artificial entre tú y la otra parte, y puede que te pases más tiempo mirando la pantalla del ordenador que a la otra persona. Si tu negociación va a precisar complicados cálculos financieros para los que sería necesario mostrar una hoja de cálculo, pide a alguien que te acompañe para que muestre las cifras mientras tú te concentras en tu interacción con los demás negociadores.

¿Deberías recurrir a los faroles?

Una vez has iniciado la negociación, ¿es correcto mentir o hacer insinuaciones que lleven a la otra parte a sacar conclusiones erróneas? Si creen que estás dispuesta a abandonar la negociación mucho antes de lo que lo harías en realidad, tal vez cedan más y te ofrezcan un acuerdo mejor del que conseguirías de otro modo. El farol puede ser un instrumento útil para influir en la percepción que la otra parte tiene de tu valor de reserva, algo que no quieres revelar en una negociación. Pero recurrir a los faroles conlleva muchos riesgos.

En los ejercicios de clase, algunos de los alumnos de Linda mienten descaradamente para lograr cerrar un buen trato, otros dicen inequívocamente la verdad y un tercer grupo se sitúa entre estos dos extremos. Tú tienes que decidir por ti misma qué te va mejor, y lo ideal es que lo hagas de antemano, porque en plena negociación podrías tomar una decisión que luego lamentes. Recuerda que la persona con quien estás negociando puede tener ideas muy distintas a las tuyas sobre lo que es aceptable, de modo que cuanto más la conozcas, más preparada estarás para juzgar hasta dónde puedes llegar. El contexto también es importante. En una partida de póquer, por ejemplo, usar faroles no sólo es aceptable, sino que se espera que lo hagas. Pero es probable que no sea buena idea cuando estás negociando con tu pareja o con tu mejor amiga.

Cuando estés decidiendo si vas a recurrir a un farol en una negociación determinada, recuerda que puede estar en juego tu reputación. En las clases de Linda, los alumnos que se tiran muchos faroles tienen muy mala fama. Después de cada negociación práctica, Linda distribuye la información confidencial que utilizaba cada parte a todos los alumnos, lo que revela inmediatamente quién dijo la verdad, quién mintió hasta los dientes y quién se tiró un farol. Si un alumno dijo una mentira descomunal suele pasarlo mal en clase durante lo que queda de trimestre. Muchos alumnos evitan negociar con los que se tiran más faroles, y cuando no tienen elección desconfían de todo. Su desconfianza impide que ambas partes se comuniquen abiertamente, de modo que terminan llegando a un mal acuerdo o no llegando a ninguno.

La estructura de la clase garantiza que las mentiras y los faroles se detecten enseguida, lo cual, sin embargo, no siempre ocurre. Pero si existe el riesgo de que tu farol se descubra, ve con cuidado. Si dices a un cliente que no puedes hacer un trabajo por debajo de cierta cantidad y, más adelante, se entera de que cobraste mucho menos a otra persona, la animadversión que esto genera puede hacerte perder el primer cliente. Si dices a una empleada nueva que te está pidiendo un horario flexible que todo el mundo trabaja las mismas horas, la relación empezará a deteriorarse si averigua que muchas personas hacen horarios distintos. Si tu empresa se fusiona con otra organización y le dices a tu nuevo jefe que nadie más de tu nivel tiene tus aptitudes porque deseas que te asignen un proyecto determinado, esto puede tener consecuencias negativas más adelante en caso de no ser cierto.

Si sabes con certeza que la otra parte no descubrirá nunca que usaste un farol, quizá quieras correr el riesgo. Pero no deberías alardear nunca ante la otra parte de lo lista que fuiste, ni insinuar siquiera que podía haber obtenido un acuerdo mejor. Y recuerda que, antes de dar ese paso, debes calcular el impacto y los posibles perjuicios que usar faroles tendrá en tu relación.

No hay pautas universales

Recuerda que harás miles de negociaciones durante tu vida (¡esperamos que así sea!) y que no habrá dos idénticas (a no ser que cuentes esas discusiones habituales con tus hijos sobre cuándo pueden tomar un refresco). Si bien te hemos proporcionado unas pautas que seguir, tendrás que adaptar tu estrategia a cada situación. ¿Cómo inicias la discusión, qué pides, en qué orden propones las distintas partes de una negociación múltiple, cuándo y dónde pides lo que quieres, qué tipo de información quieres revelar? Son muchas cosas, pero estás preparada. Ha llegado el momento de practicar.

12

ENTRENAMIENTO NEGOCIADOR: A SUDAR SE HA DICHO

¿Y si te das cuenta de que has desaprovechado bastantes oportunidades para negociar y estás resuelta a que no vuelva a ocurrirte pero has negociado pocas veces en tu vida? ¿Deberías empezar pidiendo mañana mismo un aumento de sueldo y un ascenso a tu jefe? Puede que no. No deberías empezar a hacer ejercicio apuntándote a una maratón, así que ponte antes en forma.

Para ayudarte a desarrollar tus músculos negociadores, hemos ideado una serie de seis semanas de ejercicios. Plantéate hacerlos de forma sistemática (aunque no es necesario que sea en semanas consecutivas). Linda asigna estos ejercicios a sus alumnos, que aprenden mucho de ellos, aunque tienen sus dudas. Se preguntan si tanta práctica es realmente necesaria y les preocupa sentirse ridículos pidiendo cosas que saben que no van a obtener. Pero la situación cambia enseguida. Empiezan a correr riesgos mayores, a establecer objetivos más altos y a desafiarse entre sí para ver quién es más imaginativo. Se animan unos a otros, se divierten y están ansiosos por describir tanto sus fracasos como sus éxitos.

Si puedes, consigue a alguien con quien practicar el programa. Los dos podéis comparar vuestras impresiones, analizar conjuntamente vuestras experiencias y reíros de las respuestas disparatadas que obtenéis. Hacer los ejercicios prácticos con un amigo te permitirá apreciar la astucia negociadora y hará que el proceso te resulte más agradable hasta culminarlo la sexta semana.

Primera semana: Ejercicios fáciles de calentamiento

Empieza a desarrollar tus aptitudes negociando varias cosas pequeñas, es decir, cosas en las que hay poco en juego (no te sabrá mal no conseguirlas). Pregunta si puedes salir una hora antes un día para asistir a una conferencia o si sería posible instalar una impresora de alta velocidad en tu planta para no tener que bajar la escalera cada vez que tienes que usarla. Si trabajas por cuenta propia, pregunta en la tienda habitual de material de oficina si pueden hacerte descuento. O empieza fuera del trabajo. Di a tu pareja que pida un día de fiesta (en lugar de hacerlo tú) para esperar al fontanero en casa. Pide a tu hermano que lleve la bebida y el postre a una fiesta familiar para la que tu hermana y tú habéis preparado la comida. Pide por lo menos una cosa cada día de la semana.

- Pide algo que estés bastante segura que puedes conseguir.
- Pide algo que te gustaría conseguir pero que no te importaría mucho no obtener.
- Pide algo a un completo desconocido a quien es probable que no vuelvas a ver nunca.
- Pide algo que no te incomode pedir, de modo que no te pongas nerviosa al hacerlo.
- Pide algo que sepas que a la otra parte le será fácil darte.

En cada caso, haz tu petición de forma sencilla y espera la respuesta. Intenta ocultar que estás nerviosa (si lo estás). Di lo que quieres y deja que la otra persona dé el siguiente paso.

Si practicas pedir cosas pequeñas, y lo haces muchas veces, descubrirás que con frecuencia la gente no responde tan negativamente como esperabas. Cuando veas cuántas de estas pequeñas negociaciones terminan favorablemente para ti, empezarás a considerar negociables muchas cosas que siempre habías supuesto inamovibles (precios de tiendas, calendarios que fijan otras personas, incluso acuerdos tácitos sobre las tareas del hogar). Conseguirás muchas de las cosas que pides y adquirirás la seguridad necesaria para llevar a cabo negociaciones más importantes.

Sara – Una semana ajetreada

En verano de 2006, para probar la primera semana de nuestro programa, Sara intentó negociar varias cosas pequeñas. Acababan de pintarle el cuarto de baño y una de sus tiendas favoritas ofrecía rebajas de ropa blanca. Un domingo compró dos toallas de mano de distintos colores para ver cuál le iba mejor. Cuando regresó a la tienda el sábado siguiente, las rebajas habían terminado y, aunque quería seis juegos de toallas, a ese precio sólo podía comprarse cuatro. Decidió negociar con una dependienta: si le cobraba el precio rebajado, le compraba seis juegos. Si no, sólo cuatro. La dependienta aceptó cobrarle el precio rebajado.

Esa misma semana, invitaron a Sara a un picnic al aire libre. Se detuvo a comprar tomates en un supermercado de productos ecológicos. Mientras hacía cola para pagar, vio cómo la cajera sacaba los tomates de las cestitas en las que iban, los pesaba y los metía en una bolsa de plástico. Pensó que era una lástima, así que cuando llegó su turno, preguntó a la cajera si podía comprar también la cestita para llevarlos a un picnic. La cajera bajó la voz y le dijo: «Llévesela, pero no se lo diga a nadie. Que se lo pase bien en el picnic.»

Sara es asimismo usuaria de su biblioteca local, que dispone de un sistema en línea que le permite solicitar los libros desde su casa. Una bibliotecaria le envía un e-mail cuando el libro está disponible, y Sara tiene una semana para recogerlo. Llevaba casi dos meses esperando uno que estaba muy solicitado, y cuando le llegó el aviso, se iba de vacaciones y no podía recogerlo antes. Como no quería volver al final de la lista de espera, envió un e-mail a la biblioteca para preguntar si sería posible que le reservaran el libro dos días más hasta su vuelta. Media hora después, una bibliotecaria le respondió que sí.

Sara también pidió algunas cosas que no consiguió. Compró varias plantas perennes en un vivero y preguntó si le harían un descuento, pero se lo denegaron. Su madre y ella asistieron a una feria de joyería, y su madre compró tres collares de labradorita, una piedra semipreciosa, al mismo vendedor; Sara le pidió que les hiciera un descuento, pero se negó. Sin embargo, convenció a otro vendedor de que les rebajara el precio de un collar caro de prehnita a más de la mitad.

Segunda semana: Estiramientos

Esta semana se centra en establecer unas expectativas elevadas. Vuelve a elegir cosas pequeñas que deseas pero que no te importa demasiado no conseguir. Identifica lo máximo que crees que puedes obtener y pide el doble. Si estabas planeando ofrecer un 10% menos por una lámpara antigua que te gusta, pregunta si te la pueden vender por un 20% menos. Si quieres irte de vacaciones la última semana de agosto, pero también te gustaría tomarte unos días en Navidad, pide ambas cosas. Si quieres una nueva silla para tu despacho, pide la silla y unas cortinas nuevas.

La prueba de la risa

Linda siempre dice a sus alumnos que utilicen lo que ella denomina «la prueba de la risa»: pedir todo lo que puedan sin reír. Si no eres de las que se ríen, pide todo lo que puedas sin sonrojarte, sin tartamudear o sin que te tiemble la voz. Identifica tus claves conductuales (tu forma de indicar, sin darte cuenta, que no crees en lo que estás diciendo), y evita hacerlas cuando estás pidiendo algo que te parece mucho.

Astrid – ¿Una o dos noches más?

Una vez al año, Astrid y sus colegas asistían a una gran feria comercial de cuatro días en la Costa Oeste de Estados Unidos. Llegaban el sábado para instalarse y dedicaban catorce horas diarias de domingo a viernes a la feria. El jueves regresaban de noche a la Costa Este y volvían al trabajo el viernes por la mañana. El viaje de noche afectaba mucho a Astrid, que siempre tardaba una semana en recuperarse. La alternativa era que la empresa le pagara una noche más de hotel y le permitiera faltar el viernes al trabajo. Y, ya puestos, podría quedarse otro día, relajarse un poco después de una semana agotadora, ir a ver a su sobrino, que estudiaba en UCLA, y viajar el sábado. Así que explicó a su jefe que cuando volvía el jueves por la noche, el viernes no rendía nada, mientras que si regresara el sábado, el lunes estaría como nueva. Dudaba que su jefe aceptara pero, para su sorpresa, lo hizo.

Jiao – Controla la propagación de gérmenes

Jiao llevaba dos años trabajando en un importante bufete de abogados. Un mes de enero, el bufete se preparaba para el juicio de una empresa acusada de fraude contable y de abuso de información privilegiada. Había varios abogados y el doble de asistentes legales trabajando en el caso, y en todo momento había por lo menos diez personas revisando documentos en una de las salas de reuniones. En esos días, había una epidemia de gripe, y Jiao se dio cuenta de que todo el mundo estornudaba y se sonaba la nariz mientras trabajaba. Temía caer enferma, y sabía que, como andaban escasos de tiempo, si demasiados abogados contraían la gripe, no estarían preparados cuando llegara la fecha del juicio. Jiao decidió preguntar al socio que llevaba el caso si sería posible poner varias botellas de gel antiséptico para las manos en la mesa de reuniones y llamar a un practicante para que vacunara a todos los empleados que quisieran. El socio aceptó su propuesta de inmediato.

Tercera semana: Intenta lo imposible

Ha llegado el momento de exponerse al rechazo, de acostumbrarse a oír que no, sin tomárselo como algo personal ni tener la sensación de haber fracasado. Una vez, Linda intentó negociar el precio de la gasolina. El encargado de la gasolinera se negó a rebajársela (menuda sorpresa), pero pareció divertido. ¿Le dolió eso a Linda? ¿Y si se hubiera indignado? ¿O le hubiera dicho que era una mujer ridícula que no tenía ni idea de coches (lo que no es cierto)? ¿Le habría dolido eso? ¿Y si le hubiera gritado? Habría sido desagradable pero, ¿le habría dolido? Es probable que no. ¿Habría tenido un impacto negativo en ella a largo plazo? Desde luego que no.

Uno de nuestros principales objetivos al escribir este libro ha sido ayudarte a no sentirte tan violenta al oír que no. A nadie le gusta que lo rechacen, pero los estudios indican que la autoestima de las mujeres fluctúa más que la de los hombres según las reacciones, tanto positivas como negativas, de los demás. Cuando a un hombre le niegan algo que pide, puede limitarse a encogerse de hombros y pensar que ya tendrá más suerte la siguiente vez. Una mujer puede tomarse la negativa como una valoración de la calidad de su trabajo, o peor aún, como un reflejo de lo que vale como persona. Los estudios también demuestran que el riesgo social incomoda más a las mujeres que a los hombres. Y como, por muy bien que te prepares, siempre existe la posibilidad de que te rechacen, negociar conlleva, por definición, cierto grado de riesgo social.

Esta tercera semana del programa está pensada para que superes este obstáculo y puedas tomarte el rechazo con calma, como un riesgo calculado, y como algo que te permite descubrir todo tu potencial. Resulta estupendo averiguar que puedes pedir algo (aunque sea importante), no conseguirlo y que eso no te afecta. Es un alivio enorme comprobar que puedes seguir relacionándote sin problemas con la persona que te lo negó. Si evitas negociar lo que tal vez no vayas a conseguir, quizá no sepas nunca que, en lugar de molestarse o de pensar peor de ti, mucha gente no piensa nada de nada. Pediste algo, te dijeron que no y se acabó.

Piensa que se trata de un juego donde tienes muy poco que perder e intenta negociar el precio de las manzanas en el supermercado o el de un televisor de plasma de cuarenta y dos pulgadas en unos grandes almacenes. Pregunta a tu jefe si puedes llevar al perro a la oficina para que no se quede solo en casa. Llama al Ayuntamiento de tu ciudad y pide que te rebajen el impuesto sobre bienes inmuebles. La respuesta a la mayoría de estas peticiones será que no, pero aunque alguien te grite o te trate groseramente, no habrás perdido nada ni habrás sufrido un daño duradero. (Para demostrártelo a ti misma, plantéate pedir algo por lo que sepas que te gritarán, agárrate fuerte y prepárate para reírte de ello después.)

A continuación encontrarás algunos ejemplos de cosas que los alumnos de la clase de Linda intentaron negociar durante esta tercera semana.

- Una alumna fue a ver a Linda a su despacho y le dijo que en quería que le subiera un poco las notas para mejorar su media. Tal como Linda le había enseñado, hizo su petición y esperó a que ella reaccionara. Linda vaciló porque no sabía si hablaba en serio o si estaba practicando. Durante el silencio de Linda, la alumna conservó la calma (no se rio, no se echó atrás ni reflejó si esperaba o no que la rechazara). Linda se negó. Después, la alumna le explicó que estaba muy orgullosa de sí misma por haber seguido hasta el final.
- Un alumno pidió a la encargada de un restaurante de comida rápida si podía darle cuarenta vales por un taco o un burrito gratis para que los repartiera entre sus compañeros de la clase de negociación. La encargada se negó, pero le dio dos vales para él.
- Un alumno pidió a una inquilina de su mismo edificio (a la que no conocía) que le dejara usar gratuitamente su conexión inalámbrica a Internet. La mujer se negó.

- Una alumna estaba planeando viajar a Islandia con dos amigos. Llamó a Icelandair para preguntar si le aplicarían la tarifa de grupo. Le dijeron que tres personas no se incluían en la clasificación de grupo y rechazaron su petición.

Ninguno de estos alumnos sintió que hubiera sufrido daños psicológicos permanentes ni deteriorado ninguna de sus relaciones personales al exponerse a ser rechazados de esta forma. A unos cuantos les sorprendió averiguar que sus peticiones obtenían mejores resultados de lo que habían previsto.

Cuarta semana: Redobla esfuerzos

Y ahora, subamos las apuestas. Elige una semana de respiro para concentrarte en las negociaciones que quieres llevar a cabo y tiempo para reflexionar sobre tus experiencias.

- El primer día de la semana, elabora una lista con cuatro o cinco cosas que puedas negociar esta semana. Tu lista debería contener por lo menos una cosa que sea relativamente grande, algo que te importe pero que sea difícil conseguir, y varias cosas que no sepas si puedes conseguir. Estas negociaciones deberían exigir cierta preparación y buenas elecciones estratégicas. Comprométete a pedir todo lo que figura en tu lista y empieza.
- Pide por lo menos dos cosas el primer día. Al final del día, toma notas sobre cada experiencia. Describe qué hiciste bien y qué tienes que practicar más.
- Los cuatro días siguientes, negocia las demás cosas de tu lista.
- Resérvate la cosa más grande de la lista para el final de la semana, cuando ya tengas algo de práctica. (Si es posible, intenta que sea una negociación múltiple en la que tengas la posibilidad de utilizar el sistema de concesiones mutuas para obtener lo que quieres.)

- Al final de la semana, repasa las negociaciones que salieron bien y las que no. Hazte las siguientes preguntas:
  - ¿Qué formas de preparación fueron más eficaces? ¿Qué fue innecesario? ¿Qué preparación (adicional o diferente) te habría ido bien?
  - ¿Valoraste y usaste correctamente tu poder de negociación?
  - ¿Previste bien los intereses y la conducta de la otra parte?
  - ¿Qué estrategias negociadoras (la oferta inicial, la elección del momento oportuno, etcétera) te funcionaron bien? ¿Hubo situaciones en que habría sido más eficaz usar otra estrategia? ¿Hubo situaciones en las que elegiste la estrategia adecuada pero la presentaste mal o no la seguiste hasta el final?
- Compara la valoración de tus tres últimas negociaciones con las notas que tomaste sobre las dos primeras. ¿Ha cambiado algo? ¿Has mejorado en ciertos aspectos? ¿Puedes identificar claramente qué tienes que practicar más?

A continuación te presentamos varios ejemplos de las negociaciones más complejas e importantes que los alumnos de Linda han intentado durante la cuarta semana:

- Una alumna trabajaba quince horas a la semana en una organización sin ánimo de lucro durante el semestre. Su tarea consistía en recaudar fondos, lo que no le gustaba demasiado. Así que convenció a sus jefes de que le permitieran dedicar parte del tiempo al desarrollo de programas.
- Un alumno quería arreglar su sótano pero no tenía dinero suficiente. Tenía dos amigos, marido y mujer, que eran propietarios de una pequeña empresa dedicada a la reforma de viviendas. El alumno sabía que su amigo acababa de comprarse un ordenador Macintosh y tenía problemas con su funcionamiento. Como hacía años que él tenía uno y era un experto en sus particularidades y sus posibilidades, preguntó si podría pagar en metálico el trabajo de carpintería

y permutar su experiencia en Macintosh por el eléctrico, que no era demasiado. Pintaría las paredes él mismo. Sus amigos aceptaron.

- Una alumna trabajaba a tiempo parcial como secretaria en la universidad para pagarse los estudios y quería seguir trabajando en ella al terminarlos, pero no de secretaria. Tenía muchas ideas sobre cómo mejorar el servicio a los estudiantes, pero para llevarlas a la práctica sería necesario crear un nuevo puesto. Durante la cuarta semana, presentó sus ideas al decano en cuya oficina trabajaba y éste le prometió que tendría en cuenta su petición cuando preparara el presupuesto para el siguiente año fiscal.
- Una alumna escribía artículos como *free lance* para un periódico de Pittsburgh y esperaba que la contrataran a jornada completa cuando terminara sus estudios. Durante la cuarta semana, se lo pidió a su jefe, que le dijo que no. Aunque sufrió una decepción, dejó de esperar y empezó a buscar otro trabajo. Cuando terminó sus estudios, había conseguido empleo de jornada completa en otro periódico.

Quinta semana: Ve al límite

Esta semana pide tres cosas que estés bastante segura de que no puedes conseguir, o bien porque sabes que a la otra parte le sería difícil concedértelas o bien porque generalmente no se negocian. Pero, a diferencia de la tercera semana, pide cosas que te importan a personas con quienes mantienes una relación duradera, e incluye por lo menos una que te parezca muy difícil y que te encantaría conseguir. Plantéate, por ejemplo, pedir a alguien próximo algo que implique cambiar la forma en que se han hecho siempre las cosas, como pedir a tu pareja que cocine la cena la mitad de los días.

En cada caso, asegúrate de no indicar que crees que te van a negar lo que pides. El objetivo no es conseguir todo lo que pides, sino tolerar la incomodidad de pedir mucho y esperar a que otra persona decida cómo responder. Si rechazan tu propuesta, no te disculpes. Sonríe y di: «Valía la pena intentarlo.» Y ya está.

Caitlyn – Un viaje para hacer mejor su trabajo

Caitlyn trabajaba en el departamento de ventas de una empresa dedicada a la fabricación y la instalación de ventanas que había empezado a recibir pedidos de diseños específicos para casas concretas. Fabricar estas ventanas personalizadas requería mucha mano de obra y salía muy caro, de modo que la empresa se veía obligada a cobrar cantidades astronómicas por ellas. Pero Caitlyn observó que ninguno de sus clientes discutía los precios, y que cada vez les llegaban más pedidos. Comprendió que la empresa había creado, sin darse cuenta, un nicho de mercado que podía resultar muy rentable para sus productos. Sin embargo, nadie de la empresa conocía realmente ese mercado.

Caitlyn le comentó a su jefe que, para sacar el máximo partido de esta oportunidad, tenían que averiguar todo lo que pudieran de este mercado en el menor tiempo posible, y se ofreció a ir a Nueva York a reunirse con el jefe de una organización especializada en la venta en el mercado de artículos de lujo. Creía que su jefe iba a denegárselo ya que la empresa, de propiedad familiar, era muy prudente con sus prácticas empresariales, pero tras consultarlo con su hermano, que era copropietario de la empresa, le pagaron el viaje.

Sexta semana: Supérate

Ha llegado la hora de poner a prueba los músculos que has estado desarrollando. Esta semana elige algo grande que creas que no está bien querer; algo que te haría parecer codiciosa o egoísta si lo pidieras. Asegúrate de que es algo que realmente quieres. Y, después, pídelo. Tanto si lo consigues como si no, reprime el impulso de disculparte o sentirte mal. Convéncete de que está bien querer lo que quieres. Contén el impulso de rebajar tu petición por miedo a excederte.

Celia – Decora mi despacho

Celia era directora de marketing de una próspera empresa de *software* con sede en Silicon Valley. Cuando su marido consiguió un trabajo en Minneapolis, renunció a su empleo, pero su jefe insistió en que se quedara en la empresa: podía trabajar desde casa e ir un par de veces al mes a la oficina. Celia aceptó, y cuando su marido y ella estuvieron instalados en su nueva casa de Minneapolis, decidió montar su despacho en una habitación del desván. Tenía una mesa que había usado en su casa de California para el ordenador, una impresora sencilla, una fotocopiadora y un fax, pero poco más. Como su jefe era quien había decidido que trabajara desde casa, creía que él debería pagarle los gastos: la línea de banda ancha para conectarse a Internet, la moqueta, una impresora de mejor calidad y unos cuantos muebles de oficina decentes. Incluso quería instalarse un fregadero y una nevera pequeña para no tener que subir y bajar la escalera cada vez que le apeteciera tomar algo. Habría podido encontrar un buen trabajo en Minneapolis o en sus alrededores y ahorrarse tener que desplazarse a California dos veces al mes. Si no lo había hecho era porque su jefe quería que siguiera trabajando para él, de modo que debería hacer que su despacho fuera tan cómodo y eficiente como el que ocupaba antes de trasladarse. Pero se sentía culpable porque, en realidad, podía permitírselo si quería, y tenía la impresión de que era pedir demasiado. Aún así, lo hizo. Su jefe le preguntó sin vacilar: «¿Cuánto necesitas?»

Relájate

Si has acabado tu programa de seis semanas, felicidades. ¿Cómo te fue? ¿Lograste cambiar más cosas de las que esperabas? ¿Lograste hacer cambios más importantes de lo que esperabas en determinadas situaciones? ¿Pudiste mejorar, aunque sólo fuera un poco, una situación de difícil solución que creías imposible alterar? ¿Cambiaste de opinión sobre negociar en general después de hacerlo tantas veces?

Hemos diseñado esta sesión de ejercicios de negociación para que sea un reto, pero divertido. Y, una vez terminada, esperamos que sientas la misma sensación de euforia que cuando acabas una sesión de ejercicio físico, con la satisfacción de haber trabajado duro, mejorado tus aptitudes y flexionado tus músculos negociadores. Deberías sentirte muy bien no sólo por las cosas que pediste y conseguiste sino también, y tal vez más incluso, por haber pedido las cosas que no obtuviste.

Cuarta fase

Recapitula todo lo que has aprendido

13

Ensayo general

Linda dedica todas las semanas una clase a la práctica de la negociación. Entrega por adelantado a sus alumnos información detallada sobre sus posiciones, intereses y expectativas, y después, en clase, los distribuye por parejas y les deja total libertad. Este proceso permite a los alumnos probar distintas estrategias, adquirir soltura para negociar y sentir muchas de las emociones fuertes que puede provocar una negociación.

En tu caso, el *role-playing*, un juego de simulación basado en la representación de papeles, te proporcionará muchas de estas ventajas. Puedes probar estrategias, practicar la presentación de los temas y explorar distintas formas de decir lo que quieres: elige palabras o frases diferentes, cambia el orden en que presentas tus ideas, retoca ligeramente lo que quieres destacar y elimina comentarios superfluos que parecen guardar relación con el asunto pero que, una vez expresados en voz alta, resultan ser cuestiones secundarias o distracciones.

La técnica del *role-playing* va especialmente bien para controlar la dimensión emocional de una negociación. Las emociones crean problemas cuando interfieren en tu capacidad de pensar con rapidez, de reaccionar enseguida y con imaginación al recibir nueva información, y de aguantar cuando la negociación se complica. Cierta cantidad de rabia puede incitarte a actuar, pero también puede nublarte el pensamiento y hacerte perder de vista tus objetivos generales. Cuando te enojas, es fácil que te distraigas con cuestiones periféricas o te concentres demasiado en un aspecto mientras ignoras otros que son igual de importantes o más. Puedes aferrarte a tu posición inicial y resistirte a aceptar cualquier tipo de solución intermedia, y ser incapaz de evaluar objetivamente los argumentos legítimos que te presenta la otra parte. Si te atrincheras en tu postura, pasarás por alto opciones que podrían resolver algunos de los problemas en los que os habéis encallado. Si llegas a un acuerdo con la otra parte, lo más probable es que una de las dos, o ambas, no esté satisfecha con muchas de sus condiciones. O puede que no llegues a ningún acuerdo. Y, por supuesto, dejarte llevar por la rabia hará que la negociación sea más desagradable para todos.

La tristeza también puede causar problemas porque, según está demostrado, conlleva que la gente se fije objetivos más bajos. Si otro negociador dice algo que te desanima (sobre un cambio en tu organización que la convertirá en un lugar donde será menos grato trabajar, por ejemplo), tal vez decidas rebajar tus objetivos o ceder demasiado deprisa.

Por último, las emociones negativas pueden ser contagiosas. Tu rabia puede generar rabia en la otra parte, lo que dará lugar a una «espiral conflictiva». Si te flaquean los ánimos o la energía, el otro negociador puede asimismo perder su ímpetu, sentirse menos optimista sobre las posibilidades de lograr una buena resolución y aceptar una solución que sea decepcionante desde todos los puntos de vista.

Como Roger Fisher y Daniel Shapiro escribieron en *Las emociones en la negociación*: «El peor momento para preparar una estrategia para superar fuertes emociones negativas es cuando se sienten... Lo ideal es elegir de modo consciente e inteligente qué hacer con las emociones fuertes y cómo abordar lo que las causó.» Si te domina un sentimiento inesperado, es muy probable que dediques tu atención a resolver qué hacer con él: si ocultarlo, expresarlo o dejarlo latente bajo la superficie. Dedicar mucha energía mental a dominar tus emociones dificulta que te concentres en los temas que se comentan, que escuches con atención, que analices las opciones objetivamente y que busques formas creativas de resolver problemas compartidos. Esta pérdida de claridad y agilidad mental puede minar tu capacidad de negociar. Puede que para quedar bien, evitar conflictos o calmar a alguien de la otra parte, te encuentres desdiciéndote de tu plan y renunciando bruscamente a él.

Ensayar de antemano puede evitar que esto ocurra. Una vez hayas previsto y sentido una emoción al interpretar tu papel en el *role-playing*, esa emoción no te parecerá tan fuerte cuando la sientas en la negociación real. Además, no te pillará por sorpresa, lo que es fundamental porque suele ser la sorpresa más que la emoción en sí lo que nos desvía de nuestro rumbo. Si la otra parte te hace una oferta que no habías previsto, rechaza tu petición sin darte la oportunidad de explicarla, dice algo que te pone a la defensiva o se niega a cambiar de postura a pesar de tu planteamiento bien razonado, habrás planeado y practicado una reacción constructiva. Estarás preparada para sentir la emoción (te dirás: «Bueno, ahora es cuando empiezo a enfadarme.») y seguir adelante. Notarás que dominas mucho más el proceso, aunque no vaya tan bien como esperabas, y será más probable que lo resuelvas a tu favor.

Principios básicos del *role-playing*

Obtén ayuda. Pide a alguien en quien confíes para que interprete el papel de la otra parte. Te irá bien que este amigo o amiga conozca a la persona con quien vas a negociar, pero no es esencial. Asegúrate de que te sientes cómoda mostrando tus emociones a esta persona. Quedad cuando podáis dedicar una hora o más al ejercicio y encontrad un lugar que se parezca al sitio donde va a tener lugar la negociación de verdad.

Escribe tu plan. Anota tu MAAN, tu valor de reserva y tus expectativas. Escribe lo que sabes sobre los intereses, los objetivos, la MAAN y el valor de reserva de la otra parte. (El Apéndice te permitirá organizar tus ideas e identificar los temas estratégicos.) Decide qué vas a pedir primero y cuánto quieres ceder en la primera ronda. ¿Qué modificaciones harás si te tropiezas con una fuerte resistencia de la otra parte? Si va a tratarse de una negociación múltiple y esperas que vaya a haber concesiones por ambas partes, elige qué ofrecer a modo de intercambio al principio del proceso y qué reservar para después. Calcula cuántas rondas tendrá la negociación y elabora un plan de concesiones: una serie probable de ofertas y contraofertas que te deje el margen de maniobra suficiente para terminar cerca de tus expectativas.

Identifica los elementos polémicos. También deberías dedicar unos minutos a identificar aquellos elementos de tu propuesta que seguramente provocarán una fuerte reacción negativa de la otra parte (o partes). Toma notas detalladas sobre cómo imaginas que puedan reaccionar. Profundiza más e imagina el peor comentario que alguien pudiera hacer; algo que pudiera hacerte perder la calma, parar en seco, herir tus sentimientos o hacerte dudar de si realmente mereces lo que estás pidiendo. No te contengas: sé sincera contigo misma sobre los peores juicios que los demás negociadores podrían emitir sobre tu trabajo o sobre tus cualidades personales.

Decide qué decir. Empieza a elaborar tus respuestas. Estas respuestas deberían perseguir dos objetivos generales: orientar la negociación en un sentido positivo y permitirte conservar la calma. Tu objetivo debería ser encontrar formas de reorientar la negociación no como un enfrentamiento, sino como una colaboración para lograr el objetivo compartido de encontrar una solución que satisfaga a ambas partes.

Para impedir que surjan emociones negativas y reducir la tensión en la sala, puedes decir:

- «Veo que lo que comenté te ha molestado, y no era ésa mi intención. ¿Podrías explicarme tu reacción?»
- «Una reacción tan negativa me pilla totalmente desprevenida. ¿Qué me ha pasado inadvertido?»

- «Por lo que veo, se opone totalmente a la idea. ¿Podría explicarme cómo ve la situación?»
- «No te gusta nada mi plan, ¿verdad?» (sonríes) Pensemos otra solución.» (Si te sientes bien usando el sentido del humor, hazlo; es una forma espléndida de reducir la tensión.)
- «No pretendía bromear. ¿Podrías decirme qué te parece tan gracioso de mi petición?»
- «Parece que te he pillado por sorpresa, y no era ésa mi intención. ¿Te importa que te dé un poco más de información al respecto?»
- «Parece descontento. ¿Podría explicarme por qué?»
- «No quiero plantear este asunto como una pelea. Intentemos resolver las cosas.»
- «Estoy segura de que tiene muy buenos motivos para decir que no. ¿Le importaría comentarlos un poco conmigo?»
- «Parece que lo que quiero te causaría problemas. ¿Podrías decirme cuáles?»

Para evitar un posible *impasse* y hacer que la conversación avance en una dirección positiva, puedes decir:

- «Sé que todavía no lo hemos resuelto, pero sigamos hablando; estoy segura de que se nos ocurrirá algo que sea satisfactorio para ambos.»
- «Tenemos muchos objetivos compartidos. ¿Cómo podemos sacar provecho de ellos?»
- «Si ninguno de estos escenarios funciona, ¿por qué no intentamos algo distinto? Sé que, con un poco de imaginación, podemos resolverlo.»
- «Parece que vamos en mala dirección. ¿Podemos hacer algo para reconducir la situación?»
- «Puedo ser flexible sobre las formas de conseguir esto. ¿Cuáles son tus opciones?»
- «Detengámonos un momento y pensemos en ello desde otro punto de vista.»

Para ceder la iniciativa a la otra parte y que tenga que hacer una contraoferta, puedes decir:

- «No esperaba que te sorprendieras tanto. ¿Qué crees que sería justo?»
- «Veo que no te gusta lo que sugerí. Dime qué clase de acuerdo te gustaría cerrar.»
- «Si te parece demasiado, ¿cuál es la cifra más próxima a la mía a la que podrías llegar?»
- «Vaya. Nuestras posturas están muy alejadas. Quizá podríamos encontrar alguna solución intermedia.»
- «¿Cómo cree que deberíamos intentar resolver esta situación?»
- «Parece que no puede darme lo que le he pedido. ¿Sería posible que me concediera *X* (donde *X* es ligeramente inferior a tu petición anterior)?»

Una vez hayas preparado tu plan y recopilado varias respuestas para lograr que la negociación avance, estarás preparada para practicar.

Informa a tu compañero o compañera. Resúmele el contexto global de la situación incluyendo información sobre tu departamento, la empresa y el sector (lo que sea relevante). Proporciónale notas que destaquen los aspectos cruciales de la situación si ésta es compleja. Describe la personalidad de la otra parte, y cómo esperas que esa persona perciba la situación. Identifica las partes de tu petición que crees que será más difícil que la otra parte te conceda y las que crees que será más fácil (y por qué). Indica los obstáculos que la otra parte pueda ponerte. Asegúrate de incluir las cosas que más te preocupan.

Ensaya varias veces. Pide a tu compañero o compañera que te sorprenda, que cambie de rumbo bruscamente, que se niegue a transigir. Deja claro que puede decirte cosas duras, aunque sean cosas que no se te hayan ocurrido a ti (porque quieres que te sorprenda). Pídele que varíe su planteamiento para que te provoque distintas reacciones. La idea es ensayar todo lo que pueda ocurrir. Enójate porque no colabora y adopta una postura combativa, decepciónate porque no obtienes lo que quieres y oféndete porque dijo algo hiriente sobre tus capacidades. No lo conviertas en un juego. Tenéis que tomaros este proceso en serio para que te despierte emociones auténticas. Mientras practicas, presta atención a tus reacciones.

Analiza. ¿Qué fue bien? ¿Qué podría haber ido mejor? ¿Qué te alteró más? Pide a tu compañero o compañera que te diga cómo le pareció que lo hacías. ¿Te veías segura de ti misma? ¿Eran convincentes tus argumentos? ¿Lo eran algunos más que otros? ¿Hablaste con claridad? ¿Escuchaste? ¿Adoptaste una actitud positiva, colaboradora? ¿Te esforzaste para que no surgieran emociones fuertes (en ambas partes)? Pídele que te diga sinceramente qué impresión le causó tu estilo personal y tu lenguaje corporal. ¿Hablaste demasiado deprisa, jugueteaste con tu pelo, te repantigaste en la silla o te inclinaste hacia delante de una forma que te hacía parecer algo agresiva? ¿Recordaste sonreír?

Repite. Utiliza esta información para practicar de nuevo la negociación. (Tal vez tengas que hacer un buen regalo a este amigo o amiga.) Sigue practicando hasta que te sientas a gusto y preparada.

Arriba ese ánimo

Las emociones que surgen durante una negociación no son las únicas que pueden meterte en apuros. Las emociones acumuladas antes pueden influir igual. Imagina que empiezas el día peleándote con tu hija de siete años. No quiere levantarse, desayuna muy despacio, no acaba de decidir qué ponerse y no encuentra los deberes. Al final, sales de casa irritada y enojada. Ella llega tarde al colegio y tú, al trabajo, y te diriges como una exhalación a una reunión en la que planeas pedir un aumento de sueldo a tu jefe. O eres empresaria y viajas a otra ciudad para negociar un contrato para prestar tus servicios. Tu vuelo sufre retraso, la aerolínea te pierde el equipaje y al hotel no le consta tu reserva. Al final, vas a la reunión exasperada y enojada. Situaciones como éstas pueden interferir en tu capacidad de causar una buena impresión y de presentar argumentos convincentes para lograr lo que quieres.

Los estudios efectuados demuestran que los sentimientos negativos acumulados (las resacas emocionales) influyen en cómo te comportas el resto del día y dificultan conservar la calma bajo presión. Parte de tu preparación de la negociación debería ser preverlos y evitarlos si es posible.

Puede que no llegues nunca hasta el punto de encontrar divertida una negociación, lo que es normal. ¿Por qué no debería ponerte nerviosa algo que es realmente importante para ti? La mayoría de personas lo hace. No tienes que suprimir totalmente tus emociones, sino sólo asegurarte de que no te perjudiquen. En cualquier caso, las emociones no son en sí ningún obstáculo para que una negociación salga bien. Las emociones y los estados de ánimo positivos (un punto de vista optimista) contribuirán a que logres mejores acuerdos.

Si eres feliz y lo sabes

En un estudio, se mostró a los participantes una película divertida que provocaba sensaciones de felicidad en los espectadores u otra neutral sobre matemáticas que no les cambiaba el estado de ánimo, ambas de cinco minutos. Después, se les planteaba el llamado «problema de Duncker» (en honor de su creador, Karl Duncker). Se les daba una caja de chinchetas, una cerilla y una vela y se les pedía que encontraran una forma de poner la vela en la pared para que ardiera sin gotear cera a la mesa que había debajo. Cada persona tenía diez minutos para intentar resolver el problema. (La solución es vaciar la caja, clavarla en la pared con las chinchetas y situar en ella la vela.) El 75%

de las personas que vieron la película divertida resolvió el problema mientras que sólo el 20% de las que vieron la película neutral lo hizo. Esto sugiere que los sentimientos de felicidad estimulan la resolución creativa de problemas e incluso el trabajo productivo en equipo.

Las emociones positivas también son contagiosas. Si acudes a tu negociación sintiéndote optimista, relajada y segura de ti misma, tu estado de ánimo puede influir en lo que siente la otra parte, y permitiros buscar soluciones imaginativas. Si formas parte de un equipo que trabaja junto para lograr un objetivo común, estar de buen humor aumenta las probabilidades de conseguir hacer el trabajo que os interesa.

¿Qué te hace sentir relajada y segura de ti misma?

Empieza a pensar en lo que te hace sentir tranquila y segura de ti misma. No hay una regla mágica que le vaya bien a todo el mundo. Muchas personas se sienten muy bien después de hacer ejercicio, meditación o yoga, mientras que otras lo están después de una buena noche de descanso. Cientos de libros, sitios web y programas de entrenamiento de la mente y del cuerpo recomiendan otras técnicas, como los ejercicios de respiración y la autohipnosis. Entre las actividades físicas que liberan hormonas que facilitan que te sientas tranquila figura hacer ejercicio, reír, llorar y practicar el sexo. No podemos indicarte cuál debes elegir, y puede que ninguna de ellas te vaya bien. La clave es recordar cuándo te has sentido más segura de ti misma. Identifica entonces qué ocurría en ese momento. A continuación encontrarás algunas preguntas que puedes hacerte:

- ¿Te sientes mejor por la mañana o por la tarde? Programa tu negociación para la hora del día en que estés más atenta, tranquila y concentrada.
- ¿Te va bien hacer ejercicio? (Es así para la mayoría de per-

sonas.) Encuentra una forma de poder hacerlo antes de la negociación (nada antes de ir a trabajar, juega a tenis a la hora del almuerzo o haz quince minutos de pausa a media tarde para practicar yoga y estiramientos, por ejemplo).

- ¿Te sientes más segura de ti misma cuando sabes que tienes un aspecto radiante? Cómprate un traje para la ocasión, hazte la manicura, ponte unos pendientes bonitos o ve a la peluquería a cortarte el pelo antes de la negociación.

Una vez hayas identificado una actividad que te haga sentir tranquila y segura, intenta utilizarla para empezar tu negociación con una actitud positiva.

Adele – Distracción placentera

Adele trabajaba desde hacía tres años como periodista para una cadena televisiva local de Estados Unidos. En ese tiempo, había empezado desde abajo hasta llegar a cubrir las noticias más destacadas de la política de su estado y, aunque su jefe solía elogiarla, no le habían concedido ningún ascenso y apenas le habían aumentado el sueldo. Así que averiguó lo que cobraban los periodistas de su nivel y decidió pedir un aumento salarial y un nuevo cargo al director general. Y entonces observó que, aunque podía hablar a millares de desconocidos por televisión todas las noches sin problemas, se ponía nerviosa.

Pensó qué podía hacer para tranquilizarse, y como todas las noches escuchaba media hora música clásica antes de acostarse, decidió probar si eso podía irle bien. Poco antes de la hora en que tenía que reunirse con su jefe, se metió en una sala de reuniones vacía, apagó las luces, puso los pies en alto y escuchó un concierto para piano durante veinte minutos. Eligió una pieza difícil que le exigió una concentración absoluta y que la emocionó tanto que cuando entró en el despacho de su jefe, sonreía.

Escuchar música había repercutido positivamente en el estado de ánimo de Adele, de modo que pudo iniciar la negociación sintiéndose optimista y relajada. Pidió más de lo que creía que podía obtener, el director general se lo denegó, y después de unas cuantas rondas de negociación, consiguió lo que quería.

Carrie – Endorfinas aliadas

Carrie trabajaba desde hacía dieciocho meses como ayudante de un experto agente inmobiliario y ansiaba tener algunos clientes propios. Aunque estaba preparada, temía plantear el tema a su jefe, que era un hombre imprevisible. Sabía que no querría perderla como ayudante, ya que tendría que contratar y formar a otra persona, pero había suficiente trabajo para otro agente, y Carrie creía que merecía el ascenso.

Por lo menos cuatro mañanas a la semana, Carrie hacía *footing* cuarenta minutos en una reserva natural cercana a su casa. Eso la relajaba y la animaba, de modo que empezaba el día tranquila y preparada para todo. Así que quedó con su jefe para hablar a primera hora de la mañana, justo después de correr.

En cuanto abordó el tema, su jefe la acusó a gritos de ser una ingrata. Como esperaba que reaccionara así, Carrie había planeado qué decir, y los efectos relajantes del *footing* le permitieron contestar sin perder la calma que le estaba muy agradecida por todo lo que le había enseñado y le encantaba trabajar con él, pero necesitaba progresar. Y añadió que estaba segura de que lo entendería porque eran iguales y que esperaba que la ayudara.

Al apelar a la generosidad de su jefe y presentarse a sí misma como alguien con cuyas ambiciones él podía identificarse, había ganado la mitad de la batalla. Presentar su caso con calma y de forma positiva hizo el resto. Su jefe se tranquilizó y juntos elaboraron un plan para que Carrie empezara a tener clientes propios. Los siguientes seis meses, su jefe incluso le pasó algunos de los suyos cuando estaba muy ocupado. Carrie lo ayudó a formar a su nuevo ayudante, y todo salió muy bien. Hacer *footing* justo antes de la negociación fue lo más inteligente que Carrie pudo hacer. Según ella misma nos dijo: «¡Esas endorfinas que liberó mi organismo me dieron una ventaja enorme!»

¿Qué te hace sentir poderosa?

En un estudio, Linda y sus colegas pidieron a personas de ambos sexos que puntuaran del 1 al 7 cómo se sentían a la hora de negociar, y observaron que la negociación daba más miedo y parecía más difícil e incluso angustiosa a las mujeres que a los hombres. A continuación, repitieron el experimento pero con un cambio sutil. Pidieron a un nuevo grupo de participantes que recordara una experiencia en la que hubieran ejercido poder sobre otra persona y controlado el resultado de esa situación, y les preguntaron a continuación cómo se sentían a la hora de negociar. En el caso de los hombres no hubo cambios de actitud, quizá porque la experiencia del poder es bastante corriente para la mayoría de ellos. Pero los sentimientos negativos de las mujeres a la hora de negociar se redujeron muchísimo, hasta alcanzar el mismo nivel que los de los hombres. Este estudio sugiere que sentirte más poderosa y eficaz, y con la sensación de controlar la situación, hará que negocies con más seguridad y optimismo.

Pero no pienses que tienes que conseguir una serenidad zen. Intenta recurrir a experiencias que puedan hacerte sentir fuerte y segura de ti misma. Utiliza parte de esa energía positiva para que tu estado de ánimo sea el necesario para negociar. De este modo, cuando empieces a ponerte nerviosa, podrás decir: «Estoy nerviosa, pero también estoy preparada y me siento bien.»

Leila – El apoyo de los amigos

Leila trabajaba en el departamento de publicidad de un equipo de la liga de fútbol de Estados Unidos. Había empezado como ayudante administrativa pero con el tiempo había asumido más responsabilidades. A los cuatro años, hacía las funciones de relaciones públicas, aunque seguía ganando el sueldo de su categoría inicial. Después de indagar un poco, decidió ir a hablar con su jefe, pero la perspectiva la ponía nerviosa.

Leila se reunía una vez al mes con varios amigos, su hermano menor y uno de sus primos en un bar para ver algún partido y pasárselo bien. Como siempre que había salido con sus amigos se sentía de maravilla, les pidió que almorzaran con ella el día que tenía que hablar con su jefe. Todos se presentaron lealmente en un *pub* cercano a su oficina y, cuando una hora después entró en el despacho de su jefe, seguía sonriendo y sintiéndose estupendamente. Expuso los datos que había obtenido, comentó lo ansiosa que estaba por asumir más responsabilidades y le dijo lo que quería. Su jefe aceptó cambiarle el cargo y subirle el sueldo; no tanto como ella quería, pero se acercaba bastante.

Intenta ganar la medalla de oro

Una última idea para conservar un buen estado de ánimo durante una negociación difícil: prométete una gran recompensa cuando haya terminado. Date otro motivo para seguir adelante si las cosas se complican. ¿Hay algo que deseas desde hace tiempo? ¿Un par de zapatos o un vestido que te gusta? ¿Un coche, una motocicleta? Las posibilidades son infinitas. Asegúrate de que eliges algo que no tenga ninguna relación con los temas que vas a comentar durante la negociación.

Aunque pueda sonar ridículo, los economistas han demostrado repetidamente que los incentivos motivan muchísimo. En los estudios sobre personas que hacen dieta y sobre drogadictos, los psicólogos han observado que establecer objetivos concretos pero ambiciosos contribuyen a que la gente siga motivada. Ya te has fijado un objetivo concreto pero ambicioso: tu nivel de aspiraciones (lo que quieres conseguir en tu negociación). Añadir un segundo objetivo (algo especial para ti), no sólo te proporciona otro motivo para seguir con la negociación, sino que también supone un verdadero soporte psicológico durante el proceso. Si recordar la recompensa que te espera te hace sonreír, eso te hará ser más optimista porque, según se ha demostrado, usar los músculos faciales para esbozar una sonrisa tiene ese efecto en las personas. Y ese estado de ánimo positivo puede ser contagioso.

Utilizados conjuntamente, los instrumentos que te hemos recomendado producen unos resultados excelentes. En un estudio revelador, se enseñó a un grupo de negociadores de ambos sexos a fijarse expectativas más altas. También se formó a otro grupo para que utilizara las siguientes técnicas de autogestión:

- Establecer objetivos de rendimiento
- Prever obstáculos y planear estrategias para superarlos
- Ensayar la negociación con alguien utilizando la técnica del *role-playing*
- Recompensarse por lograr sus objetivos

Tanto los hombres como las mujeres del grupo al que enseñaron a establecerse objetivos más altos mejoraron su rendimiento, pero la diferencia entre ambos sexos no cambió: los hombres seguían llegando a mejores acuerdos. Sin embargo, en el grupo al que habían formado en autogestión, el rendimiento de las mujeres mejoró más que el de los hombres, y la diferencia entre ambos sexos se redujo. Este estudio sugiere que planear exhaustivamente tu negociación, ensayarla utilizando la técnica del *role-playing* y crearte incentivos puede aumentar considerablemente tu sensación de control durante una negociación, y mejorar también los resultados que obtienes en ella.

14

El factor de la agradabilidad

Alexandra era asesora de diseño para una cadena de tiendas de suministros para cocinas y baños. Aunque era una de las diseñadoras con más éxito de la cadena, a los siete años le apetecía un trabajo que le permitiera ser un poco más creativa. Así que solicitó un empleo en otra empresa que poseía una clientela menos tradicional y más bohemia, y tras varias entrevistas, la seleccionaron. Pero el sueldo que le ofrecía la empresa era 50.000 dólares, sólo 2.000 dólares superior al que cobraba entonces, y como sabía que la banda salarial de ese puesto era de 42.000-60.000 dólares, creía merecer más.

Cuando se reunió con su futuro jefe para comentar su sueldo, decidió pedir más dinero de forma directa y enérgica. Afirmó que gustaba a los clientes y eso, unido a la calidad de su trabajo y a sus años de experiencia la cualifican para cobrar los 60.000 dólares que estaba dispuesta a pagar, como máximo, la empresa. Aunque su intención era expresar lo segura que estaba sobre el valor que aportaba a la empresa, su futuro jefe reaccionó de un modo inesperado: le dijo con mucha frialdad que cuando le ofrecieron el empleo, creían que sabría trabajar en equipo y se negó a variar su oferta inicial de 50.000 dólares. Alexandra estaba desconcertada. No entendía qué relación podía haber entre pedir más dinero y no saber trabajar en equipo.

Los estudios sobre las mujeres y la simpatía que despiertan sugieren que es probable que su jefe no estableciera una relación entre su capacidad de trabajar en equipo y lo mucho que cobrara, sino entre su capacidad de trabajar en equipo y la forma en que le había pedido cobrar más. Al presentar su petición de forma enérgica, Alexandra había rebasado los límites de la conducta que se espera de una mujer. A su jefe, esta actitud no le cuadraba con la impresión que se había formado de ella durante el proceso de selección: una mujer agradable y sociable que podría trabajar bien con cualquiera.

Hay un par de cosas importantes que destacar sobre este caso. En primer lugar, si Alexandra hubiera sido un hombre, es probable que la historia hubiera terminado de otro modo: un hombre habría podido expresar su deseo de ganar más dinero en términos contundentes sin rebasar los límites del comportamiento masculino. En segundo lugar, es probable que no hubiera cambiado nada si el futuro jefe de Alexandra hubiera sido una mujer en lugar de un hombre: ambos sexos penalizan por igual a las mujeres que se saltan las normas establecidas.

Muchas personas creen, como Alexandra, que para tener éxito en una negociación deben exponer su posición con claridad y seguridad, aseverar la calidad de su trabajo y declarar de manera inequívoca que merecen lo que quieren.

Lamentablemente, un comportamiento que parezca demasiado agresivo no suele dar buen resultado a las mujeres, lo que implica que tienen que prestar más atención y controlar mejor la impresión que dan al pedir lo que quieren. No son meras suposiciones. Varios estudios han demostrado que utilizar un estilo «más suave» puede aumentar las probabilidades de que una mujer tenga éxito al negociar. Puedes pedir lo que quieres y mantenerte firme para no ceder demasiado ni demasiado pronto siempre que no te comportes de una forma que parezca demasiado agresiva.

Implacablemente agradable

¿Qué significa esto a nivel práctico? ¿Qué es exactamente un estilo «más suave»? ¿Deberías llevar un jersey de angora, pestañear y mostrarte tímida? ¿Deberías ir bien peinada, cruzar los tobillos, hablar en voz baja y ofrecerte a llevar un café a la otra parte? No, no y rotundamente no. Lo que tienes que hacer es portarte de la forma que Mary Sue Coleman, presidenta de la Universidad de Michigan, denomina «implacablemente agradable», es decir, elegir con cuidado tus palabras, utilizar un tono de voz que no resulte amenazador y asegurarte de que tu comportamiento no verbal refleja lo agradable que eres.

Te parecerá broma, pero no lo es. Nosotras tampoco queríamos creerlo, de modo que Linda y sus colegas decidieron elaborar un estudio para ver si era realmente cierto. Utilizaron cuatro actores, dos hombres y dos mujeres, para preparar una serie de vídeos. Las cintas mostraban a un empleado que, tras terminar un programa interno de gestión, se entrevistaba con el jefe de recursos humanos para conseguir un puesto fijo en una de las divisiones de la empresa. Los jefes de división iban a ver los vídeos y decidir a quién contratar. En unas versiones, los dos papeles eran interpretados por hombres; en otras, por mujeres, y en un tercer grupo, el jefe de división era hombre y la empleada mujer, y viceversa. En la mitad de los vídeos, los empleados se limitaban a responder las preguntas de los entrevistadores sobre su experiencia en el programa interno de gestión. En la otra mitad, los actores usaban el mismo guión y contestaban las mismas preguntas, pero el empleado sacaba también el tema de las retribuciones de una forma bastante agresiva: aseguraba que merecía cobrar lo máximo de la banda salarial de ese cargo y pedía una gratificación anual del 25% al 50% según su rendimiento. El actor sentenciaba que esta gratificación lo motivaría más.

Cuando se les preguntaba, los hombres que veían los vídeos estaban dispuestos a contratar al candidato varón tanto si veían la versión en la que intentaba aumentar su sueldo como si no. Ni siquiera usar un lenguaje bastante agresivo le perjudicaba ante los demás hombres. Pero los hombres reaccionaban de un modo muy distinto ante las candidatas: era un 50% más probable que contrataran a una mujer si ésta no pedía el aumento de sueldo. Dicho de otro modo, la impresión que tenían los hombres de una mujer cambiaba en cuanto ésta afirmaba que merecía cobrar más dinero, y cambiaba para peor.

Como en el caso de los hombres, también era mucho más probable que las mujeres que veían los vídeos contrataran a una mujer si ésta no presionaba para obtener más dinero. Pero la reacción de las mujeres difería de la de los hombres de una forma sorprendente y reveladora. También era mucho menos probable que las mujeres contrataran al candidato varón si éste exigía un sueldo elevado. Estos resultados sugieren dos diferencias importantes entre los hombres y las mujeres que negocian algo para ellos:

- Las mujeres corren el riesgo de ser penalizadas cuando negocian agresivamente, tanto si la otra parte es un hombre como si es una mujer.
- Los hombres pueden negociar agresivamente sin problemas siempre que la otra parte sea un hombre.

Esto nos indica que los hombres disfrutan de una enorme ventaja en el trabajo, ya que en muchos países, la inmensa mayoría de supervisores, directores y altos ejecutivos son hombres. Como los hombres no reaccionan mal cuando otro hombre les pide lo que quiere, aunque sea de forma bastante agresiva, los hombres tienen más libertad para presionar a favor de sus intereses y es mucho menos probable que los penalicen por hacerlo que a las mujeres. En cambio, una mujer que negocia utilizando un lenguaje de apariencia agresiva no sólo no consigue lo que quiere, sino que se gana la fama de ser difícil y de no saber trabajar en equipo, lo que podría impedirle progresar. Puede que la excluyan de las redes de contactos sociales y profesionales, que la dejen al margen cuando se toman decisiones importantes o que impidan su progreso de otras formas.

Aunque esta reacción ante una mujer que es franca y directa te parezca anticuada, los estudios demuestran que es sorprendentemente actual, incluso entre hombres y mujeres menores de veinticinco años. La edad media de las personas que participaron en este estudio era de veintinueve años y sólo el 20% de los sujetos tenía más de cuarenta años.

Tienes que gustar

Puede que estos resultados te enojen (como a nosotras), pero eso no significa que no sean útiles. ¿Cómo? Linda y sus colegas pidieron a los participantes en el estudio por qué no querían contratar a la mujer que negociaba. Su respuesta fue que no les gustaba. Pero era la misma mujer y seguía el mismo guión, de modo que te preguntarás qué tiene que ver si gusta o no. Pues en realidad, mucho. A pesar de todo lo que hemos avanzado, sigue habiendo una doble moral (como mínimo): En nuestra sociedad, esperamos que las mujeres sean amables: afables, agradables, simpáticas. Cuando no se comportan así, como ocurría en los vídeos, reaccionamos negativamente. Según indican los estudios, los hombres pueden ser influyentes y eficaces a pesar de no gustar a la gente. Pueden ser convincentes y obtener lo que quieren siempre que se les considere competentes. Si se comportan de formas agresivas o utilizan un lenguaje agresivo, los calificamos de sensatos, centrados y ambiciosos (cualidades positivas en un hombre). Utilizamos palabras muy distintas, no tan bonitas, para describir a las mujeres que se portan de modo parecido: mandonas, avasalladoras, dominantes, altaneras, difíciles, arpías o brujas.

¿Cuál es la solución? Haz un esfuerzo adicional para verte agradable durante la negociación. Esto no significa que debas cambiar la esencia de lo que estás pidiendo ni restarle importancia a tus ambiciones y objetivos. Puedes seguir siendo implacable al perseguir lo que quieres. De lo que estamos hablando es de tu estilo personal. Al usar el tono adecuado en tu negociación, puedes protegerte de que la otra parte rechace lo que pides, a pesar de que sea razonable, simplemente porque considere que eres demasiado agresiva. El lenguaje que utilizas para expresar tu petición y el tono que usas para mantener la interacción pueden influir mucho en la capacidad de la otra parte de escuchar lo que estás diciendo.

- Empieza la reunión con frases como: «Gracias por recibirme» y «Me alegra tener la oportunidad de hablar de esto». Muestra que valoras la posibilidad de comentar los temas, que los temas son importantes para ti y que valoras tu relación con la otra parte.
- Sé cortés con la otra parte (pero no le lleves café). ¿Es ése un buen momento para hablar? ¿Están cómodos? ¿Tiene todo el mundo lo que necesita? ¿Necesita alguien hacer una pausa?
- Que estés negociando no significa que no debas actuar de modo formal y reservado. (No te pongas tu traje de chaqueta más intimidatorio.)
- Elige un sitio (si puedes) que favorezca trabajar conjuntamente: sentados de lado, o en una mesa redonda, o en un marco más social. (Recuerda tener el sitio en cuenta a la hora de ensayar la negociación utilizando la técnica del *role-playing*.)
- Si tienes algún interés en común con la otra parte al margen de la negociación, plantéate mencionarlo. Puede consistir en alabar algo que lleva (tú tienes el mismo gusto), comentar una afición deportiva compartida («¡Menudo partidazo ayer!») o mencionar a un miembro de su familia («El otro día vi a tu hijo y hay que ver cómo ha crecido.»), por ejemplo. La conversación trivial puede producir una sensación de unidad, pero utilízala con criterio. Asegúrate de que no se considere inadecuada.
- Evita concentrarte exclusivamente en tus objetivos. Reitera tan a menudo como puedas lo que conseguirá la otra parte con el acuerdo y lo decidida que estás a tener en cuenta sus intereses.

- Pide a la otra parte que te dé su opinión a lo largo del proceso. Asegúrate de dialogar en lugar de presentar una petición o exigencia y esperar una decisión. Utiliza frases del tipo: «Me gustaría saber qué piensas de esto» o «¿Qué cree que deberíamos hacer?»
- Plantea la negociación como un método para resolver problemas en lugar de cómo una guerra; intenta convencer en lugar de utilizar amenazas o de coaccionar. Esto favorece la negociación cooperativa y puede evitar que la otra parte se sienta forzada a tomar una decisión. Usa frases como: «Analicemos juntos la situación», «¿Cómo podríamos solucionarlo?» y «¿Podría ayudarme a...?»
- Formula tus comentarios en términos positivos en lugar de negativos: «Estoy preparada para aprovechar más oportunidades» en lugar de «Estoy harta de hacer siempre lo mismo». O «Tengo una idea para mejorar la situación» en lugar de «Esta situación es insostenible». O «Me sentiría más valorada si nos dividiéramos las cosas de forma más equitativa» en lugar de «Hago más de lo que me corresponde y ya va siendo hora de que te responsabilices de tu parte».
- Evita lanzar ultimátums como: «Ésta es mi mejor oferta; tómela o déjela», «Si no me das lo que quiero, voy a...» o «Si quieres pasarlo bien esta noche, será mejor que me digas que sí».
- Empieza las frases con expresiones como: «Comprendo que usted...», «Puede irte bien porque...» o «Mi solución te permitirá...»
- Pregunta a la otra parte sobre sus preocupaciones y sus intereses; esto expresa tu buena disposición a buscar soluciones que sean satisfactorias para todos.

Describe lo que quieres sin actuar de forma demasiado agresiva, dominante ni amenazadora; deja claro que estás dispuesta a comentar varias opciones para lograr lo que quieres. Pero no te pases en sentido contrario. Ser franca y flexible no significa ceder demasiado deprisa ni dejarte dominar. Evita las pautas fónicas y la fraseología que hacc que muchas mujeres parezcan vacilar y disculparse al hablar. (Terminar todas las frases en tono ascendente hace que suenen más como una pregunta que como una afirmación, por ejemplo.)

Evita empezar con frases como éstas:

- «Es probable que no estés de acuerdo, pero...»
- «Sé que podría resultarte difícil hacer esto...»
- «No estoy segura de que sea una buena idea...»
- «Se me acaba de ocurrir que...»
- «No soy ninguna experta, pero...»
- «Puede que sea una pregunta tonta...»
- «Puede que lo que estoy diciendo esté fuera de lugar...»
- «Interrúmpame si le estoy haciendo perder el tiempo...»

Todos estos comienzos harán que la otra parte reaccione negativamente a tu petición. No descartes tus propias ideas antes de que nadie más pueda hacerlo y resiste el impulso de moderar tu planteamiento desaprobándote a ti misma. No te disculpes por pedir lo que quieres.

Formulación

Presentar tu petición de forma positiva puede influir mucho en cómo reacciona la otra parte. Imaginemos, por ejemplo, que has recibido una oferta de trabajo de otra empresa por mucho más dinero del que ganas en este momento. No quieres dejar tu empleo pero no puedes dejar escapar el sueldo más alto. Si tu jefa no puede, o no quiere, igualar esta oferta, no tendrás más remedio que irte. En esta situación, para tener el máximo de probabilidades de conseguir lo que quieres, deberías abordar a tu jefa con cuidado. Puede que se ponga a la defensiva cuando se entere de que has buscado otro trabajo. Es mejor que no parezca que lanzas un ultimátum o una amenaza.

En lugar de decir:
«Si no me igualas esta oferta, me iré.»

Haz alguno de estos planteamientos:
«Esta empresa es fantástica. Creo que eres una jefa estupenda y me encanta mi trabajo. Pero he recibido otra oferta y tengo que considerarla seriamente porque es por más dinero.»

«He recibido otra oferta de trabajo, y es buena. Pero me encanta trabajar aquí y no quiero irme. Antes de aceptar, quería hablar contigo para ver si hay alguna forma de conseguir que me quede.»

«Hace diez años que trabajo en esta empresa y en ella me siento como en casa. Me gustaría aportar mucho más. ¿Hay alguna posibilidad de que iguales la otra oferta para que pueda seguir aquí?»

«No puedo imaginarme un jefe mejor ni un ambiente de trabajo más agradable. Espero que podamos encontrar una solución buena para mí y para la empresa, de modo que pueda quedarme.»

Estos planteamientos te permiten destacar los aspectos positivos de la situación (quieres quedarte; tu jefa es fantástica) e indican que quieres trabajar conjuntamente con la otra parte a la vez que pides lo que quieres.

A continuación, te presentamos otro ejemplo: estás trabajando en un proyecto en equipo, y uno de tus compañeros no hace su parte.

En lugar de decir:
«Si queremos que el proyecto esté terminado a tiempo, no puedo seguir haciendo yo la mayoría de trabajo. Tienes que empezar a hacer lo que te corresponde.»

Haz alguna de estas propuestas:

«Me preocupa que no podamos cumplir el plazo. Veamos en qué situación estamos y elaboremos un plan.»

«Hemos avanzado mucho en el proyecto. Valoremos lo que falta por hacer y decidamos quién hace qué.»

«Nos estamos retrasando. ¿Por qué no vemos si podemos cambiar algo para que los dos rindamos al máximo?»

En lugar de criticar lo que ha hecho tu compañero hasta el momento, te concentras en organizar el trabajo de forma productiva de cara al futuro.

Otro ejemplo más: quieres pedir un ascenso. Sabes que lo mereces, pero decirlo abiertamente puede resultar demasiado agresivo.

En lugar de decir:

«Soy la mejor persona para el trabajo y me lo he ganado.»

«Ya no le debo nada a la empresa y quiero un ascenso.»

Haz alguna de estas afirmaciones:

«He aprendido mucho en este trabajo y me encantaría tener la oportunidad de hacer más. Estoy preparada para pasar al siguiente nivel.»

«Estoy segura de que podría aportar más a la empresa si tuviera más responsabilidades. ¿Podemos hablar de cuál es el siguiente paso para mí? Me gustaría recibir un ascenso.»

«Me gustaría demostrar todo lo que puedo hacer. Sé que hay una vacante y quisiera convencerte de que soy la persona adecuada para ocuparla.»

Este planteamiento destaca vuestros objetivos en común (beneficiar a la empresa) y demuestra que sabes trabajar en equipo. Pero el mensaje subyacente sigue siendo el mismo: quieres el ascenso.

En cada una de estas situaciones, no debes rebajar lo que quieres. Sólo tienes que modular la forma en que lo pides. No renuncias a tus objetivos; sólo los presentas de una forma positiva, nada amenazadora.

El juego de la sonrisa

La conducta no verbal también desempeña un papel importante en cómo te perciben los demás. Plantéate el impacto de tu tono de voz, tu postura, tus expresiones faciales y el resto de tu lenguaje corporal. Asegúrate de reforzar lo que dices en lugar de debilitarlo. Quieres ofrecer una imagen profesional y capacitada pero no competitiva y distante; optimista y serena, pero no nerviosa o tensa; afectuosa, simpática y servicial, pero no coqueta o fácil de convencer. Concentrada pero no obsesionada. Tranquila. A continuación, encontrarás algunos consejos:

- Sonríe, mira a los ojos a la otra parte, usa lenguaje corporal incluyente, como inclinarte hacia la otra persona y asentir mientras habla para demostrar lo atentamente que la estás escuchando. No cruces los brazos (es una postura defensiva). Deja los brazos a tus costados; si gesticulas, hazlo con las palmas hacia arriba.
- Evita fruncir el ceño, sacudir la cabeza, arquear las cejas escépticamente y señalar.
- No te recuestes en la silla ni te sientes de forma que no mires directamente a la otra parte (o partes, si hay más de una).
- Adopta una postura que manifieste interés y compromiso, pero no te inclines tan hacia delante que parezca que intentas imponer tu punto de vista. No invadas el espacio personal del otro negociador.

- Imita ligeramente los gestos de la otra parte. Si asiente con la cabeza, hazlo tú también. Si se aparta el pelo de la cara, haz lo mismo. Según los estudios efectuados, el hecho de que una persona te imite conlleva (subconscientemente) que esa persona te guste más. Es algo extraño, pero cierto. Pero ve con cuidado. Si lo intentas, hazlo con mucha sutiliza, sin ostentaciones. No vaya a ser que la otra parte crea que le estás tomando el pelo o que tratas de manipularla.
- Procura no moverte inquieta, toquetearte el pelo, juguetear con un anillo o con el reloj, mover la pierna impacientemente, morderte el labio ni usar cualquier otro gesto que te haga parecer nerviosa.

Maquilla tu estilo

Si crees que sueles ser algo fría en la oficina, plantéate retocar ligeramente tu estilo personal para transmitir más cordialidad. Pregunta a tus amigos y familiares qué aspecto adopta tu semblante cuando estás absorta en tus pensamientos, tensa, enojada, decepcionada, desconcertada o, sencillamente, seria. Practica el control de tus expresiones para evitar dar una impresión equivocada y encuentra formas de evitar que los sentimientos negativos se reflejen en tu cara. Si tienes tendencia a mirar por una ventana, al techo o al vacío cuando estás procesando información, procura dejar de hacerlo; puede parecer que no estás escuchando o que no respetas los puntos de vista de quien está hablando. Incluye este tipo de práctica en el *role-playing* cuando te preparas para la negociación.

Alexandra – Soluciona el problema

¿Te acuerdas de Alexandra, la diseñadora de suministros para cocinas y baños que pidió más dinero de forma enérgica y se encontró con que su nuevo jefe se mostraba frío y reticente? Pues según los estudios efectuados, muchas mujeres no se deciden a negociar porque temen encontrarse con esta situación. Pero, por suerte, existen formas de superar este aparente dilema.

Cuando su primer intento de negociar su sueldo fracasó, Alexandra no se rindió. Le dio vueltas a la situación y volvió a intentarlo. La segunda vez presentó su propuesta como solía hacer con todo: de forma agradable y relajada. Dijo a su futuro jefe que le encantaría trabajar con ellos porque hacían un trabajo espléndido y le explicó que ganar un sueldo más alto significaría mucho para ella. Pero, como no quería ponerlo en un aprieto, le preguntó si podía ofrecer algo a la empresa para que ésta pudiera aumentar un poco su oferta.

El jefe pareció algo desconcertado, vaciló y dijo que probablemente podría ofrecerle 52.000 dólares. Alexandra se mostró aliviada, le agradeció su buena disposición y le preguntó si habría alguna posibilidad de que llegara a 56.000 dólares. Aseguró que eso sería un voto de confianza increíble para ella. Como el jefe respondió que no estaba seguro del presupuesto de que disponía, Alexandra se ofreció a esperar a que lo pensara a la vez que le comentaba que podría incorporarse antes si eso le servía de ayuda. El día siguiente, el jefe la llamó para decirle que aumentaba su oferta hasta 54.000 dólares, pero que ésa era su última palabra.

Alexandra le dio las gracias y decidió aceptar el empleo. Aunque no había obtenido lo que esperaba, había persuadido a su jefe de que aumentara 4.000 dólares su oferta. Le gustaba mucho la empresa, y la flexibilidad que había mostrado su jefe durante la negociación la había convencido de que podía trabajar con él. Sospechaba (y nosotras también) que le habría ido mejor si no hubiera empezado infringiendo las normas de conducta que su futuro jefe creía que debían seguir las mujeres. Aún así, Alexandra había salvado la situación al reconsiderar su planteamiento.

Estilo y personalidad

Si, como muchas mujeres, te sientes más cómoda siendo amable e interesándote por el bienestar de la gente que te rodea, utiliza tu cordialidad natural y tu compromiso con los demás a la hora de negociar. Considera que tu personalidad es una ventaja, ya que te permite concentrarte en el contenido de la negociación sin que te perciban como una amenaza. Si, por otra parte, creciste peleándote con tus hermanos, jugando deportes competitivos o aprendiendo que tienes que luchar para lograr lo que quieres (y lo has hecho así hasta ahora), sólo tú puedes valorar qué te irá bien y qué no en tu caso. Puede que pienses que estamos yendo demasiado lejos y no entiendas por qué tendrías que cuidar tanto la impresión que das a los demás cuando estás pidiendo algo que te has ganado a fuerza de trabajar mucho. Y tienes razón. No es justo que las mujeres tengan que preocuparse tanto por cómo piden las cosas. No es bueno para las mujeres, no es bueno para las empresas que las contratan, ni para las niñas que crecen viendo cómo las mujeres que las rodean luchan contra estas anticuadas limitaciones sociales. Nuestra sociedad todavía tiene que derribar estas barreras, y todas deberíamos esforzarnos para que eso suceda. Pero hasta que suceda, puede que adoptar un planteamiento más suave sea lo más pragmático.

Cambia tú, cambia el mundo

Aunque no nos demos cuenta, todas somos cómplices de que la sociedad exija a las mujeres que se porten de formas que gusten y no resulten amenazadoras. Para combatir este problema, observa cómo reaccionas ante otras mujeres que actúan de forma franca y directa, y que expresan abiertamente sus ambiciones. ¿Has criticado alguna vez a otra mujer diciendo que es mandona o demasiado agresiva? Piensa en lo que hizo para que reaccionaras así. Observa cómo reaccionas ante los hombres y las mujeres, especialmente las que actúan agresivamente. Esfuérzate en aceptar los estilos firmes y enérgicos en las mujeres y anima a los demás a hacerlo también. En lugar de entornar los ojos al ver que una mujer actúa de modo enérgico, di en voz alta: «Es estupendo que persiga lo que quiere.» Poco a poco, podemos ir cambiando las normas anticuadas sobre conducta que la sociedad impone a las mujeres.

Mientras tanto, utilizar un estilo sociable y agradable facilitará que consigas lo que quieres y mereces. Te permitirá ascender a cargos de responsabilidad en los que podrás influir más en la cultura de tu organización, tu profesión y, tal vez, incluso en el mundo empresarial en general. Y, entonces, podrás usar tu influencia para que sea más aceptable que las mujeres pidan lo que quieren como mejor les convenga.

15

THE CLOSER

En la serie televisiva *The Closer*, la actriz Kyra Sedgwick interpreta a la inspectora jefe Brenda Leigh Johnson, que dirige una unidad especial de la policía de Los Ángeles y tiene mucho talento para resolver crímenes y encerrar a sus autores.

Aunque se le da bien interpretar las pruebas y captar los detalles de los escenarios de los crímenes, su auténtico don consiste en persuadir a los testigos para que le digan lo que quiere saber en los interrogatorios. Hace muchas preguntas, escucha atentamente lo que le dicen (y lo que no le dicen), controla el ritmo de las entrevistas pidiendo a los sospechosos que vayan más despacio o que repitan algo, y a menudo detiene un interrogatorio a la mitad y se va un rato de la habitación. Muchas veces se solidariza con el punto de vista y los motivos de un testigo. Todo el rato se mantiene concentrada en su objetivo: descubrir la verdad.

Aunque no recomendamos algunas de las tácticas más extremas de Brenda, como llevar a un compañero fornido para que intimide a la otra parte, sus estrategias y su índice de éxitos suponen un modelo útil a la hora de negociar.

Concéntrate en tu objetivo

Lo más importante que puede aprenderse de Brenda es que no debes apartar nunca los ojos de tu objetivo. Recuerda lo que realmente quieres, lo que has identificado como tu objetivo, y ten esa idea presente durante el proceso. Si te concentras en lo mínimo que aceptarás (tu valor de reserva) en lugar de hacerlo en tus expectativas, puede que aceptes en cuanto te ofrezcan ese mínimo (o un poco más). Según los estudios, de esta forma siempre se deja algo en la mesa de negociación. Las personas a las que se indica que se concentren en sus expectativas durante las negociaciones prácticas consiguen mejores acuerdos que aquéllas que se concentran en su valor de reserva. Hay dos cosas que las personas que se concentran en sus expectativas hacen de forma distinta. Piden más al principio, y aguantan un poco más. Se resisten a llegar a un acuerdo hasta que reciben una oferta que se aproxima a su objetivo. En un estudio, los participantes que se concentraron en sus expectativas alcanzaron acuerdos un 13% más altos que las personas que se concentraban en lo mínimo que aceptarían al negociar las mismas cosas.

A continuación, te mostramos un ejemplo sobre cómo puede afectar esto al negociar el sueldo.

Concéntrate en tus expectativas

- Barbara y Catherine reciben una oferta por el mismo trabajo con un sueldo de 28.000 dólares. Cuando indagan, averiguan que deberían cobrar entre 28.000 y 40.000 dólares.
- Ambas deciden que su valor de reserva para el trabajo es de 30.000 dólares (no lo aceptarán por menos dinero). Ambas quieren 35.000 dólares.
- Las dos piden 38.000 dólares, y su jefe les hace una contraoferta por 31.000 dólares.
- Barbara, encantada de conseguir 1.000 dólares más que su valor de reserva, y 3.000 dólares más que el límite inferior de la banda, acepta.

- Catherine, concentrada en sus expectativas (35.000 dólares), pide 36.000 dólares. El jefe vuelve a hacer una contraoferta, esta vez de 33.000 dólares. Catherine vuelve a intentarlo e insiste en 36.000 dólares. La empresa asciende el importe a 34.500 dólares. Catherine acepta.
- Concentrarse en su valor de reserva llevó a Barbara a aceptar un sueldo que era 4.000 dólares inferior a sus expectativas, mientras que Catherine insistió y negoció un sueldo que sólo era 500 dólares inferior a su nivel de aspiraciones. Gracias a ello, Catherine empezó ganando 3.500 dólares (alrededor del 11%) más que Barbara por hacer el mismo trabajo.

Lo fundamental es que usar tus indagaciones para establecer unas expectativas altas pero factibles y perseguirlas te permitirá conseguir mejores acuerdos. Si te dedicas a algo en lo que, si eres una buena profesional, lo que ganes no tiene límite, las ventajas a largo plazo serán astronómicas. Pero aunque trabajes como la mayoría de nosotras en un campo en el que los aumentos salariales se calculan como un porcentaje sobre el sueldo anterior y en el que lo que puedes conseguir tiene límite, a lo largo de tu carrera te irá mucho mejor si cada vez apuntas alto y te concentras en tu objetivo.

Tómate el tiempo que necesites

No dejes que te metan prisa. Los negociadores profesionales saben que administrar el ritmo de una negociación evita confusiones. Garantiza que ambas partes puedan describir todos sus temas e intereses, y tengan tiempo de procesar la información y responder. No querrás olvidarte ni prescindir de aspectos importantes que quieres comentar, y sí asegurarte de que comprendes los puntos de vista de la otra parte. Una negociación demasiado apresurada puede provocar que una o ambas partes hagan concesiones irreflexivas que pueden dar lugar a un acuerdo infructuoso.

Empieza presentando tu propuesta o tu petición con claridad y con calma (practícalo en el *role-playing*), escucha atentamente la respuesta de la otra parte, inspira y reflexiona antes de hablar. Tómate el tiempo necesario para decir exactamente lo que quieras decir. Si notas que la otra parte está acelerando el ritmo, presionándote para que tomes una decisión rápida, o apresurándote sencillamente porque tiene otra cosa que hacer, procura que las cosas vayan más despacio. Di:

- «Necesitaría tomar un poco de agua. ¿Tú también quieres?»
- «Me siento algo presionada. Me gustaría tomar una buena decisión. ¿Podríamos dedicar un minuto a repasar la situación?»
- «Detengámonos un momento. ¿Te importaría aclarar qué quieres decir?»
- «No quiero entender algo mal. ¿Le importaría explicarme el último punto?»
- «Deberíamos parar un momento y asegurarnos de que lo tenemos todo claro. ¿Te importa si recapitulamos lo que hemos acordado hasta ahora?»

O formula una pregunta abierta al otro negociador:

- «¿Qué opina sobre lo que acabo de decir?»
- «¿Cómo ves la situación?»

Recuerda no hacer preguntas que se respondan con un *sí* o un *no*. Pregunta cosas que requieran que la otra parte reflexione un poco antes de contestar. De esta forma, obtendrás más información y ganarás algo de tiempo.

Haz una pausa

Muchas mujeres nos cuentan que no se les ocurrió que podían pedir una pausa en mitad de una negociación si notaban que el proceso se desviaba de su rumbo. Pero es algo totalmente adecuado, y mucho mejor que dejar que una negociación se tuerza. Utiliza una pausa para tranquilizarte, reunir más información, consultar a otras personas y planear tu respuesta. En algunas de tus negociaciones, podrás prever todos los movimientos, todos los obstáculos e incluso todos los atisbos de nuevas oportunidades. Pero, inevitablemente, habrá veces en que te ofrecerán una alternativa, una oferta o una negativa que no esperabas. Preguntar si podéis seguir esa conversación en media hora (o el día, o la semana siguiente), no es sólo razonable, sino que puede conllevar enormes ventajas. No desistas si la otra parte te dice que tiene prisa por dejar resuelto el asunto o que tiene una reunión en cinco minutos y estará ocupada el resto del día. Comenta que quieres ser lo más flexible posible, y ofrécete a reanudar la reunión cuando la otra parte quiera, aunque sea a una hora que no te vaya demasiado bien. Soportar algunas molestias no es tan malo como verte obligada a tomar precipitadamente una decisión que más adelante lamentarás.

A continuación encontrarás algunas frases que puedes utilizar:

- «¿Podemos volver a hablar mañana, cuando haya tenido algo de tiempo para reflexionar sobre lo que ha dicho?»
- «Es evidente que ahora no es un buen momento. ¿Por qué no reanudamos esta conversación cuando las cosas se calmen un poco?»
- «Puede que necesites algo de tiempo para pensarlo.»
- «No estoy segura de saber qué habría que hacer en este caso. ¿Le importa darme un día o dos para pensar?»
- «Veo que te he sorprendido. ¿Por qué no volvemos a comentarlo un poco más tarde?»

Pedir tiempo para pensar antes de tomar una decisión es una estrategia especialmente útil cuando lo que ocurre es que tu jefe te da cada vez más trabajo. Si quieres hacerlo o es evidente que no tienes elección, pregunta si puedes tomarte un día para pensar en los cambios que tendrás que hacer en tus responsabilidades para poder asumirlo todo.

Trina – Cuando la negociación da un giro inesperado

Trina trabajaba como programadora para una empresa que diseñaba videojuegos y juegos informáticos. Después de que su equipo finalizara la fase de prueba de un nuevo juego y lo entregara al fabricante, Trina fue asignada a otro equipo que estaba desarrollando un juego muy parecido al anterior. Como ella esperaba trabajar en el diseño de *software* dirigido a los niños para un museo local, pidió a su jefe que le asignara ese encargo. La respuesta de su jefe la sorprendió: si quería dedicarse al proyecto del museo, tendría que hacer horas extra. Le pagaría diez horas extra a la semana hasta que lo hubiera terminado siempre que trabajara por lo menos ocho horas al día con el equipo que diseñaba el videojuego. Trina estaba desconcertada y algo enojada. No necesitaba el dinero y no sabía sí realmente quería trabajar más. Tenía que decir algo (aceptar la propuesta de su jefe o presentar otra), pero la había pillado desprevenida. Cuando estaba a punto de responder, su jefe le propuso que se lo pensara y lo comentaran el día siguiente.

Al analizar la propuesta, Trina se dio cuenta de que casi siempre trabajaba más de ocho horas al día, incluida la mayoría de fines de semana. Así que la oferta de su jefe significaba, en realidad, que ganaría más dinero por trabajar la misma cantidad de horas.

Trina tuvo suerte de tener un jefe tan listo. A ella no se le había ocurrido que no tenía que responderle enseguida, y esa pausa le resultó realmente útil ya que le permitió ver los aspectos positivos de su propuesta. Como era una empleada valiosa, con mucha experiencia y talento, su jefe quería tenerla contenta y sabía que lo mejor para ella era no tomar una decisión precipitada.

Angelica – Cuando has sorprendido a la otra parte y no quieres una negativa dada de forma impulsiva

Angelica trabajaba en el departamento de marketing de una empresa que fabricaba artículos de papelería de primerísima calidad. Durante décadas, sus papeles fueron los elegidos para anunciar los eventos de los miembros más destacados de la sociedad. Pero las ventas se habían ido reduciendo a medida que las fiestas se volvían cada vez más informales y la gente había empezado a utilizar el ordenador para preparar o enviar esta clase de comunicaciones. La empresa reunió un grupo de trabajo para analizar la situación. Y en él se incluyó a Angelica para que aportara un punto de vista innovador ya que era la única persona de marketing menor de cuarenta años.

En la primera reunión, todos coincidieron en que tenían que desarrollar una línea más moderna para las comunicaciones informales. Angelica escuchó y esperó el momento adecuado. Por fin, durante una breve pausa en la conversación, levantó la mano y anunció que necesitaban un blog. Como vio que no todos la habían entendido, describió las características de un blog y propuso escribirlo ella misma para darle un aire juvenil y contemporáneo. Cuando terminó de hablar, tuvo la seguridad de que iban a decirle que no. Pero había ido preparada. Así que les entregó impresiones de varios blogs de otras empresas, hojas de datos con la cantidad de visitas que esos blogs recibían cada día y copias de diversos artículos de revistas especializadas en los que se describía el éxito de los blogs de empresas. Y les pidió que se lo pensaran.

Tres días después, su jefe le dijo que el grupo de trabajo había decidido dejarle escribir el blog tres meses a prueba, con la condición de que le mostrara todo lo que fuera publicar en él antes de colgarlo en Internet. En cuanto la nueva línea llegó a las tiendas, Angelica empezó a publicar el blog. El diseño de la nueva línea era estupendo y todo salió muy bien: la nueva línea obtuvo rápidamente muchas ventas, el jefe de Angelica le dio el visto bueno para que siguiera escribiendo el blog, y un año después, una de las principales revistas especializadas escribió una reseña de la empresa por su marketing innovador.

En estos dos casos, nuestras protagonistas se beneficiaron de interrumpir la negociación en un momento crítico: una, antes de responder algo que podría haber lamentado, y la otra, antes de oír una respuesta que no quería oír. Algunas personas no soportan la idea de alargar el proceso, pero en ciertas situaciones puede mejorar muchísimo tus probabilidades de éxito. No deberías comprometerte nunca a algo sin reflexionar a fondo, y tu jefe (o cualquier otra persona que esté al otro lado de la mesa de negociación) no debería querer que te sintieras obligada a hacer algo que no quieres hacer.

Contén tu entusiasmo

Hacer una pausa puede ser importante incluso cuando no estás alterada ni enojada. A veces, estar muy contenta también puede causarte problemas. Muchas de nosotras, cuando recibimos una oferta de trabajo, especialmente si es de un puesto que nos hace mucha ilusión, rebosamos de emoción y aceptamos de inmediato. Por desgracia, una vez has aceptado, has sacrificado la mayoría de tu poder (o puede que todo) para negociar las condiciones de ese trabajo. Has indicado lo mucho que lo deseas y dejado pocos incentivos a la otra parte para que haga más atractiva su oferta. En lugar de aceptar inmediatamente, intenta ocultar un ratito tu alegría. Comenta, desde luego, que estás entusiasmada, pero pide que te hagan llegar por escrito todos los detalles de la oferta y queda para comentarla en uno o dos días. Si no es posible, pide a tu futuro jefe que te la describa detalladamente por teléfono. Toma notas y di que le devolverás la llamada en unas horas o al día siguiente. O, si crees que puedes hacerlo, pide ir a verlo para hablar sobre la oferta cara a cara. De este modo, tendrás tiempo para planear tu estrategia (y serenarte).

Rehúye la lucha

A veces, lo que necesitas no es una pausa física de la negociación, sino una pausa mental. En su libro, *Supere el no*, William Ury aconseja una técnica denominada «ubicarse en el palco»:

> Imagina que estás negociando en un escenario y que, después, te sitúas en un palco desde donde se ve el escenario. El «palco» es una metáfora para describir una actitud mental de distanciamiento. Desde el palco, puedes analizar tranquilamente el conflicto casi como si fueras una tercera parte. Puedes pensar constructivamente en los intereses de ambas partes y buscar una forma de resolver el problema que sea mutuamente satisfactoria.

Distanciarte de esta forma te permite mantenerte al margen de emociones como la rabia, que pueden estar justificadas pero que perjudican tus intereses y pueden resultar destructivas. Además, te da la oportunidad de recordar algunas de las respuestas que practicaste durante el *role-playing*. De este modo, puedes seguir adelante basándote en las realidades de la situación y no en tus sentimientos.

«Ubicarse en el palco» también resulta eficaz cuando te enfrentas con sentimientos negativos de la otra parte. Si el otro negociador tiene mal genio o rechaza bruscamente tu petición, podrías reaccionar de forma impulsiva (enojándote o asustándote). Lo mejor es distanciarte mentalmente y analizar fríamente la situación antes de hablar. Imaginemos, por ejemplo, que hace mucho que te deberían haber aumentado el sueldo y por fin vas a hablar de ello con tu jefe. Éste reacciona soltándote un sermón sobre algo que no viene al caso en absoluto. Si te pones a la defensiva y permites que este tema te aleje de tu propósito, es probable que salgas de su oficina sin ningún aumento de sueldo o con uno menor de lo que querías. Si, en cambio, te distancias de la situación, podrás decir que estás dispuesta a comentar este otro asunto lo antes posible, pero que ahora has ido a hablar de tu aumento de sueldo. Si tu jefe acepta, podrás presentar tus argumentos. Si sigue demasiado exaltado con el otro asunto, tu distancia emocional te permitirá valorar si sería mejor hablar con él cuando se haya calmado.

Sandy – De rival a mentor

Sandy, que era estilista, se trasladó con su marido a otra ciudad de Estados Unidos y dejó el salón donde había trabajado cinco años. Estaba muy a gusto en él, y la clientela la apreciaba mucho, incluso más que a la propietaria, Aya. Así pues, esperaba que Aya le diera unas referencias excelentes para poder buscar trabajo en su nueva ciudad.

Pero Aya afirmaba que sólo podía decir de ella que era «capaz y experta», y a continuación describía varias áreas en las que creía que sus aptitudes eran deficientes. Al oírla, Sandy se enojó. Quiso decirle que era envidiosa y mezquina, pero en lugar de perder la compostura, intentó observar la situación como si fuera ajena a ella. Pensó qué podía hacer para conseguir buenas referencias y comprendió que tenía que encontrar la forma de que Aya se sintiera menos amenazada. De modo que le pidió que la ayudara a mejorar, y quedaron para después.

Cuando Aya se encontró con Sandy por la tarde para tomar un café, su actitud había cambiado. Hacer de profesora y de mentora conllevó que se sintiera partícipe del éxito futuro de Sandy. Dos semanas después, Sandy se marchó del salón con unas referencias entusiastas.

Espera, escucha, ve despacio

Cuando hay un momento de silencio en la negociación, no creas que tienes que apresurarte a decir algo. A mucha gente le incomoda el silencio y habla para reducir la tensión, de modo que termina contando demasiado o echándose atrás de lo que quiere. En lugar de ello, aprovecha estos momentos para planear tu siguiente paso. Si la otra parte tarda en responder; no lo hagas por ella; dale tiempo para reflexionar y espera a oír lo que tiene que decir.

También es conveniente que no te apresures cuando te toque hablar. Además de ganar tiempo para pensar, de esta forma muestras respeto a la otra parte y le indicas que la estabas escuchando (un elemento fundamental de la negociación cooperativa).

Cierra el trato

¿Qué haces si no pareces poder cerrar tu negociación? ¿Has comentado los temas pero no has podido llegar a un acuerdo ni conseguir un compromiso en firme? En esta situación, procura averiguar las razones subyacentes del *impasse*.

La otra parte no obtiene suficiente. Asegúrate de que comprendes todos los intereses subyacentes de la otra parte, incluidos los intangibles, como sentirse respetado y gozar de autonomía creativa. A continuación, piensa en qué intereses puede no satisfacer la solución que tú propones. ¿Cómo podrías modificar tu oferta para satisfacerlos o para abordarlos de otra forma? Si crees que la otra parte puede tener intereses que no ha revelado o que no conoces, pregúntale qué más le preocupa. Puedes descubrir algún factor oculto que está entorpeciendo la negociación.

La otra parte no está segura de poder justificar el acuerdo. ¿Qué indicará el acuerdo sobre las capacidades negociadoras, el potencial o el estatus de la otra parte? ¿Quién está observando atentamente y es probable que tenga una opinión, positiva o negativa, sobre el resultado? ¿Cómo reaccionarán estas personas? No olvides las repercusiones: si consigues el acuerdo que quieres, ¿cuáles son las implicaciones para otras personas cuyos intereses puedan estar vinculados a los tuyos? ¿Podría esto provocar problemas? Puede que a la otra parte le fuera más fácil justificar el acuerdo si añadieras algo a tu propuesta o le cambiaras un detalle. Quizás iría bien que indicaras que el acuerdo se ajusta a la política de la empresa y no afecta a los intereses de terceras partes. Señalar precedentes o normas externas podría justificar o dar validez a la solución que propones.

La otra parte teme efectos o resultados inesperados. Piensa en los peores temores que le produce aceptar tu propuesta. ¿Cómo puedes aliviarlos?

La otra parte sigue utilizando un planteamiento competitivo. Si parece decidida a «ganar» y no acepta nada que no implique que tú hagas grandes concesiones, utiliza las técnicas de negociación cooperativa del Capítulo 10 para volver a intentar que adopte una actitud colaboradora. Si no lo logras, piensa (1) si tu MAAN es o no mejor que el trato o la oferta, y (2) si estás segura de que quieres mantener una relación, profesional o personal, con alguien que adopta esta clase de actitud.

La otra parte tiene una MAAN fuerte. Sabe que su posición es fuerte porque dispone de alternativas estupendas. Aunque el acuerdo sea bueno para ella, quiere que hagas que le merezca la pena. Pregunta qué más necesita para aceptar tu oferta. Si lo crees oportuno, pídele información sobre las otras ofertas que está considerando para poder compararlas con la tuya. Después, dale lo que necesita si puedes, siempre que sea mejor que tu MAAN.

La otra parte está paralizando la negociación. ¿Por qué? ¿Necesita la aprobación «de más arriba» y todavía no ha obtenido su respuesta? ¿Está esperando más información (cifras de ventas del último trimestre, noticias sobre una fusión planeada o previsiones de costes para el año siguiente, por ejemplo)? ¿Le gustan tus ideas pero tiene otras opciones y no acaba de decidirse? ¿Está ocupada y no ha tenido ocasión de concentrarse en el asunto? ¿Las soluciones comentadas no le van bien y en lugar de contestar negativamente evita la cuestión? Sea cuál sea el motivo de la demora, tienes que adoptar medidas para que el proceso avance.

Si sospechas que la otra parte no ha tomado aún una decisión sobre lo que quieres, dale una cantidad razonable de tiempo para pensar en ello, pero no permitas que lo demore indefinidamente. Cuando haya pasado el tiempo suficiente, vuelve a abordar la cuestión. Si necesita la aprobación de otra persona, pregúntale cuándo espera recibirla. Si sospechas que está esperando más información, confírmalo y pregunta cuándo dispondrá de ella. Si tiene otras opciones o no se ha concentrado en la cuestión, insiste con tacto.

Aunque temas que la respuesta será negativa o que no hay margen para llegar a un acuerdo, no te interesa que te tengan esperando indefinidamente. Recuerda a la otra parte que te gustaría cerrar la negociación de alguna forma:

- «¿Qué opinas sobre nuestra conversación de la semana pasada? Me gustaría que el proceso avanzara.»
- «Me gustó hablar contigo el otro día. ¿Podemos conversar un poco más sobre ese tema?»
- «Estoy ansiosa por conocer su respuesta. ¿Cuándo tiene previsto tomar una decisión?»

Una vez más, asegúrate de hacer una pregunta abierta. «¿Has tenido tiempo de pensar en lo que comentamos?» puede obtener un simple *no* como respuesta.

La otra parte no valora del todo las ventajas de tu propuesta. Si estás convencida de que la propuesta que hay sobre la mesa satisface los intereses de la otra parte, pero ésta no parece verlo, procura volver a exponer los detalles. Di algo del tipo: «Éstas son las formas en las que creo que la propuesta satisface sus intereses. Las ventajas para usted son *X*, *Y* y *Z*. En mi opinión, el acuerdo sería mejor que estas otras opciones [dilas] por lo siguiente [descríbelo].»

No hay margen para llegar a un acuerdo. Sin embargo, habrá ocasiones en que después de reflexionar y analizar mucho la situación sólo podrás llegar a una conclusión: no vais a coincidir. Cuando eso ocurre, en lugar de ceder demasiado y aceptar un acuerdo que no satisface tus intereses, tal vez sea mejor que te quedes con tu MAAN, lo que es una opción perfectamente legítima. Si, a pesar de haber hecho lo todo lo posible, no consigues llegar a un acuerdo con la otra parte, no tengas la impresión de haber fracasado como negociadora. No dejes de pensar en tu objetivo, pero no olvides tu MAAN. A veces, abandonar una negociación es realmente la mejor opción.

No abandones después del primer acto

Algunas mujeres se echan atrás en cuanto oyen la palabra *no*. Piensan que se han excedido y no quieren que la situación desemboque en un conflicto. A menudo, reaccionan igual ante una contraoferta baja. Se conforman porque quieren evitar pelearse. (Recuerda que no echarse atrás no es lo mismo que iniciar una lucha.) Otras mujeres deciden no negociar porque han recibido una oferta sorprendentemente buena o porque su seguridad flaquea en cuanto empieza la negociación. De repente, lo que planearon pedir les parece absurdo, excesivo, demasiado. Si te ocurre eso, cíñete a la información que has reunido y no revises tus objetivos a la baja. Concéntrate en tus expectativas y contén el impulso de ceder demasiado deprisa. Después de todo el trabajo que hiciste, no cometas el error de abandonar demasiado pronto.

Kellie – Hazte una promesa

Kellie recibió la oferta de un empleo que realmente quería. Leer *Las mujeres no se atreven a pedir* y asistir a uno de los talleres de Linda la habían convencido de que pidiera más dinero fuera cuál fuera el sueldo que le ofrecieran. Y, aunque la oferta era mucho más alta de lo que esperaba, se recordó a sí misma que no le estarían ofreciendo lo máximo que podían pagar y pidió un 10% más. El encargado de recursos humanos le dijo que si se lo concediera, cobraría lo mismo que el empleado de más rango de la empresa. Pero Kellie sabía que poco tiempo antes la situación de ese empleado había cambiado y decidió no echarse atrás. Cinco minutos después, el encargado de recursos humanos volvió a llamarla para aceptar su petición. Kellie nos escribió para contarnos que no sólo había logrado que le aumentaran el sueldo sino que también tenía «la satisfacción de haberse hecho valer».

Latanya – Sonrió y siguió

Latanya se tituló en psicología criminal y trabajó diez años en el departamento de policía de San Diego, en Estados Unidos. Dejó el cuerpo para estudiar empresariales y, seis meses después, la contrató una pequeña empresa de seguridad privada de Los Ángeles. Esta empresa creció rápidamente y, pasados cinco años, Latanya había ascendido a directora de la oficina de San Francisco. La empresa seguía expandiéndose, y un año después, los socios pidieron a Latanya que se trasladara a la Costa Este para abrir una oficina en Nueva York.

La oficina de Nueva York fue un éxito desde el primer día, y al final del primer año, los socios nombraron a Latanya directora general de la empresa y le concedieron un aumento salarial del 30%. Cuando su segundo año en Nueva York llegaba a su fin, Latanya empezó a prepararse para su revisión anual. Sabía que su homólogo de la ciudad de Washington cobraba 60.000 dólares más que ella. Como la oficina de Nueva York era más rentable y sabía que su contribución a ese éxito había sido decisiva, decidió que quería un aumento del 40%, lo que igualaría su sueldo al del director general de Washington.

En cuanto empezó su revisión, el jefe de Latanya, que se había desplazado desde Los Ángeles, le dijo que había hecho un trabajo estupendo. Le explicó que iba a aumentarle el sueldo un 20% y Latanya empezó a dudar, lo que amenazaba con hacerle olvidar su cuidadosa preparación. Por suerte, no prestó atención a su voz interior; sonrió y siguió. Confió en los datos objetivos que había reunido y pidió un 45% más, explicó por qué creía merecerlo y obtuvo el 40% que quería.

Conclusión

Si nunca te dicen *no*, es que no estás pidiendo suficiente

Hannah, que era violinista, recibió una oferta para trabajar como profesora en un conservatorio por 40.000 dólares al año. Pidió 42.000 dólares y los obtuvo, lo que le hizo pensar si podría haber conseguido más si lo hubiera pedido. La respuesta es que probablemente sí. Como no apuntó alto y no corrió el riesgo de que su jefe rechazara su primera petición, no sabrá nunca cuánto estaba dispuesto a pagarle realmente y cuánto se dejó en la mesa de negociación.

Las mujeres que hemos conocido nos han contado muchas historias como ésta:

«Finalmente pedí un aumento de sueldo y mi jefe aceptó enseguida. Ahora me siento tonta por no haber pedido más.»

«Creí que estaba apuntando realmente alto y no se me había pasado por la cabeza que me daría lo que había pedido. Cuando dijo quc sí inmediatamente, me di cuenta de que había vuelto a infravalorarme.»

«Nunca me habían concedido una gratificación pero ese año mis cifras de ventas habían sido espectaculares, de modo que la pedí. Creí que estaba siendo muy descarada, pero mi jefe ni siquiera alzó los ojos de la mesa antes de aceptar. Debería haberle pedido el doble.»

Los investigadores lo llaman «la maldición del ganador». Nosotras lo denominamos «lo malo del sí». Si la otra parte puede darte fácilmente lo que quieres, en la mayoría de casos podría haberte dado más. Conseguir siempre lo que pides en una negociación (siempre te dicen que sí y no te arriesgas nunca a oír un no) implica que nunca pides suficiente. En lugar de protegerte del rechazo o del desprestigio, una precaución excesiva puede impedirte conseguir todo lo que vales, todo lo que mereces y todo lo que hay disponible.

Arriesgarte también compensa de otras formas. Cuando en una negociación apuntas alto, modificas cómo los demás te perciben. (Recuerda que la mayoría de gente supone que las cosas más caras son mejores.) Transmites que esperas que te den un trato justo y que estás dispuesta a defenderte (de forma agradable, por supuesto).

De vez en cuando, una de tus peticiones puede recibir una negativa dolorosa. Pero quizá descubras que esto tampoco es necesariamente tan malo. A veces un *no* implica que una relación no sobreviva, no porque la otra parte se moleste sino porque tú descubres que no quieres seguir en esa situación. Lograr esta clase de claridad puede resultar doloroso, pero vale la pena. Elizabeth mantuvo diez años una relación con un hombre con el que esperaba casarse algún día. Ya se había divorciado una vez, pasaba de los cuarenta y quería tener un hijo, pero cuando lo presionó, él le dijo que no quería casarse con ella. Esta negativa facilitó que tomara la decisión de dejarlo y de iniciar inmediatamente los trámites de solicitud de adopción en el extranjero. Una semana antes de ir a Rusia a recoger a su hija, conoció al hombre que más adelante sería su marido y padre de la pequeña. Irónicamente, el rechazo de su anterior pareja le había ahorrado años de dolor.

Cualquier jugador de béisbol sabe que logra más carreras y gana más partidos si corre riesgos, si intenta llegar a las bases incluso cuando no está seguro de conseguirlo y puede quedar eliminado. De esta forma también perfecciona su capacidad de valorar cuándo correr esos riesgos. Así, mejora su juego, se acostumbra a fracasar de vez en cuando y aprende a celebrar estos fracasos como riesgos bien asumidos.

Lo mismo puede decirse de negociar. Si pides mucho y estableces expectativas altas, conseguirás más que si te contienes porque temes recibir una negativa. Sí, algunas veces rechazarán tu petición. Pero te seguirá yendo mejor que si nunca pides lo que quieres, o si siempre pides menos. También aprenderás qué se puede negociar y qué no. Correr mayores riesgos te permite saber qué es posible, negociable y flexible y qué no. Como el jugador de béisbol, aprenderás qué funciona y qué no, cuándo correr y cuándo no. Adquirirás una experiencia valiosa y mejorarás tu habilidad negociadora.

También adquirirás nuevas costumbres y nuevas formas de pensar, y pronto negociar dejará de costarte esfuerzo y pasará a ser algo instintivo. Las negociaciones cotidianas (para conseguir una mesa junto a la ventana en un restaurante o un permiso de media hora para hacer un recado durante la jornada laboral, por ejemplo) serán algo que harás con total naturalidad. Sabrás que puedes pedir cambios tanto grandes como pequeños, y te sentirás tranquila, segura y cómoda al hacerlo. La vida te abrirá las puertas un poco más fácilmente. Vale la pena que, a cambio de eso, te digan que *no* de vez en cuando, ¿no crees?

Apéndice A

Hoja para preparar una negociación

DECIDE LO QUE QUIERES

¿Cuál es tu trabajo ideal?
¿Cuándo fuiste más feliz en el trabajo o en casa? ¿Por qué? ¿En qué se diferencian ahora las cosas?
¿Hay algo que te encanta pero has dejado de hacer?
¿A quién admiras o envidias? ¿Por qué?
¿Se te da bien algo que no haces nunca?
¿Qué te saca de quicio o podría ser mejor?
¿Qué lamentarás no llegar a hacer nunca?

¿Qué necesitas para ser feliz? ¿Te falta algo de lo siguiente en tu vida? *Trabajo estimulante, que supone un desafío* *Compañeros de trabajo agradables* *Sensación de formar parte de un equipo (no de aislamiento)* *Poder y responsabilidad* *Autonomía* *Flexibilidad* *Signos claros de que se respeta tu trabajo* *Libertad para ser creativa* *Sensación de que aportas/haces algo que vale la pena* *Posibilidades de un amplio reconocimiento, en tu ámbito o entre el público en general* *Oportunidades de aprender cosas nuevas* *Amistades gratificantes* *Vida privada estable y feliz*
¿Quiénes son tus modelos de conducta?
¿Qué querrías si tuvieras la certeza de conseguirlo?
OBJETIVOS A CORTO PLAZO
Personales
Económicos
Deportivos

Hobbies y tiempo libre
Autosuperación
Materiales
Filantrópicos
Políticos
Entretenimientos
OBJETIVOS A LARGO PLAZO
Personales
Económicos
Deportivos
Hobbies y tiempo libre
Autosuperación
Materiales
Filantrópicos

Políticos
Entretenimientos

VALORA EL TRATO JUSTO

¿Te pagan lo que vales?	¿Te asignan tareas que requieren todo tu talento?
¿Te han ascendido al nivel que mereces?	¿Haces un trabajo que corresponde a tus aptitudes?
¿Describe tu cargo tu nivel de responsabilidad y de autoridad	¿Sientes que tu trabajo está totalmente reconocido?
¿Progresas a buen ritmo en tu profesión?	¿Haces más tareas domésticas de las que te tocan?

PREPÁRATE

VALORA LA SITUACIÓN
Cantidad de temas
Cantidad de partes
Naturaleza de tu relación
¿Será vinculante el contrato?
Costes y beneficios de una demora

¿Hay repercusiones (afectará a otras personas el resultado de las negociaciones)?
Si es así, ¿a quién afectará y cómo?
¿Será público o privado el proceso y/o el resultado?
Normas de conducta para una negociación en esta situación
¿Existen precedentes de lo que estás pidiendo?
IDENTIFICA FUENTES DE LA INFORMACIÓN QUE NECESITAS
Sitios web
Publicaciones comerciales
Prensa económica (local y nacional)
Asociaciones profesionales
Mentores
Supervisor o director
Redes de contactos
Colegas
Amigos

AVERIGUA LO QUE PUEDAS SOBRE LA OTRA PARTE
¿Cómo le va a la organización?
¿Cuáles son los planes a corto y a largo plazo de la organización?
¿Cuáles son los aspectos relevantes de la otra parte? *Intereses* *Preocupaciones* *Prioridades en los temas* *Objetivo(s) probable(s)* *MAAN probable*
¿Cómo se toman las decisiones? *¿Quién influye en el proceso de toma de decisiones?* *Políticas, procedimientos, precedentes relevantes* *Aspectos de política interna que pueden influir en el resultado*
¿Qué objetivos tienes en común con la otra parte?
¿En qué entran en conflicto tus intereses con los de la otra parte?
¿Qué problemas podrían impedir que la otra parte te conceda lo que quieres?

VALORA TU PODER DE NEGOCIACIÓN
Educación
Formación
Aptitudes especiales, puntos fuertes únicos
Experiencias laborales anteriores
Conocimientos o pericia
Años de experiencia
Rendimiento demostrado
Reputación en tu campo
Premios ganados
Contactos exteriores importantes
Apoyo de un mentor poderoso
Don de gentes
Capacidad de liderazgo o de trabajo en equipo
Alianzas internas (si trabajas para una empresa)
Conocimiento de la cultura, los procesos, la historia de la organización
Flexibilidad (con respecto a: horario, calendario, etc.)
Alternativas (¿otra oferta?)
MAAN fuerte
MAAN débil de la otra parte
Preparación
¿Qué te distingue de tus iguales?
¿Por qué te necesita la otra parte?

INCREMENTA TU PODER DE NEGOCIACIÓN
Aumenta tus méritos
Mejora tu MAAN (¿con otra oferta?)
Vuélvete indispensable
Piensa formas creativas de ayudar a tu organización
¿Puedes renunciar a algo? *¿Puedes hacer algo adicional?*
ESTABLECE TUS PARÁMETROS PARA NEGOCIAR
Ordena tus objetivos por orden de prioridad (del más al menos importante)
Relaciona tus intereses subyacentes
¿Qué más te gustaría (que no sea vital, pero sí deseable)?
MAAN – tu mejor alternativa o posición de repliegue si no consigues llegar a un acuerdo
Valor de reserva, lo mínimo que aceptarás o lo máximo que cederás (o pagarás)
Expectativas o nivel de aspiraciones. ¿Qué te encantaría conseguir? No olvides apuntar alto

TOMA DECISIONES ESTRATÉGICAS

PLANTEAMIENTO
Competitivo (negociación de un único tema, relación que no seguirá)
Cooperativo (negociación múltiple, relación duradera)
¿Qué información revelarás (y en qué orden) y qué ocultarás?
FORMA DE COMUNICACIÓN (PROS Y CONTRAS)
Cara a cara
Teléfono
E-mail
Carta
MOMENTO
¿Cuánto tiempo necesitas para prepararte?
¿Cuándo será más alto tu poder de negociación?
¿Cuándo es el mejor momento para la otra parte?
SITIO
Encuentra un sitio que carezca de distracciones
Elige un ambiente que favorezca la interacción cooperativa

Decide si sería útil disponer de elementos como una pizarra, un rotafolios o un proyector
INICIO
¿Deberías hacer tú la primera oferta? *¿Cuánta información posees sobre el valor de reserva de la otra parte?* *¿Puedes anclar la negociación e influir en la percepción que la otra parte tiene sobre tu valor de reserva si das el primer paso?*
¿Cómo puedes «echar balones fuera» si la otra parte quiere que des el primer paso y tú no quieres hacerlo?
¿Cómo puedes aparcar la negociación si te das cuenta de que la has planteado en un mal momento?
Calcula la cantidad de rondas que es probable que tenga la negociación

ELIGE TU TÁCTICA

OFERTAS Y CONCESIONES
Decide una primera oferta que ancle la negociación por encima de tus expectativas
Elige contraofertas que sitúen tus expectativas a mitad de camino entre sus ofertas y las tuyas

Planea ceder menos en cada ronda, y usa la cantidad que cedas en cada ronda para influir en la percepción que la otra parte tiene sobre tu valor de reserva — — — —
Elabora frases para que la otra parte tenga que dar el primer paso
Identifica una propuesta de la otra parte que se acerque lo suficiente a tus expectativas como para que tu oferta suponga repartir la diferencia
GANA-GANA
Formas de iniciar la negociación que propicien la interacción cooperativa
Descripciones de tus intereses (no posiciones)
Preguntas que te permitirán identificar los intereses básicos de la otra parte
Información que ilustrará tus intereses y punto de vista
Identifica parejas de temas que crees que se pueden intercambiar (elementos de prioridad baja que estés dispuesta a cambiar por cosas que quieres más)

Técnicas y frases que puedes utilizar para reducir conflictos
Métodos para generar soluciones creativas para los intereses de ambas partes
Formas de hacer que la otra parte adopte una actitud colaboradora
Comentarios, acciones o gestos que generen confianza y favorezcan crear alianzas
ESTILO
Gestos que te permitan presentarte como «impecablemente agradable»
Comportamiento no verbal que refuerce tu planteamiento cooperativo
Frases que sugieran una actitud cooperativa
Formas positivas de formular tus argumentos

PREPÁRATE

Role-playing *Elige un compañero o compañera* *Programa un momento* *Elige un sitio* *Ensaya y repite*
Averigua qué hará que te sientas optimista y positiva de antemano
Elige incentivos para recompensarte cuando haya terminado la negociación

CONSERVA LA CALMA Y CIERRA EL TRATO

Prepara respuestas constructivas a los obstáculos
Planea estrategias para demorar la respuesta o hacer una pausa si es necesario
Plantéate formas de devolver la negociación a su rumbo si se tuerce o deriva hacia un impasse
Imagina formas de evitar comprometerte en caliente
Elabora preguntas abiertas para que las cosas vayan más despacio y que la otra parte aclare su punto de vista
Prepara preguntas para averiguar, si no lo entiendes, por qué la otra parte se resiste a darte lo que quieres: *¿Les preocupa cómo justificarán el acuerdo ante los demás?* __ *¿No obtienen suficiente?* __ *¿Temen sentar un precedente que influirá en futuras negociaciones con otras personas?* __ *¿Tiene tu negociación una prioridad baja para la otra parte?* __ *¿Están esperando recibir más información o ver cómo se resuelven otros asuntos?* __
Ten tu MAAN presente. Sabe cuándo abandonar la negociación.

APÉNDICE B

PROGRESS: Enseñar a las niñas a negociar

En 2006, Linda Babcock fundó en la Carnegie Mellon University un centro de investigación llamado PROGRESS, cuya misión es enseñar a las mujeres y a las niñas a negociar. El primer proyecto de PROGRESS (siglas en inglés del Programa para la Investigación y la Divulgación de la Igualdad de Género en la Sociedad, www.heinz.cmu.edu/progress) fue crear, conjuntamente con el Girl Scouts Trillium Council, una insignia para las veintidós mil chicas exploradoras que se agrupan en diversas zonas de Pennsylvania, Ohio, Virginia y Maryland. Para obtener la insignia, llamada «Gana-Gana: Cómo conseguir lo que quieres», las exploradoras de entre 8 y 12 años tienen que leer un relato concebido como un manual básico de negociación y completar después diez actividades, incluidas prácticas de negociación con compañeras del grupo y en casa. Tras el entusiasmo que esta insignia despertó entre las jefas de grupo, las chicas exploradoras y sus progenitores, otros grupos de exploradoras de Estados Unidos han empezado a incorporarla a sus programas.

Linda y sus colegas de PROGRESS desarrollaron asimismo junto con el Entertainment Technology Center de la Carnegie Mellon University «The Reign of Aquaria», un juego informático que enseña a las niñas a negociar (www.heinz.cmu.edu/progress/reignofaquaria). En este juego, en el que hay que negociar para encontrar el camino de regreso a casa tras despertarse en un país extranjero, las niñas aprenden a reconocer las oportunidades para negociar, a utilizar las estrategias de negociación cooperativa, a decidir acertadamente qué pueden ofrecer y a comunicar eficazmente lo que quieren, y van avanzando de nivel a medida que mejoran sus habilidades negociadoras. Cuando alcanzan el nivel más alto, tienen que negociar su libertad con la reina Aquaria.

En la actualidad, PROGRESS está preparando distintos materiales, como guiones para utilizar la técnica del *role-playing*, una película y juegos interactivos, que pueden usarse en programas de actividades extraescolares para aprender a negociar de modo divertido. PROGRESS también ofrece formación a docentes y a directores de programas especiales para que puedan enseñar las técnicas negociadoras a las niñas.

Encontrarás más información en www.heinz.cmu.edu/progress.

Agradecimientos

A Linda le gustaría dar las gracias a las colaboradoras en sus investigaciones: Julia Bear, Hannah Riley Bowles, Michele Gelfand, Hillary Gettman, Lei Lai, Kathleen McGinn, Deborah Small y Heidi Stayn. Su trabajo en los estudios sobre mujeres y negociación, además de su apoyo, inspiración y entusiasmo por este libro han contribuido enormemente a su alcance y rigor. Está especialmente agradecida a sus alumnos de la Heinz School (conejillos de indias, maniquíes para pruebas de choque y colaboradores voluntariosos) por su energía, constante curiosidad y compromiso imaginativo con las ideas y los principios incluidos en el programa *Si lo quieres, ¡pídelo!* Emily Lyman Sturman leyó un borrador inicial e hizo muchas sugerencias útiles.

Le gustaría dar especialmente las gracias a la National Science Foundation, la Heinz Family Foundation y la Heinz School, en la Carnegie Mellon University, por su generoso apoyo financiero a su investigación.

Ambas tenemos suerte de contar con una familia maravillosa y paciente, con amigos que nos consienten y nos animan, y con unos hijos que nos hacen reír y nos mantienen cuerdas. Linda pide especialmente perdón a su hija, Alexandra, por escribir otro libro cuando le prometió que no lo haría. Sara promete a sus dos hijos, Moses y Adam, que algún día escribirá un libro que no sea sobre chicas.

Tenemos que agradecer especialmente a Jill Kneerim, nuestra agente, que nos dio excelentes consejos y nos dirigió a nuestra maravillosa editora, Toni Burbank. La inteligencia de Toni y su forma de entender los apuros en los que se encuentran muchas mujeres trabajadoras nos sirvió para formular nuestro discurso y estructurar este programa de modo que resulte útil a un público lo más amplio posible. Su celo y sus elevados estándares mejoraron mucho el libro.

Finalmente, gracias a todas vosotras, que nos escribisteis, nos contasteis vuestras historias y nos pedisteis consejos. Esperamos que, a cambio, *Si lo quieres, ¡pídelo!* os ayude a obtener mucho más de lo que queréis realmente en vuestra vida, a partir de ahora mismo.

Índice

ACERCA DE LAS AUTORAS

LINDA BABCOCK es profesora de Economía James M. Walton y exdecana de la facultad de política y gestión pública H. John Heinz III School de la Carnegie Mellon University. Ha recibido el premio de la Heinz School a la excelencia docente en 1991 y en 2001.

Es miembro de la mesa redonda de economía conductiva de la Fundación Russell Sage y ha formado parte del jurado de economía de la National Science Foundation. Ha publicado sus estudios en las revistas de economía, relaciones industriales, psicología y derecho más prestigiosas, incluidas la *American Economic Review*, el *Quarterly Journal of Economics*, el *Journal of Economic Perspectives*, el *Journal of Personality and Social Psychology, Organizational Behavior and Human Decision Processes, Industrial and Labor Relations Review, Industrial Relations* y el *Journal of Legal Studies*. Ha recibido numerosas becas de investigación de la National Science Foundation y ha sido profesora invitada en la Graduate School of Business de la Universidad de Chicago, la Harvard Business School y el California Institute of Technology.

En 2006, fundó el centro PROGRESS (siglas en inglés del Programa para la Investigación y la Divulgación de la Igualdad de Género en la Sociedad, cuya misión es promover un cambio social positivo para las mujeres y las niñas a través de la educación, la asociación y la investigación. Una de sus primeras iniciativas fue crear una insignia llamada «Gana-Gana: Cómo conseguir lo que quieres» para chicas exploradoras. PROGRESS desarrolló asimismo un videojuego, «The Reing of Aquaria», que enseña a las chicas a negociar

Las investigaciones de Linda Babcock sobre las mujeres y la negociación han sido comentadas en centenares de periódicos y revistas de Estados Unidos y de otros países. Participa habitualmente como invitada en programas de radio y televisión.

Linda Babcock vive en Pittsburgh con su marido y su hija.

SARA LASCHEVER, que ha dedicado gran parte de su carrera a estudiar la vida de las mujeres y los obstáculos profesionales con los que éstas se enfrentan, ha escrito para el *New York Times*, el *New York Review of Books*, la *Harvard Business Review*, *Vogue*, *Glamour*, *Mademoiselle*, *WomensBiz*, el *Boston Globe*, el *Boston Phoenix*, el *Village Voice*, y muchas otras publicaciones. Ha dado clases de escritura creativa en la Universidad de Boston, y revisado libros publicados por la Harvard Business School Press, Perseus Books, Hyperion, St. Martin's Press y Alfred A. Knopf.

Fue la principal entrevistadora del proyecto Access, un destacado estudio de la Universidad de Harvard, financiado por la National Science Foundation que exploraba los impedimentos con que se encontraban las científicas en sus carreras profesionales. El trabajo de Sara Laschever contribuyó a la publicación de dos estudios fundamentales en este ámbito, *Gender Differences in Science Careers: The Project Access Study* («Diferencias de género en las carreras científicas: El proyecto Access») y *Who Succeeds in Science? The Gender Dimension* («¿Quién triunfa en el ámbito científico? La dimensión del género»), ambos de G. Sonnert, con la colaboración de G. Holton.

Sara Laschever ha dado conferencias sobre las mujeres y la negociación en varias empresas, como Microsoft Corporation, Bristol-Myers Squibb, Procter & Gamble, Aon Corporation,

Deloitte Consulting, DuPont, así como para el Forbes Executive Women's Forum, la Employment Management Association, el Program on Negotiation de la Universidad de Harvard, la Facultad Woodrow Wilson de Asuntos Internacionales y Públicos de la Universidad de Princeton, la British-American Trade Association, el Committee for the Advancement of Women Chemists, y muchas otras asociaciones profesionales sin ánimo de lucro, así como grupos de liderazgo femenino.

Sara Laschever vive en Concord, Massachusetts, con su marido y sus dos hijos varones.

NOTAS

Las notas que complementan la presente edición están disponibles en formato pdf en la página correspondiente al libro, en www.edicionesb.com.

En dicha página encontrará, además, una versión en pdf del Apéndice A.

OTROS TÍTULOS
DE LA COLECCIÓN

CÓMO BLINDAR TU EMPLEO

Stephen Viscusi

Estos tiempos turbulentos que vivimos ponen de relieve una realidad desagradable: ningún empleo es seguro. En épocas de crisis, las empresas suelen tomar decisiones tan rápidas como drásticas acerca de su capital humano.

Pese a ello, existen técnicas de eficacia comprobada para evitar un eventual despido, y este libro puede ser tu principal arma en esa batalla. Stephen Viscusi, un experto en cuestiones laborales de amplia experiencia, ofrece cuatro estrategias, de fácil comprensión y aplicables a todos los ámbitos laborales, para evitar la amenaza del desempleo. Al mismo tiempo, proporciona ideas para potenciar tu trayectoria profesional a largo plazo.

AVENTURAS
DE UNA GALLINA EMPRENDEDORA

Menchu Gómez y Rubén Turienzo

La gallina Popeya tiene un sueño: montar una fábrica de huevos a las finas hierbas al otro lado de la peligrosa carretera. Con valentía y buen humor, la intrépida gallina y sus amigos de Chicken City emprenderán la gran aventura de trabajar en equipo para hacer realidad el proyecto.

Los autores se valen de esta divertida historia para enseñarnos a negociar con eficacia, promover relaciones enriquecedoras con los demás, transformar los problemas en oportunidades, focalizar nuestras energías, conseguir una comunicación efectiva y enfrentarnos a las dificultades con optimismo y autoconfianza.

Advertencia: ¡la lectura de este libro te dará ganas de comerte el mundo!